Exit

Marie Outtier

Exit

La vérité brute d'une success-story
par celle qui a vendu sa start-up à Twitter

PLON
www.plon.fr

Note de l'éditeur

Le terme *exit*, choisi comme titre de ce livre, désigne l'opération de sortie d'un ou de plusieurs actionnaires du capital d'une société.

Texte original en anglais

92, avenue de France
75013 Paris
Tél. : 01 45 87 50 01
www.plon.fr
www.lisez.com

Mise en pages : PCA
Dépôt légal : mars 2025
ISBN : 978-2-259-32067-2

À toutes celles et ceux qui osent rêver.

« Soyez vous-même, tous les autres sont déjà pris. »

Oscar Wilde

Préambule

24 novembre 2019, Londres

– Y a-t-il quelqu'un dans votre famille qui est décédé brutalement, à moins de 40 ans ?

En musique, on vous enseigne la puissance du silence. Un vide qui résonne plus fort que n'importe quelle note. Une pause, placée au bon moment, peut sublimer une mélodie, captiver l'auditoire, comme un cœur qui saute un battement. Le silence devient alors un cri, l'absence une présence. Je n'avais jamais autant prêté attention au silence qu'à cet instant où il semblait chargé de sens. Pesant de tout son poids dans cette scène comme sortie d'un film dramatique.

Le sourire figé du médecin et sa voix douce – probablement travaillée pour ce genre de situations délicates – me déconcertaient. On aurait dit qu'il me parlait de la météo, ou du dernier son à la mode, plutôt que d'un risque de mort subite. Assise bien droite sur mon lit d'hôpital, j'essayais moi aussi de donner l'impression que tout était normal, qu'on avait une simple conversation professionnelle. Je réalisais pourtant à quel point il était difficile d'avoir l'air assurée et confiante sur un matelas qui s'enfonçait sous mon corps... pourquoi était-ce si important ? Je n'étais pas en train de faire un pitch à des investisseurs. Mais c'était plus fort que moi.

— Non, personne. Et j'espère ne pas être la première ! ai-je répondu avec un sourire un peu trop large pour l'occasion.

Je me suis tournée vers Gabriel qui se tenait à côté du lit. Il souriait lui aussi, mais son expression était teintée de nervosité.

L'électrocardiogramme devant moi semblait vouloir me parler, me murmurer quelque chose. Des pics vertigineux, des creux abyssaux. Une montagne russe d'énergie. C'était comme regarder une métaphore de ma vie, ces trois dernières années. Et là, dans cette chambre d'hôpital, l'ironie de tout ça m'a frappée : ma vie entière, j'avais cherché à éviter une ligne plate : celle de l'ennui. Mais, cette fois, je n'avais plus aucun contrôle sur cette succession de hauts et de bas, qui paraissaient se diriger inexorablement vers l'immobilité.

*
* *

2005, Caen, classe préparatoire

— Peu importe que tu aies raison, ou non. Dans quinze ans, on fera tous les deux le même métier, mais je gagnerai 30 % de plus que toi.

Je ne me souviens pas de son nom. Mathieu ou Julien, peut-être. Il me semble que la plupart des garçons des classes préparatoires aux grandes écoles de commerce, dans les années 2000, s'appelaient comme ça... Mais je n'ai pas oublié ses mots tranchants. Ni à quel point tout le monde pensait comme lui. Il avait dit ça pour me clouer le bec, après que j'ai osé défendre une idée différente de la sienne.

Il ne savait pas que cette phrase deviendrait un moteur puissant pour moi.

J'avais 19 ans.

Janvier 2023, Los Angeles

Désolée, « Mathieu-Julien » mais, sur ça aussi, tu t'es trompé. En 2016, j'ai cofondé à Londres une société de logiciels appelée Aiden.ai. En 2019, notre start-up a été rachetée par Twitter. En août 2022, mon mari, mes deux enfants et moi-même avons déménagé en Californie pour notre dernière année de *earn-out*[1].

Au même moment, quelqu'un qui utilise l'émoji « caca » comme outil de négociation a racheté Twitter. (Jamais le temps de s'ennuyer...) Après cette tornade californienne, tout s'est finalement calmé. Un calme dont j'avais un besoin existentiel. Et, au-dessus des derniers sons, flottait un message : « Il n'y a pas assez de femmes, ou pas assez d'histoires de femmes dans l'entrepreneuriat. » J'avais beaucoup entendu cette phrase ces dernières années. Je l'avais aussi beaucoup ressentie. En réalité, il y a plein de femmes dans cet écosystème, mais leurs histoires ne sont pas toujours racontées et, quand elles le sont, elles sont rarement diffusées comme elles le devraient. Comme « on ne peut pas être ce qu'on ne connaît pas », ce manque de représentation est un véritable coup de frein pour celles qui veulent tenter l'aventure. La construction de l'empathie n'est pas un processus naturel ; elle nécessite parfois un coup de pouce. Ce livre est ma contribution à ce processus.

1. Dans le domaine des fusions-acquisitions, mécanisme contractuel permettant de faire varier le prix d'acquisition des titres en fonction de résultats opérationnels futurs.

Il est celui que j'aurais aimé pouvoir lire quand j'avais 19 ans.

Je voudrais qu'il y en ait beaucoup d'autres, porteurs de perspectives et d'histoires de vie différentes, afin que les femmes ne pensent pas que leur avenir n'a qu'un seul scénario possible : gagner 30 % de moins que les hommes, pour le même poste.

Mais il ne s'agit pas d'un livre où j'expose une supposée « recette miracle » pour « réussir » en tant qu'entrepreneure. Je n'ai aucune recette. D'autant que le succès est un concept très difficile à définir car il est personnel. Chacun doit atteindre le niveau de réussite qui coche la case qu'il s'est choisie. Et on ne choisit pas tous la même.

Je n'ai pas non plus écrit ce livre parce que mon histoire entrepreneuriale s'est terminée, au bout de trois ans, par une vente à l'une des licornes[1] technologiques les plus connues de la Silicon Valley. Les apprentissages auraient été les mêmes si Twitter avait annulé la vente à la dernière minute.

Non, ce livre, je l'ai écrit pour montrer, sans filtres embellissants, ce que l'on vit – vraiment – quand on monte une start-up. Et notamment quand on est une femme. Voici donc la réalité de cette aventure. Pas sa version « instagramée », ni celle qui vous confronte à vos propres échecs. Celle qui nous rassure sur le fait qu'on est tous imparfaits, mais que ça vaut quand même la peine d'essayer.

1. Entreprise valorisée à plus d'un milliard d'euros.

I

Les grandes espérances

Débuts modestes

La chambre de mon enfance se trouvait sous la pente du toit. Chaque goutte de pluie tombée sur le Velux résonnait comme sur un tambour. Et il pleuvait souvent en Normandie. Mes nuits voyaient donc alterner deux phases de sommeil – l'une, profonde, et l'autre, légère. Ce qui créait chez moi un état de conscience particulier, entre « pas complètement éveillée » et « pas complètement endormie ». Une sorte de purgatoire de l'esprit, mais un purgatoire fécond où, dans l'ennui relatif dans lequel se déroulait ma vie, mon imagination vagabondait. Rêvant surtout à une vie plus intense. Je m'inventais beaucoup d'histoires, souvent des aventures extraordinaires où j'étais entourée d'une équipe géniale avec laquelle, à la fin, on « gagnait ».

Contrairement à la chanson *Gangsta Paradise* de Coolio, où il chante : « *Too much television watchin' got me chasin' dreams*[1] », c'est l'inverse qui s'est produit pour moi. *La petite maison dans la prairie* ? Quelle insulte d'imaginer qu'une gamine française des années 90 puisse se sentir inspirée par une série américaine des années 70, sur une famille du XIXᵉ siècle. Moi, j'étais attirée par les histoires contemporaines, où tout était possible, sans limites. Comme lorsque la France avait

1. « Trop de télé m'a donné envie de rêver en grand. »

remporté la Coupe du monde en 1998. J'avais 12 ans et je ne jouais pas au football. Mais en cette chaude nuit de juillet, comme tous ceux qui l'ont vécue, j'ai été envahie d'un sentiment unique, exaltant. L'impression que, pendant un instant, on était tous connectés. Je voulais que ma vie d'adulte ressemble à cette victoire en Coupe du monde. Et je voulais être à la source de cette joie collective. Ce n'étaient ni la célébrité, ni le glamour qui m'attiraient, c'était l'impression de me sentir en vie. Et une chose était sûre : j'allais y arriver.

Quand ? Comment ? À ce stade, il ne s'agissait que d'une vue d'ensemble, je ne pouvais pas encore zoomer ni identifier le chemin vers cet avenir radieux. Mais – même si ça peut paraître présomptueux et un peu fou – je savais que j'y parviendrais et rien ni personne ne pouvait m'enlever cette certitude. L'ennui est un moteur puissant. Un créateur d'énergie hors pair.

Quand on n'aime pas, on compte

Quelques années plus tard, alors que j'étudiais dans une école de commerce du sud de la France, je m'étais rendue à un show des « big five », les cabinets d'audit les plus réputés au monde. Vêtue du sweat à capuche surdimensionné que j'avais échangé avec un étudiant d'une école de commerce concurrente (ce qui m'avait valu un froncement de sourcils de la part du personnel), je m'étais assise dans l'amphithéâtre avec mon amie Fadia et d'autres copines. On était là pour voir ce que notre école considérait comme des exemples de réussite. Il règne une ambiance unique, électrique, quand un groupe de plusieurs centaines d'étudiants attend qu'on leur présente ce qu'ils vont être dans quelques années.

Ce n'était pas la première session de ce type avec d'anciens de l'école devenus traders, auditeurs, responsable de la logistique à la CMA-CGM, directeur de magasin chez Decathlon, chef de produit chez Danone ou courtiers. (Mais jamais entrepreneurs.) Ils faisaient toujours d'excellents exposés en décrivant leur quotidien et en expliquant pourquoi les carrières qu'ils avaient choisies les passionnaient. C'était agréable à écouter, bien sûr, mais aucun d'entre eux n'allumait d'étincelle en moi. Pour Fadia, boursière avec un prêt de 40 000 euros à rembourser, le choix était limité. Elle devait aller là où l'on gagne le plus : la finance. Mais, pour moi, rien. Je n'arrivais pas à me projeter.

Je m'attendais pourtant à avoir une révélation puisqu'on m'avait dit que ça viendrait. J'ai donc persévéré. Après avoir obtenu mon master et pour finaliser mon cursus, j'ai effectué un stage bien rémunéré (1 100 euros par mois) dans une entreprise de La Défense, le quartier d'affaires de Paris. Ensuite, j'aurais pu accepter un stage créatif, mais terriblement mal payé (360 euros par mois) dans une agence de publicité. Mon instinct me poussait dans cette direction, mais j'étais fauchée. Et je ne me voyais pas demander à mes parents de prendre en charge mon loyer pour que je puisse... travailler. Je tenais trop à mon indépendance financière. Donc, cette fois, à la passion j'ai préféré l'argent.

Défense de rêver

Septembre 2007, Paris, La Défense

– Salut, Mariana, bon retour de congé maternité !... Laisse-moi te présenter Marie, notre nouvelle stagiaire. Elle est normande et vient d'être diplômée d'une école de commerce. Pendant son temps libre, elle aime regarder du porno en famille.

Mon manager, David, était du genre à trouver du plaisir à humilier publiquement ses subordonnées. Lors de mon entretien d'embauche, je lui avais précisé que je n'hésitais jamais à exprimer mon désaccord avec ma hiérarchie quand ça s'avérait nécessaire, et ça lui avait plu. Lui, directeur de 39 ans, avait besoin de savoir qu'une stagiaire de 21 ans ne s'effondrerait pas en larmes à la première blague qu'il ferait. Et, pour ça, il avait du talent. Si l'on avait pu faire abstraction de la nature scandaleusement abusive de ses plaisanteries, compte tenu de la dynamique de pouvoir en jeu, j'aurais presque pu dire qu'il était drôle.

Il y a eu quelques autres cas du même genre. La fois où il m'a complimentée sur la couleur de mes sous-vêtements dans une salle de réunion remplie de clients. Une autre où il a jugé important de signaler à un groupe de gens que je ne connaissais pas que je m'étais comportée comme une ivrogne à la fête annuelle de l'entreprise. J'en passe et des « meilleures ». J'étais néanmoins l'une de celles qui subissait le moins ses dérapages. Mon mécanisme de défense frontal était efficace, alors il s'était tourné vers d'autres proies. Mais, à ce stade, j'avais déjà beaucoup appris. D'abord que La Défense est l'endroit où les rêves des jeunes diplômés viennent mourir. Ensuite, qu'ils existent bel et bien, ces managers graveleux dont on m'avait tant parlé et qui ne me donnaient pas envie d'intégrer le monde du travail. À l'école de la vie, les stages sont décidément de l'apprentissage accéléré.

*

Comme j'étais un bon élément qui avait démontré sa solidité, ma mentor, Laure, une femme pleine d'autorité, a proposé de m'embaucher. À elle, on ne faisait pas de blague salace. Son visage avait été balafré par un accident de voiture quand elle n'était qu'une enfant, et ses longs cheveux bouclés tentaient de masquer ce que la vie lui avait infligé. Cette cicatrice, qui allait de sa joue à son menton, bloquait toute initiative déplacée tant elle semblait dire : « N'essayez pas de me blesser, la vie s'en est déjà chargée. » J'admirais cette femme et la position de force qu'elle s'était forgée. Elle avait toute mon attention. Et tout mon respect.

Je ne me souviens pas de ses mots exacts. Le cerveau est conçu de telle manière qu'il imprime les événements traumatisants en très haute résolution, mais brouille le détail de ceux qui ne mettent pas la vie en danger. Mais je me souviens de la façon dont je me suis sentie. Comme tous ces immeubles de Courbevoie quand la nuit tombait : vide.

Son propos était de m'inciter à choisir la voie – selon elle, royale – de la sécurité. Une telle embauche, à mon âge, sur ce marché de l'emploi si difficile en cette année 2007, avec de réelles perspectives de carrière à l'horizon, c'était une offre que je ne pouvais pas refuser. Les rêves, c'est bien beau, mais ça ne vous fait pas manger, a-t-elle conclu presque tendrement, en me racontant qu'elle-même avait abandonné les siens – déménager en Australie, travailler dans la mode – pour une carrière moins sexy, mais tellement plus accessible. La sécurité plutôt que l'aventure. Il est temps de grandir, Marie.

J'ai quitté la pièce et je lui ai dit que j'y réfléchirais. Je suis allée dans les toilettes, j'ai verrouillé la porte et j'ai fondu en larmes. Une première pour moi, dans ce bureau. Je ne pleurais pas parce que j'hésitais à accepter le poste. Même sous la contrainte, je ne l'aurais pas accepté. Je pleurais parce que j'étais en colère, pour elle et pour nous toutes. Je ne pouvais pas lui reprocher d'essayer de me vendre le rêve de la boîte, mais je ne pouvais pas supporter que Laure l'ait elle-même acheté. Comment pouvait-elle se résigner à ce que sa vie soit finie avant même d'avoir commencé ?

Elle était au début de la trentaine, bossait énormément, trop même, sous le joug d'un patron abusif imbibé d'une culture managériale d'un autre siècle. Comment le système avait-il réussi à la convaincre qu'il n'y avait rien de mieux pour elle ? J'en avais littéralement des frissons. En six mois, je n'avais pas rencontré une seule personne, dans cette entreprise, qui semblait heureuse ou inspirée par son travail. Moi, y compris.

Ce que j'ai appris de cette première expérience professionnelle a néanmoins été déterminant pour la suite de ma vie : n'importe qui peut être victime d'humiliations. Personne ne les attire. C'est simplement l'environnement dans lequel on est plongé qui les permet ou les promeut. Mais « Personne ne peut vous faire sentir inférieur sans votre consentement[1] ». Et notamment de manière répétée. On peut être pris par surprise la première fois, mais on ne peut et, idéalement, on ne doit pas laisser passer une seconde fois.

Enfin et surtout : je ne devais pas perdre mon temps dans un job qui ne m'apportait pas de plaisir. J'ai finalement prolongé mes études d'un an afin de pouvoir faire un autre stage, avant de trouver mon premier CDI, dans une agence média parisienne. Le travail y était amusant, mais le salaire bas et mon impact anodin. N'être qu'un petit rouage dans une grande roue ? Pas pour moi. Ce n'était pas de l'arrogance, mais de l'ambition. Je devais absolument réagir si je voulais réussir à cocher la case que je m'étais choisie.

1. Citation d'Eleanor Roosevelt.

God save the Queen

« Tout c'qu'y a à prendre dans cette vie je veux l'apprendre
J'veux plus attendre qu'on me dise que j'dois attendre. »

Poupie, « Vue sur mer »

Novembre 2010, Londres

– *Where're we goin', love ?*

En refermant la porte du *black cab* et en posant le pied sur Lonsdale Road, où j'allais rejoindre mon petit ami, j'ai immédiatement été submergée par une vague d'optimisme. Londres était multiculturelle, colorée et regorgeait de possibilités. Tout ce qu'il me fallait.

Mon niveau d'anglais et mon expérience en France m'avaient permis de décrocher facilement un emploi dans une agence média. C'était encore une fois mal payé (26 000 livres sterling par an), mais ça n'était pas important. L'abonnement mensuel pour le *tube*[1] étant trois fois plus cher qu'à Paris, j'avais acheté un vélo de seconde main à un inconnu sur Gumtree[2]. En cash.

1. Métro londonien.
2. Équivalent britannique du Bon Coin.

Devant une HLM de Belsize Park. Il est vrai que le vendeur avait 14 ans et qu'il avait accepté que je le paie pour partie en pounds et le reste en euros (je n'avais pas retiré assez d'argent), mais je refusais d'admettre que j'avais contribué au trafic de vélos volés, revendus à de nouveaux arrivants comme moi. J'étais libre comme l'air et je me félicitais de ma capacité d'adaptation.

En revanche, je n'imaginais pas mettre autant de temps à m'adapter à la culture britannique au travail. Je riais trop souvent quand mes collègues ne faisaient pas de blagues (ce qui donnait l'impression que je me moquais d'eux) et je préparais le pire thé qu'ils aient jamais goûté. Bref, j'avais l'impression d'être toujours à côté de la plaque, mais personne ne m'expliquait ce qui clochait chez moi. Un constat que font tous les étrangers fraîchement débarqués.

En bonne Française, je prenais mon temps pour déjeuner et je quittais le bureau vers 19 heures. Mais, ici, c'était très différent. À 17 h 20, tout le monde était parti faire du sport, retrouver sa famille ou boire un verre entre collègues. Ce qui, en France, à coup sûr, aurait fait aboyer un David : « Alors ? On prend son après-midi ? » Ma responsable a très vite abordé le sujet :

– J'ai remarqué que tu pars à 19 heures tous les soirs.

J'ai souri à ces mots, pensant tel le G.I. d'un blockbuster : « *Just doing my job, Mam'*[1] *!* » Sauf que l'air qu'elle venait me chanter n'était pas vraiment celui des trompettes de la gloire.

1. « J'fais juste mon boulot, M'dame ! »

— Si tu dois rester 1 h 40 de plus que les autres pour faire la même quantité de travail, il va falloir trouver un moyen d'être plus efficace... Sinon on va devoir se séparer de toi.

Aïe. « Vous n'aurez pas deux fois l'occasion de faire une première bonne impression. » Si Coco Chanel avait raison, je n'étais pas dans la meilleure des positions. Je faisais clairement tout de travers.

Après m'être un peu sentie comme une rock star dans mes différents postes à Paris, où les codes du succès étaient plus liés à la qualité de ma conversation qu'à mes capacités, ici je n'impressionnais personne. Et je me décevais moi-même. Je m'étais justement exilée parce que j'étais mal à l'aise avec cette règle tacite selon laquelle être agréable à côtoyer comptait plus qu'être compétente. Mais, comme je voulais réussir, j'avais inconsciemment optimisé ces compétences relationnelles sur lesquelles je détestais être jugée. Et, à Londres, cette *french touch*-là n'était pas une qualité...

Au bout de six mois, malgré mes efforts, je n'avançais pas. Je n'avais même aucune perspective dans cette entreprise. Je n'étais qu'une chargée de clientèle junior parmi d'autres, tous britanniques et tous mieux placés que moi pour gravir les échelons, dont eux avaient les codes.

J'aurais pu rester là, au chaud, dans ce job décevant, et me plaindre à mes amis, chaque vendredi, au pub. Et quoi ? Laisser monter, lentement mais sûrement, l'inévitable aigreur d'une vie ratée, que j'aurais anesthésiée à coups de bières légères ? Non. Ça non plus, ça n'était pas pour moi. J'avais 25 ans et je devais trouver LE travail qui changerait la donne. Un emploi où il ne serait pas facile de se faire embaucher et bien plus facile de se faire virer si l'on n'avait pas de résultats. Une boîte où l'excuse n'aurait pas droit de cité.

J'ai donc commencé à regarder ailleurs.

Essaie encore

« L'échec est un retard, pas une défaite. »

Denis Waitley

Alors qu'en France les entretiens avaient été un jeu d'enfant, en Angleterre c'était une partie d'échecs. Le fait que je parle aussi bien la langue ne m'aidait pas. On n'arrivait pas à me mettre dans une case. Mes interlocuteurs ne savaient pas toujours que j'étais étrangère. Sauf que, si j'étais anglaise, je leur semblais idiote : pendant les entretiens, je posais des questions sur le sens de certains mots, je trébuchais sur d'autres. Mon accent était presque parfaitement britannique, mais j'avais le vocabulaire d'un enfant de 9 ans. Âge auquel j'avais appris l'anglais, lorsque j'avais passé six mois à Plymouth dans une famille chaleureuse et accueillante. Deux ans plus tard, j'avais fait le même type de long séjour dans une autre famille, en Allemagne. Pas d'écoles privées, pas de tuteurs linguistiques. Mais ma sœur et moi avions vécu douze mois à l'étranger avant l'âge de 11 ans et on parlait trois langues couramment, sans le moindre accent français.

J'ai toujours été reconnaissante à mes parents pour ce précieux cadeau. Mais, à l'époque, dans notre village tranquille de Normandie, tout le monde ne partageait pas mon point de vue : ils avaient même été très critiqués par une partie de la communauté locale. La bêtise du monde est davantage due à l'ignorance qu'à la malveillance, mais le fait de le savoir ne rend pas les choses plus agréables. « On était juste contents de se débarrasser un peu d'elles », avait fini par répondre mon père à la énième question sur les raisons pour lesquelles ils avaient envoyé leurs enfants si longtemps à l'étranger, à un si jeune âge. Après ça, les critiques avaient cessé.

De mai 2011 à mars 2012, j'ai passé des entretiens dans 17 entreprises différentes. « Non », « Non, merci », « Nous avons trouvé un profil plus approprié à la mission. » Je me répétais que rien de grand n'arrivait facilement. Heureusement, il me restait de l'énergie. Et j'étais absolument convaincue que, comme Alan Turing, je finirais par déchiffrer ce maudit code du succès local.

En juillet 2012, j'y suis arrivée ! J'ai commencé à travailler pour une agence média un peu différente, qui monétisait des célébrités en vendant des placements de produits dans leurs clips. Cette agence avait été fondée par un ancien d'une entreprise pour laquelle j'avais bossé en France. L'équipe était petite, basée à Paris et j'étais la seule à Londres. Mais j'étais ravie d'avoir décroché ce poste, qui combinait les aspects de l'entrepreneuriat avec la sécurité d'un salaire mensuel et, surtout, qui me permettait de quitter mon précédent job.

Pour la première fois, je pouvais à la fois expérimenter la liberté de travailler au sein d'une équipe agile et les contraintes d'un budget serré. Je découvrais ce que c'était que d'être une pionnière, d'ouvrir un nouveau marché à l'étranger. Mais le contexte n'était pas idéal : il était clair que l'entreprise n'avait pas prévu d'investir au Royaume-Uni. Pour être juste, le P-DG n'avait pas exactement publié d'offre d'emploi. Je l'avais contacté spontanément, en proposant d'être embauchée à un salaire très compétitif. C'était un homme pragmatique (= radin) et j'étais convaincante (= pas chère). Mais j'allais quand même toucher 30 % de plus par rapport à mon ancien poste ; on ne peut pas tomber du sol, comme disent les Anglais.

Mes amis s'étonnaient de ma capacité à décrocher des opportunités qui... n'existaient pas. Ce n'était pas faux mais, après une année à postuler à des jobs bien réels sans être choisie, j'avais décidé de tenter quelque chose de différent. L'échec a ce don : il pousse à l'innovation. Ma nouvelle méthode était simple : démontrer ma valeur ajoutée et m'adresser directement aux boss, pas aux ressources humaines. Ce qui m'avait donné une impression de créativité et d'utilité même si, au début, j'avais connu des ratés spectaculaires. Dont un épisode que j'ai tenté d'effacer de ma mémoire.

Quelques semaines plus tôt, j'avais eu un entretien avec un jeune entrepreneur que j'avais contacté en direct sur LinkedIn, en me présentant comme la nouvelle responsable du développement commercial de sa start-up, alors en pleine croissance. Il avait apprécié. La première rencontre, à Londres, s'était bien passée et il m'avait invitée à Paris pour un second entretien, avec son associé – un quarantenaire, qui avait déjà connu plusieurs succès en tant qu'entrepreneur. Comment aurais-je pu prévoir que ça allait me mener dans une Porsche 911 fonçant sur les Champs-Élysées ?

Le plan initial était de se retrouver dans leurs bureaux, comme pour tout entretien d'embauche. Puis ils m'avaient proposé d'aller au restaurant. Je m'apprêtais à appeler un taxi quand les deux s'étaient mis à discuter de qui devait me « prendre » avec lui. Ce qui aurait pu sembler élégant et normal était en réalité teinté d'un je-ne-sais-quoi d'arrogance. Ou était-ce plutôt un jeu de pouvoir ? Ils parlaient de moi comme si je n'avais pas été là et j'aurais adoré dire : « Ne vous inquiétez pas pour moi, je vous retrouve là-bas », ce qui aurait signifié : « Vous me mettez mal à l'aise. » Mais je n'avais pas osé.

L'associé avait remporté la mise et m'avait conduite devant un box de garage, où était garé un coupé sport. Là, il s'était immobilisé une seconde, comme s'il s'attendait à un compliment. Je n'avais rien dit. J'avais 26 ans. Je me déplaçais sur un vélo d'occasion acheté à un gamin des cités. Je n'étais pas vraiment impressionnée par les biens matériels. Il avait plissé les yeux, l'air contrarié. Puis je m'étais glissée, difficilement, dans sa voiture. Il m'avait demandé d'ouvrir la boîte à gants, en avait sorti une casquette de la marque de ladite voiture et l'avait posée délicatement sur sa tête, avant de prendre le volant. Si tout ça avait pour but de m'impressionner, c'était raté. J'essayais juste de ne pas éclater de rire : je n'étais pas une escort et il n'était pas Richard Gere ! J'avais l'impression qu'on jouait, lui et moi, dans le même film, mais que le producteur nous avait donné deux scénarios différents.

Plus encore que ses piètres talents de conducteur, c'était le dîner qui avait fini par me retourner l'estomac. Le steak était excellent, mais la conversation déplaisante. Alors que j'étais assise là, à écouter une série de clichés « old school » sur ce qui fait le succès d'une responsable du développement commercial (sa capacité à être sexuellement attirante, d'après le plus âgé), j'avais ressenti comme une dissociation de mon corps et de mon esprit. J'aurais voulu être ailleurs. N'importe où ailleurs.

J'observais le fondateur qui avait mon âge. Il m'avait paru intelligent et humble lorsqu'on s'était rencontrés à Londres. Mais avec son associé, la dynamique était tout autre. Ce que j'avais ressenti plus tôt était désormais tangible : une sorte de compétition pour paraître dominant et se faire bien voir de l'autre. Après un dernier commentaire déplacé à la serveuse sur le prix du vin, j'avais proposé de payer ma part et j'étais partie aussi vite que possible.

Au cours de ces dernières heures, rien ne s'était vraiment passé – et beaucoup de choses aussi. Il est vraiment décevant, et déprimant, d'entamer une conversation dans la perspective d'une collaboration professionnelle et de se retrouver projetée dans un monde d'ego, de dynamique de pouvoir et de sous-entendus sexuels. Mais, là, pour une raison que j'avais eu du mal à exprimer, je m'étais sentie complètement bouleversée par leur langage et leurs attitudes. Je m'en étais même voulu de ne pas avoir anticipé ce scénario. Puis j'avais repensé à ce mec, deux fois mon âge, qui croyait paraître séduisant en arborant une casquette ornée d'un poney. Je n'aimais pas généraliser, mais n'était-ce pas une démonstration de plus de la manière dont les jeunes femmes étaient traitées, en petit comité, dans le monde du travail ? Moi qui à la fois adorais et détestais la France, je m'étais dit que ce type de comportement était typique des hommes français, parce que ça ne m'était arrivé nulle part ailleurs. (Je n'avais tout simplement pas vécu assez longtemps.) Mais ça avait aussi été l'occasion de réaliser que je nourrissais une admiration irrationnelle pour les entrepreneurs. Peut-être en oubliais-je qu'ils n'étaient qu'humains – et pas forcément du genre avec lequel je voulais travailler...

Dans le train du retour, j'avais envoyé au P-DG de l'agence de célébrités un mail précisant mon rôle et toutes mes conditions ; avant que je n'atteigne St Pancras, il m'avait répondu : « OK, on y va. » Immédiatement, j'avais annoncé aux deux autres que je n'étais plus disponible.

Carte blanche

Ce nouveau job avait été un excellent choix, à bien des égards. J'étais mieux payée, mais j'avais aussi beaucoup de défis à relever : exactement ce que je voulais !

Malgré ce début prometteur, je n'ai pas tardé à découvrir que, si l'on veut s'essayer à la randonnée, commencer seule, par l'ascension du Mont-Blanc, n'est peut-être pas la meilleure idée. En neuf mois, le P-DG n'est venu qu'une fois au Royaume-Uni, trop occupé qu'il était à répondre aux demandes du marché français, alors en plein essor. Chaque fois que je réussissais à décrocher des appels d'offres d'agences britanniques, le manque de réactivité du siège nous faisait perdre face à des concurrents mieux établis et, tout simplement, plus présents.

On avait une adresse physique à Londres, en zone 1 (le cœur de la ville), mais c'était surtout pour faire bonne impression sur notre site Internet. En fait, il s'agissait d'un minuscule bureau dans un bâtiment Regus, près de Great Portland Street. Moi qui avais l'habitude de travailler dans de grands open space pleins d'effervescence, j'étais l'unique occupante de ce placard sans âme et ce changement de cadre était plutôt désolant.

Pour une transition en douceur, j'ai donc adhéré à l'un des nombreux clubs professionnels qu'offre Londres.

The Hospital Club proposait un tarif très compétitif pour les moins de 27 ans et était situé au centre de Covent Garden. Ce qui me permettait de travailler entourée de personnes créatives et d'avoir de nouveau l'impression de faire partie d'un tout. Au-dessus de l'ascenseur, était affichée une citation de Samuel Beckett : « Échoue, échoue encore, échoue mieux », comme si elle avait été placée là spécialement à mon intention et qu'une personne au moins me comprenait, dans cette grande ville qui me faisait l'effet d'une jungle. Certes, je n'avais pas encore atteint le point d'inflexion où le succès devient visible de l'extérieur, mais j'étais déjà quelqu'un de très différent de celle qui avait débarqué au Royaume-Uni, dix-huit mois plus tôt.

Une fin d'après-midi, alors que je travaillais au club et qu'il y avait beaucoup de monde, deux hommes m'ont demandé s'ils pouvaient s'asseoir dans les fauteuils à côté de moi. J'ai accepté, car ils n'avaient nulle part où aller et attendaient qu'un collègue les rejoigne.

– Enchanté, je m'appelle Tim... Est-ce que je peux vous inviter à prendre un verre, pour vous remercier ?

Tim était un blond d'une quarantaine d'années, au visage rond et expressif, plein de malice. Absorbée par la présentation sur laquelle je bossais, j'ai été un peu surprise de son offre. J'ai levé les yeux de mon ordinateur portable et répondu de façon lapidaire :

– Non merci, je suis là pour travailler.

J'avais prévu de retrouver une amie et il ne me restait qu'une heure pour boucler mes dossiers en cours. Et puis, cet homme voulait-il vraiment parler affaires ? Pas sûr. Sauf que, quelques minutes plus tard, un serveur est passé et a expliqué que le club avait une règle : les ordinateurs portables étaient interdits à partir de

18 heures. Le travail n'y était plus autorisé. J'ai éteint mon ordinateur et regardé Tim, qui me tournait le dos, tout en m'efforçant de recadrer les choses : on n'était pas au milieu d'un salon professionnel à Las Vegas, à 3 heures du matin, mais dans un club au cœur de Covent Garden, et j'étais entourée de gens civilisés. De plus, j'étais une adulte, capable s'il le fallait de faire face à la tournure que pourrait prendre la conversation.

Tim, voyant que je le fixais, a interrompu sa discussion.

– Votre offre tient toujours ? lui ai-je demandé avec un sourire.

Tim et Sam travaillaient tous les deux pour la même entreprise, une start-up spécialisée dans les technologies publicitaires (adtech) basée à Boston. Et, comme moi, ils étaient les premiers employés à ouvrir un bureau à Londres. Sam était un Américain d'une trentaine d'années, qui vivait en Europe depuis quelque temps. Ses cheveux noirs hérissés sur sa tête lui donnaient l'air d'un personnage de manga caucasien. Il combinait un professionnalisme aigu, un esprit vif et un je-ne-sais-quoi de juvénile. S'il paraissait excessivement sérieux au premier abord, il pouvait, d'un coup, devenir très léger, voire étonnamment drôle ! Il était l'adulte dans la pièce lorsque c'était nécessaire, et le gars avec qui l'on aimait boire une bière à la fin de la journée. Compétent et doté d'une forme d'ego que je n'avais jamais rencontré – un ego... sympathique ? Peut-être parce qu'il était américain et que ça me semblait exotique.

Tim était encore plus original. On aurait dit qu'après l'avoir créé, Dieu avait jeté le moule. Fougueux, vif, charismatique, intelligent, hilarant et peu fiable. Difficile à cerner. Remarquable au premier sens du terme – c'était impossible de ne pas le remarquer. Et tout aussi impossible de l'oublier. Après une brève conversation avec lui, on avait l'impression qu'il avait eu autant de vies qu'il y a de vaches sur Cows Lane, à Steeple Aston, le village de l'Oxfordshire d'où il venait. Je l'ignorais encore mais, de ce village, étaient originaires un certain nombre de gens qui ont compté dans ma vie.

La start-up dans laquelle ils travaillaient avait été nommée d'après un mot finlandais qui signifie « intelligent ». Elle n'avait que quelques années d'existence et connaissait déjà une croissance exceptionnelle. Elle avait été créée par Arto, un professeur de mathématiques fino-américain de l'université du Massachusetts qui, en 2010, s'était intéressé au secteur des applications mobiles, généré par l'arrivée des smartphones. Il avait alors développé cette appli qui proposait de rassembler les articles les plus lus des grands titres de presse. Celle-ci avait fini par atteindre le sommet du classement de l'App Store, ce qui avait créé encore plus de visibilité et attiré des hordes de nouveaux utilisateurs. Un peu plus tard, Arto avait cherché à la relancer en faisant de la publicité. Il n'y avait à l'époque qu'une poignée d'acteurs qui proposaient des publicités sur mobiles et leurs coûts étaient très élevés. En bon mathématicien, Arto avait rapidement compris que payer 20 dollars par téléchargement n'était pas rentable. Lui et son équipe avaient donc eu l'idée de coder un logiciel qui leur permettrait de reproduire un principe d'optimisation utilisé depuis des décennies par les spécialistes de la finance. Ils allouaient un petit budget à différents vendeurs de publicité sur mobiles, et les algorithmes qu'il avait développés leur recommandaient où il fallait investir davantage. Malin.

Leur technologie s'était ensuite sophistiquée. Les optimisations étaient devenues automatiques, régies par des règles mathématiques qui avaient fait leurs preuves sur des milliers de campagnes. Au lieu de garder cette innovation pour lui, Arto y avait vu une plus grande opportunité : la vendre à d'autres. C'est comme ça qu'ils étaient devenus les pionniers de la gestion programmatique des budgets publicitaires des applications mobiles. En entendant cette histoire qui en aurait endormi plus d'un, j'ai été fascinée.

Alors que la musique du bar s'était arrêtée un instant, un homme est entré dans la pièce. Il semblait un peu perdu, plissant les yeux derrière ses lunettes ovales tandis qu'il regardait dans notre direction. Puis son regard s'est posé sur moi, surpris. Tim a pris une grosse gorgée de son gin tonic et s'est levé d'un bond. J'ai fait de même, mais sans le gin tonic.

En cinq ans, depuis mon premier emploi, j'avais déjà rencontré pas mal de « pontes » des médias et de la publicité. J'avais assisté au prestigieux festival des Lions de Cannes, j'avais été reçue en entretien par des entrepreneurs qui avaient fondé leur propre société et, à mon poste actuel, je rendais compte directement au P-DG. Contrairement à beaucoup de gens de mon âge, rencontrer « le patron » n'avait donc aucun effet sur moi. Les titres n'avaient pas de valeur à mes yeux. Je partais du principe que chaque personne dont je croisais la route commençait à zéro et gagnait des points si elle se montrait compétente, respectueuse et inspirante.

Mais Arto était différent. Je n'avais jusque-là jamais rencontré d'ingénieur-entrepreneur. Humilité et intelligence émanaient de lui, à chaque phrase qu'il prononçait. Il n'a pas cherché à m'impressionner en citant le nom de clients importants. Il ne s'est pas vanté du nombre de ses employés, comme si cela aurait prouvé sa valeur en tant que professeur de mathématiques devenu CEO. Non, il ne m'a rien vendu. Tout ce dont il parlait, c'était de sa technologie et de la manière dont elle améliorerait un système qui, autrement, était manuel, sujet à l'erreur humaine et inefficace. J'étais tellement habituée à entendre des discours commerciaux à l'excès que cette rencontre m'a fait l'effet d'un seau d'eau glacée jeté en plein visage. Peut-être n'est-il pas nécessaire d'en faire des tonnes lorsque ce qu'on apporte a une valeur unique et indéniable ?

Notre conversation n'a pas duré plus de trente minutes. Et elle était totalement désintéressée. J'étais ravie qu'elle le soit, pour une fois.

En passant, j'ai mentionné mon expérience en agence, précisé avoir quitté la France pour m'installer au Royaume-Uni et que je parlais couramment allemand. Puis j'ai vu arriver mon amie. J'ai remercié Arto, Sam et Tim pour leur générosité et cette discussion intéressante. Et, comme Tim m'a demandé comment il pouvait me contacter, j'ai pris une carte de visite dans mon sac et la lui ai tendue mécaniquement, en oubliant de lui demander la sienne. Je n'étais pas douée pour mettre fin aux conversations et je me suis éloignée en me disant que, sur ce point aussi, j'avais du travail.

Le lendemain, j'ai reçu un mail de Tim disant à peu près ceci : « Arto a été très impressionné par ton parcours et ta personnalité ! On a des postes à pourvoir en ce moment. On en parle ? » Tim avait cette qualité rare de savoir vous faire sentir importante et nécessaire. J'étais flattée. Je voulais y croire, mais ma précédente expérience à Paris m'avait rendue particulièrement méfiante envers les contes de fées. J'avais appris que tout ce qui semblait trop beau pour être vrai cachait généralement un loup. Après tout, j'étais une jeune femme d'une vingtaine d'années qui avait rencontré trois hommes dans un club privé. Je n'avais aucune envie de me retrouver dans la Porsche de l'un d'eux, à parler d'un hypothétique job... Et quand bien même, admettons que Tim disait vrai. J'étais persuadée de n'avoir impressionné personne ce soir-là. Je ne me rappelais pas avoir dit quoi que ce soit de particulièrement remarquable. J'avais simplement posé une tonne de questions sur la technologie, le modèle d'entreprise et les ambitions de leur boîte en Europe.

Dans un premier temps, je n'ai pas répondu au mail de Tim. Puis, quelques jours plus tard, par culpabilité, je lui ai écrit que je n'envisageais pas de changer de poste.

Mais, au fil des mois, dans mon agence, j'ai fini par me rendre compte que je ne pouvais pas faire grand-chose dans ce marché très concurrentiel, sans le soutien du siège. Mon réseau n'était pas assez solide pour aller directement voir les boss et leur vendre les services d'un challenger inconnu, représentant principalement des talents français ou internationaux, mais sans mandat exclusif. Mon approche *bottom-up* (du bas de l'échelle hiérarchique vers le haut) était fastidieuse et impliquait d'inviter de nombreux responsables de marques juniors à des déjeuners coûteux. Or, ces juniors croyaient sincèrement avoir un pouvoir de décision. Mais ils finissaient toujours par devoir demander l'approbation à leurs supérieurs et à trouver une excuse pour ne pas signer avec nous. En fin de compte, les services que je proposais n'étaient pas assez innovants. Et moi, je voulais vendre la solution la plus efficace pour un objectif donné, pas être choisie parce que j'étais la meilleure guide des restaurants les plus instagrammables de Londres.

Six mois après mon entrée en fonction, n'ayant pas été payée à temps, j'ai contacté le P-DG. Il m'a répondu que les vacances de Noël avaient entraîné des retards au service comptabilité. Mais, le mois suivant, il y a eu un autre retard et je ne crois pas aux coïncidences. Sans doute avait-il vraiment oublié que j'existais (il ne répondait à presque aucun de mes mails). Et, même si je détestais cette situation, je me suis efforcée de détacher l'aspect personnel (mon échec) des faits. Si j'avais surpris tout le monde en générant des centaines de milliers d'euros de chiffre d'affaires, j'aurais eu tout le soutien de la boîte. Mais ce n'était pas le cas. J'avais proposé à mon boss des solutions pour y parvenir, mais il ne les avait pas considérées comme une priorité. Et je pensais savoir pourquoi : c'était moi qui avais choisi de me retrouver à ce poste, seule, en Angleterre, et non le P-DG. Lui m'avait répondu un faible oui, par cupidité plus que par besoin. Je ne pouvais m'en prendre qu'à moi-même.

J'ai alors envoyé un mail à Tim et lui ai demandé si sa start-up avait encore des postes à pourvoir. À peu près au même moment, mon patron m'a appelée pour me dire qu'on avait un problème. J'étais d'accord, mais je l'ai laissé parler en premier. Il ne s'y attendait pas et avait visiblement du mal à se donner une contenance. C'était un homme plutôt gentil, à l'esprit commercial très développé mais qui manquait de charisme. J'ai découvert pendant ce coup de fil qu'il détestait cette partie de son travail (mais qui aime licencier des gens ?) et, surtout, qu'il ne s'y était pas préparé. Je l'imaginais suer à grosses gouttes, à l'autre bout du fil, ayant imaginé que je ferais le boulot, moi qui avais l'habitude de bien analyser les situations et de proposer des solutions. Il avait toujours été un peu maladroit dans nos échanges mais, cette fois, il semblait faire des commentaires au hasard afin d'atténuer son propre malaise. Je ne l'ai pas aidé. Je ne disais rien. J'étais curieuse et je trouvais instructif de voir comment il mettrait fin à notre collaboration. J'étais également étonnée qu'il ait occupé des postes si importants sans avoir développé ce genre de compétences. Il a fini par se lancer et me dire :

– Toi, tu es plutôt du genre scolaire, tu aimes quand les choses sont vraiment bien cadrées... L'entrepreneuriat, ce n'est pas pour toi. Je te conseille de reprendre un emploi avec peu de risques et beaucoup de sécurité.

Il ne l'a pas dit de manière agressive et je ne l'ai pas mal pris. Car sa parole n'avait pas vraiment de crédit à mes yeux. Je me suis simplement dit qu'il me connaissait mal.

Et c'est ainsi que j'ai été licenciée, pour la première fois de ma vie. Ce que je redoutais depuis des années s'est révélé le meilleur tremplin qu'ait jamais connu ma carrière.

Merci, patron !

Une grande inspiration

Mars 2013, Boston

Lorsque les portes de l'ascenseur se sont ouvertes sur les bureaux pour mon premier jour de travail, j'ai eu du mal à contenir ma surprise. J'avais devant moi une salle gigantesque où une centaine de personnes, revêtues de polaires floquées au logo de l'entreprise, couraient dans tous les sens ou brainstormaient sur des canapés. Je me souviens qu'Arto m'avait dit : « J'ai une petite entreprise. » Mais sa boîte connaissait une telle croissance qu'en l'espace de deux mois, sa taille avait déjà doublé ! J'avais toujours rêvé de travailler dans une entreprise bien huilée, qui visait l'excellence. Et, après quelques tentatives infructueuses, il ne faisait aucun doute que ma vie venait, enfin, de prendre ce tournant.

J'ai souri en réalisant à quel point je m'étais trompée en doutant des intentions de Tim. Pour décrocher ce poste, j'avais dû passer six entretiens et chacun avait représenté un véritable défi. Mais tant mieux ! Je commençais seulement à reconnaître que je m'étais sentie dans un état de stress post-traumatique à la suite de l'entretien que j'avais passé à Paris, l'été précédent, avec les deux associés.

Par chance, cette start-up ne jouait pas dans la même cour. J'avais postulé à un poste de responsable régional des ventes et on m'en avait finalement proposé un autre, moins important. Celui de gestionnaire de clientèle. Un rôle non de « chasseuse », mais d'éleveuse : je serais chargée de faire rester et grandir les clients, pas d'aller les chercher. Mais on avait pris le temps de m'expliquer pourquoi. J'étais trop inexpérimentée dans le domaine de la vente et, selon eux, ce serait revenu à me jeter dans la fosse aux lions sans la moindre chance de m'en sortir, en dépit de mon hyper-motivation. Ils me laissaient cependant la possibilité d'y postuler de nouveau, une fois que j'aurais prouvé ma valeur. J'adorais cette transparence et avais bu chacune de leurs paroles. (Le fait que le feedback soit délivré avec un accent américain devait aussi décupler le crédit que je lui accordais.) J'avais enfin une ligne de progression claire et des supérieurs très exigeants. Pour la première fois de ma carrière, je n'avais plus l'impression d'être là par hasard. Quelqu'un d'autre y avait bien réfléchi.

J'avais déjà travaillé dans une entreprise qui prétendait être une start-up. J'étais jeune et ignorante. J'y avais cru. Sauf que, cette fois, c'était vrai : j'avais reçu une offre d'emploi qui incluait des stock-options. Je n'en revenais pas ! Ils me donnaient, à moi, une employée lambda, la possibilité de bénéficier de la croissance éventuelle de l'entreprise, mais sans garantie, bien sûr. En outre, une prime de performance s'ajoutait à mon salaire de base. Les efforts individuels et collectifs étaient récompensés, de façon totalement limpide. C'est là que j'ai compris qu'il y a deux sortes de start-up : d'une part, les entreprises récentes qui ont la capacité de croître de façon exponentielle grâce à l'utilisation de technologies innovantes, et qui récompensent tous leurs employés pour le risque qu'ils prennent en les rejoignant. Et, d'autre part, les entreprises récentes qui ont elles aussi la capacité de croître de façon exponentielle, mais dont l'éventuelle réussite ne profitera qu'aux fondateurs et à leurs investisseurs.

J'avais l'impression d'être à Disneyland et que le tour de manège ne faisait que commencer. Dans l'avion qui m'avait emmenée à Boston pour une formation de deux semaines dès ma prise de fonction, j'étais déjà euphorique. Les Américains avaient tout compris : à quoi bon embaucher des gens s'ils ne sont pas capables de donner le meilleur d'eux-mêmes et d'apporter le plus de valeur à l'entreprise ? Ça avait tellement plus de sens que tout ce que j'avais vécu auparavant. Je devais me pincer pour être certaine de ne pas être dans un rêve.

Debout dans l'entrée de l'open space, j'ai pris une grande inspiration et je me suis imbibée de tout ce que je voyais. En cette froide journée de mars, mon visage était encore engourdi par les dix minutes de marche que j'avais effectuées depuis l'hôtel Boston Park Plaza et l'air que j'expirais brûlait mes narines gelées. Mais je savourais ce moment où tout était nouveau, fascinant et incroyablement conforme à ce que j'espérais. Pour une fois, j'étais au bon endroit au bon moment – comme lorsque Tim m'avait demandé si le siège à côté de moi était libre.

Move fast, break things

Novembre 2013, Boston

La boîte a connu une forte croissance au cours des huit mois qui ont suivi mon arrivée et l'équipe commerciale est passée de deux à cinq personnes pour nous permettre de couvrir le marché européen des applications. Mais, pendant qu'on courait tous dans tous les sens, je ne lâchais pas de vue mon objectif : intégrer cette équipe commerciale. Je ne savais pas comment j'allais réussir dans la vie si je n'apprenais pas à vendre. De nature désespérément impatiente, je me faisais une vraie violence pour ne pas postuler trop tôt. Contrairement aux clichés de biais habituels, je n'avais aucune difficulté à m'imaginer à ce poste. Je rongeais donc mon frein avec le sourire. J'aimais ce que je faisais et je le faisais bien. Mais je voulais relever un défi : partir en quête de nouveaux clients. Conclure des contrats avec des entreprises qui ne connaissaient rien de la société et qui nous choisiraient parmi tous nos concurrents européens. Je passais donc beaucoup de temps avec les commerciaux.

L'un d'eux, James, avait 23 ans et aucune formation universitaire. Mais il aurait pu enseigner l'art de la vente à Harvard. De quatre ans mon cadet, il paraissait en avoir cinq de plus que moi. D'ailleurs, les gens pensaient qu'il plaisantait lorsqu'il leur avouait son âge et demandaient à voir son passeport. Bien moins que son apparence physique, c'était son extrême confiance en lui qui les avait dupés. Il était toujours au centre de la conversation. Jamais à court de commentaires assurés, il posait des questions pertinentes et savait quand il fallait faire une blague – c'est-à-dire souvent. Ses clients se revoyaient à 23 ans et se disaient : « Je n'étais pas comme toi, James ! » Sans l'ombre d'un doute. La plupart d'entre eux avaient un niveau d'études élevé et se trouvaient, depuis l'obtention de leur diplôme, sur un escalator qui les conduisait automatiquement au niveau suivant de leur carrière. En revanche, rien ne prédestinait James, un garçon aux origines plutôt modestes, qui n'était même pas allé à l'université, à toucher un salaire à six chiffres dans une entreprise américaine et à mener un train de vie somptueux, à un si jeune âge.

Tim, le responsable officieux des ressources humaines de l'entreprise, l'avait « chassé », même si ce mot est un peu fort. Ils venaient du même village, Steeple Aston, à deux heures de Londres, et Tim était le meilleur client du pub des parents de James, le Red Lion. Je souris en les imaginant, attablés là-bas, discutant de cet éventuel poste dans une entreprise américaine passionnante, puis, après la cinquième pinte, de la façon dont ils allaient conquérir le monde... Une chose, en tout cas, était sûre : tout ce que Tim avait en tête, il le réalisait. Je soupçonne James et Tim d'avoir même inventé l'attitude « *Fake it until you make it*[1] ». Je n'ai aucune admiration pour la tromperie, mais je suis fascinée par les outsiders qui réussissent. Ils m'ont appris

1. « Fais semblant jusqu'à ce que tu y arrives. »

la différence entre confiance et arrogance, et cette nuance a eu un impact dans tout ce que j'ai entrepris par la suite.

Rien ne laissait présager que j'éprouverais une telle complicité avec James, ce garçon de l'Oxfordshire d'1,90 mètre, aux yeux parfois rieurs, parfois mélancoliques. Mais dès qu'on s'est rencontrés, il est devenu comme un frère pour moi. Il voulait que je réussisse autant qu'il voulait lui-même réussir. Il croyait en moi plus que je n'y croyais moi-même. Il a été mon premier ami anglais, alors que je vivais à Londres depuis trois ans.

*

Par un vendredi neigeux, alors que j'étais une nouvelle fois à Boston, j'ai été réveillée dans ma chambre d'hôtel par un message de James : « Josh a été licencié. La place est pour toi. Postule immédiatement. »

Ce n'était pas lui, le responsable du recrutement, mais le directeur du service, le très énigmatique Callum. En revanche, ce que James me disait, c'était : « Parle maintenant ou tais-toi à jamais. » J'étais tétanisée. Je trouvais extrêmement vulgaire de postuler alors que mon collègue, qui n'avait pas passé sa période d'essai, n'avait même pas quitté le bureau ! Et j'étais justement à 5 000 km de ce bureau. Je me suis dit qu'il valait mieux attendre quelques jours. J'irais voir Callum en personne. Mais James m'a expliqué qu'à partir de maintenant, je serais évaluée sur chacune de mes décisions. Tic-tac, tic-tac. C'était un test. Que j'étais en train de rater.

J'ai surmonté mon malaise à contrecœur, grâce à James qui m'a décrit précisément mes chances de réussite (nulles) si je ne postulais pas dans la journée. Les mains moites, j'ai tapé un mail qui allait changer la trajectoire de ma vie.

Candidate ~~idéale~~

Il n'y avait pas de raccourci possible : cette boîte avait un processus de recrutement anti-piratage. Je devais passer par chaque étape, tout comme les candidats externes. Dommage. Le fait d'avoir consacré des mois à nouer des relations solides avec l'ensemble de l'équipe commerciale ne comptait pas. Pas plus que celui d'avoir été invitée par le *chief revenue officer*[1] (qui siégeait au conseil d'administration de la société) à un match de hockey des Bruins de Boston, avec sa femme et le parrain de son fils. Pas de pot.

C'était Callum qui décidait. La petite quarantaine, il ressemblait au premier James Bond. Beau, chic et calculateur. Ses cheveux gris impeccablement peignés brillaient sous la lumière du bureau, nourris par une grande quantité d'une substance grasse que j'imaginais être du Brylcreem. Le produit utilisé par les pilotes de la RAF pendant la Seconde Guerre mondiale pour maintenir leurs cheveux en place, même lorsqu'ils portaient un casque.

Jour après jour, j'observais Callum sans le comprendre. C'était comme regarder un spectacle de mime mais, en plus de ne pas utiliser de mots, il n'avait pas non plus beaucoup de gestes. Callum avait élevé au

1. « Directeur financier », en anglais.

rang d'art le fait d'analyser ses interlocuteurs et de ne pas dévoiler ses pensées. Il ne faisait aucun doute qu'il pensait toujours quelque chose lorsqu'il vous regardait. Quelque chose de profond. Mais je ne disposais pas du dictionnaire qui m'aurait permis de déchiffrer ce langage inconnu, s'exprimant le plus souvent par une vaste gamme d'élévations de sourcils et de silences. Je viens d'une culture latine, où les choses sont dites. Souvent à voix haute et avec beaucoup d'émotions. Et où les gens ont tendance à entrer physiquement en contact les uns avec les autres, avec des bises et des accolades. Ici, rien de tout ça ne s'appliquait. Rien ne m'aidait à tisser des liens avec lui.

Callum était plus un entraîneur qu'un joueur. Mais pas de ces entraîneurs qui vous encouragent, vous serrent dans leurs bras et arrosent l'équipe de champagne à la première occasion. Comme mon grand-père quand il jouait au PMU, il sélectionnait les candidats dont il pensait qu'ils avaient le potentiel pour réussir, plaçait son pari, puis prenait un recul total et les regardait franchir la ligne d'arrivée en ayant tout donné ou s'écrouler sur la piste. Hors jeu. Une technique de management appelée « laisser-faire ». Stratégique, incorruptible, fin psychologue, il avait toujours un plan. Et je n'en faisais pas partie.

Chacun des huit employés du bureau londonien était invité à participer au processus de recrutement. Moi, y compris. J'ai fait un rapide calcul de mes chances de réussite. Je n'avais pas vraiment marqué de points auprès de Sam, qui me manageait depuis mon arrivée. Il voyait que j'apprenais vite et que les clients m'aimaient bien. Mais mon irrévérence à l'égard de la hiérarchie l'avait profondément irrité. Il essayait seulement de faire son travail, en affirmant son autorité. Et je ne faisais pas exprès de ne pas la respecter. Cependant, quelques mois après mon entrée en fonction, je lui avais demandé qui me manageait, ce qui m'avait valu un « Tu te moques de moi ? ». Ça peut se comprendre.

Sam et Callum étaient les deux seuls adultes responsables de cette vaste cour de récréation qu'était le bureau de Londres et la rumeur courait que Sam ne soutenait pas mon changement de poste. Ne pas soutenir étant une version moins courageuse que de s'y opposer, comme ne pas tenir par rapport à laisser tomber. Je n'avais aucune idée de la véracité de cette rumeur mais, si c'était vrai, c'était un problème. Car c'était Sam qui avait le plus d'influence sur Callum. Sam étant le seul Américain du bureau, il inspirait à tous un respect naturel. Sauf à moi.

En vingt ans de carrière, Cal avait embauché et licencié des dizaines, voire des centaines de commerciaux, et il avait créé un modèle à partir de ce qui fonctionnait et de ce qui ne fonctionnait pas. C'était un poids lourd de la vente et du *scaling*[1]. Notre boîte avait réussi à le débaucher d'une entreprise très installée et « corporate ». Il était d'ailleurs le seul à venir au travail en costume. Tous les autres étaient en jean tee-shirt. Le fantôme de son passé pas si lointain était peut-être ce qui rendait sa présence si singulière. Et son comportement... décalé.

La tension était grande. Il venait juste de licencier quelqu'un qu'il avait embauché quelques mois plus tôt. S'il se trompait encore, lui-même serait mis à la porte.

On était une petite équipe qui travaillait rapidement et à proximité les uns des autres, et il aurait été

1. Capacité des entreprises à croître de manière rapide et solide afin de mettre en place un modèle économique stable.

facile d'accélérer le processus d'embauche. Mais Callum a fait durer le plaisir. Il m'a demandé de faire passer un entretien aux candidats externes qui postulaient à « mon » poste. J'étais un peu surprise de sa démarche mais, après tout, je faisais partie de l'équipe et c'était un esprit de travail collaboratif. Ou un test. Encore un.

J'ai donc donné mon avis sincère sur le potentiel de chacun des trois candidats que j'ai interviewés. Y compris sur l'un d'entre eux qui, selon moi, pourrait convenir. Et quand j'ai répondu : « Pas exceptionnel, mais il a les compétences requises », Cal m'a regardée avec une incrédulité totale. Il cherchait à découvrir la compétitrice en moi et s'attendait à ce que j'aiguise mon couteau et que je détruise les candidats un à un, avec des arguments plus convaincants les uns que les autres. Je n'en avais rien fait. Il faut être peu sûre de soi pour se comporter comme ça. Je n'ai jamais été le genre de filles qui flirtent en rabaissant les autres.

J'étais le meilleur choix pour le poste et c'était à lui de s'en rendre compte. De voir au-delà de son idée préconçue de ce qu'il fallait être pour exceller à ce job. Lors de mon deuxième entretien avec lui, il a fermé la porte, s'est retourné et a dit quelque chose que je n'oublierai jamais :

– Il n'y a rien de cassé chez toi.

Il me faisait penser à un enquêteur du FBI, en train d'examiner un cas particulièrement frustrant. Son ton était clinique, mais je pouvais lire une expression encore inconnue dans son regard – du doute ?

– Tu as fait une école de commerce. Tu sembles avoir une vie sociale et affective stable, tu ne parais pas souffrir d'addictions ou d'un besoin incontrôlable de validation externe... Alors, pourquoi exactement est-ce que tu veux ce travail ?

À ces mots, j'ai été submergée par une vague d'émotions. Mais j'ai pris exemple sur lui et je n'en ai rien laissé paraître. Il n'avait aucun respect pour toute forme d'exhibition émotionnelle, je ne le savais que trop bien. Je me demandais d'ailleurs si ça lui était spécifique ou si c'était le cas de tous ceux qui avaient été envoyés en *boarding school*[1] dès l'âge de 11 ans.

Mais, au fond de moi, j'étais furieuse. Quelle vision archaïque ! Croyait-il sérieusement qu'il fallait être addict, mener une double vie ou avoir des problèmes d'ego pour réussir dans la vente ? S'il était aussi blasé, ne devrait-il pas lui aussi envisager de changer de travail ?

Révéler mes pensées serait directement revenu à me faire hara-kiri. Je suis donc restée silencieuse et l'ai regardé fixement, tout en cherchant quoi lui répondre. Mais je n'arrivais pas à canaliser l'énergie négative que je ressentais. Et je voyais bien qu'il était troublé par ce qu'il pensait être de l'insolence.

Ce n'était pas la première fois que je vivais cela. Ce schéma. Je ne ressemblais pas à la combinaison gagnante. Un grain de sable dans le rouage. La beauté est dans l'œil de celui qui regarde, dit-on. Il en va de même pour les préjugés. Ils sont entièrement subjectifs. J'étais agacée par le nombre de personnes qui obtenaient un emploi alors qu'elles n'en voulaient même pas. Simplement parce qu'elles avaient « l'air d'avoir le profil ». Moi, je voulais VRAIMENT ce job, mais le fait de l'assumer pleinement semblait susciter beaucoup plus de doutes que d'encouragements.

---

1. « Pensionnat », en anglais.

Dans un effort pour ne pas tout ruiner, j'ai donné ce que je considérais être une réponse honnête, avec un sourire (malhonnête) :

– Ce n'est pas parce que ça n'a pas de sens pour toi que ça n'en a pas.

Je ne me souviens pas du reste de la conversation, mais je me rappelle avoir quitté la pièce, agacée, et avoir pensé qu'il y avait un abîme entre nos deux points de vue. Et que je ne savais pas comment le combler. Contrairement à lui, je n'avais aucune expérience en matière d'embauche de commerciaux et je chérissais mon optimisme naïf. Comme le dit le proverbe de Shunryu Suzuki : « Si votre esprit est vide, il est toujours prêt à tout, il est ouvert à tout. » Le sien était saturé.

Quelques heures plus tard, Callum a appelé mon nom dans l'open space. Je l'ai suivi nerveusement vers la petite salle de réunion – consciente qu'une conversation cruciale pour mon avenir allait s'y dérouler. Et que les cloisons étant là plus pour faire joli que pour insonoriser, tout le monde pourrait savoir si notre échange se passait bien ou non. J'ai éprouvé un vague espoir en me rappelant que les conversations les plus difficiles se déroulaient dans la grande salle de réunion, celles dont les parois étaient en verre. Peut-être que... ?

Callum m'a annoncé sans grand enthousiasme, mais avec un léger sourire (une expression que je lui découvrais), que j'avais décroché le job. J'étais stupéfaite ! Il avait dû lui falloir beaucoup de cran pour qu'il renonce au modèle basé sur son expérience et adopte le point de vue opposé. Je l'avais grandement sous-estimé !

Il m'a expliqué les détails du poste et que je commencerais après les vacances de Noël. Enfin ! Je n'arrêtais pas de sourire. Je l'ai remercié et j'étais déjà en train de me lever pour quitter la pièce lorsqu'il m'a jeté l'un de ces regards lourds. Et m'a dit d'un ton grave et lent :

– Tu ne vas pas me le demander ?

Je n'avais aucune idée de ce dont il parlait, mais j'aurais pu le serrer dans mes bras, de joie.

– Pourquoi tu m'as choisie ? Je n'ai pas besoin de le savoir. Je vais faire en sorte que tu sois fier de ton choix !

– Pas ça. Tu ne vas pas me demander combien c'est payé ?

Il a dit ça sans bouger les sourcils et en me fixant avec une moue désapprobatrice. Je ne pouvais pas lire dans ses pensées, mais je devinais qu'il s'agissait d'un « code rouge » dans son manuel des qualités d'un bon commercial. J'étais si heureuse, si convaincue que ce poste représentait une opportunité fantastique que, pour moi, la rémunération n'était pas un critère. Je savais simplement que ce serait mieux payé et, mon défi étant d'y exceller, ça impliquerait peut-être quelques primes ?

En fait, je suis passée d'un salaire annuel de 38 000 £ + un bonus de 5 000 £ à un salaire de base de 50 000 £ + un bonus de 50 000 £ ! Ce dernier était plafonné à 150 %, ce qui laissait une marge de manœuvre si je dépassais mes objectifs. J'ai fait un calcul rapide et réalisé que je pouvais gagner jusqu'à 125 000 £ par an. Presque cinq fois mon salaire à mon arrivée à Londres ! Une augmentation considérable. Qui m'a permis, plus tard, de me lancer dans une autre aventure et d'en financer les risques.

Garde tes émotions pour toi

Au cours des vingt mois qui ont suivi, mon job a été de vendre des contrats aux meilleures applications mobiles d'Europe, qui nous achetaient un *managed service*. Autrement dit, elles nous payaient 20 % de leur budget média pour qu'on gère leurs campagnes publicitaires sur mobile. L'entreprise était un moteur bien huilé, copié sur le modèle de Hubspot, et j'étais fascinée par sa redoutable efficacité. Des représentants juniors contactaient des prospects par centaines, puis nous transmettaient leur niveau d'intérêt, à James, Tim ou moi-même, pour qu'on puisse finaliser le deal.

Tout était nouveau pour moi. Il ne se passait pas un jour sans que je relève un défi. La concurrence était féroce, notre offre de produits ne cessait de se complexifier et je devais vendre sur des marchés aux cultures très différentes. Au sein même de notre équipe, le choc des cultures était inévitable. J'étais la seule femme dans une équipe de six hommes au niveau de testostérone et aux ego très élevés. Mais, dans cette boîte, je n'ai connu aucun plafond de verre. Plusieurs fois par an, je me rendais à Boston pour être formée « à l'américaine ». J'avais l'impression que les gens pariaient sur moi. L'impression de grandir. J'en ressentais une immense fierté : ma vie prenait un tel sens !

*

De retour dans la ville des Celtics. Il était une heure du matin et je venais de rentrer de la pendaison de crémaillère de Marjie, une collègue américaine dont j'étais devenue proche. La soirée avait été bien arrosée mais j'étais tout aussi ivre du jet lag. Dans l'entrée du somptueux Boston Park Plaza, où l'on descendait toujours, j'ai sorti mon téléphone pour profiter du Wi-Fi gratuit et envoyer à Gabriel, mon petit ami, un message avant d'aller me coucher. James, qui était rentré à pied avec moi, était déjà monté dans sa chambre. J'étais presque seule dans l'immensité du hall, hormis quelques employés de l'hôtel et des clients épars, quand l'un d'eux s'est dirigé vers moi. Les yeux rivés sur l'écran de mon smartphone, je le distinguais à peine jusqu'à ce qu'un murmure me surprenne et qu'une voix hésitante me glisse à l'oreille :

– C'est combien ?

Sans voix, j'ai levé les yeux et je me suis retrouvée nez à nez avec un jeune Indien, d'une vingtaine d'années, qui avait l'air horriblement gêné. Au vu de ces vêtements de marque, c'était sans doute un fils de milliardaire qui avait mal compris le fonctionnement du monde (commentaire arbitraire, je le reconnais, mais j'avais besoin de m'imaginer quelque chose justifiant qu'il ait pu penser que j'étais une travailleuse du sexe...). La tête que j'ai faite a dû valoir toute la fortune de son papa... Décidément, encore un qui avait trop regardé *Pretty Woman* ! J'ai fait demi-tour sans un mot et filé dans ma chambre d'hôtel pour faire la seule chose qui me semblait pertinente dans une telle situation : appeler ma mère. En France, il était 7 heures du matin et elle a été surprise de m'entendre. Je n'avais pas l'habitude de l'appeler lors de mes voyages d'affaires, et encore moins pour lui demander conseil – ce qui lui manquait terriblement. J'étais consciente qu'avoir une fille comme moi était à la fois rassurant et déchirant. Vous voulez que votre enfant soit indépendant et qu'il soit équipé pour affronter seul les aléas de la vie, mais qui êtes-vous en tant que parent si l'on vous refuse le rôle de protecteur ?

Après ce petit épisode, je me suis mise à passer encore plus de temps avec les garçons de l'équipe. Chaque déplacement avec James et Tim était un feu d'artifice de blagues. Rires hystériques + travail bien rémunéré et gratifiant = difficile de ne pas être comblée ! D'autant que, dans mes boulots précédents, j'avais toujours dû faire des concessions : c'était soit l'un, soit l'autre. Ce que je ressentais à leur égard était assez proche de l'amour inconditionnel. Le type d'amour qui pardonne les ego surdimensionnés et les mauvais jours. Mon cœur étant déjà pris, ça ne pouvait être que platonique, mais je n'ai jamais essayé de le leur expliquer : je savais qu'ils ne comprendraient pas.

*

Avec toute mon énergie tournée vers l'extérieur (pour décrocher des contrats et comprendre mes clients), j'avais dramatiquement sous-estimé les défis que je rencontrerais en interne. Une fois les contrats signés, je transférais la relation client aux *accounts managers*. Ayant moi-même fait ce job pendant plus d'un an, j'avais une idée très précise de la manière dont il fallait s'y prendre. Et je m'étais tellement battue pour décrocher ces contrats que je portais une attention démesurée à la satisfaction clients. Il me semblait normal qu'on leur offre le meilleur service au monde. Mais je ne savais pas que ma définition du « meilleur service au monde » n'était pas partagée par tous. Et je ne comprenais pas pourquoi. L'adversité à laquelle j'étais chaque jour confrontée faisait monter mon taux d'adrénaline. J'aimais le sentiment de victoire et j'en redemandais. Mais mon manque d'expérience me faisait croire que j'étais la seule responsable de ces succès – jusqu'à ce que je reçoive une précieuse leçon de management.

Callum avait convoqué tous les commerciaux dans notre unique salle de réunion. L'air y était étouffant et on n'avait pas de climatisation. À nous sept, on tenait à peine dans cette salle de nos tout nouveaux bureaux d'Old Street, qui donnaient sur le « rond-point du silicone » (une copie de la Silicon Valley, avec l'humour en plus). Debout devant nous, tel un professeur dans une salle de classe, Callum, sanglé dans un costume impeccable, a appuyé sur une touche de son ordinateur qui a projeté une slide sur le mur. Ce n'était pas son mode opératoire habituel – il était plutôt du genre à nous parler sans support, comme un coach dans les vestiaires, avant un match. La slide montrait un graphique à deux axes. D'un côté « combativité », de l'autre « empathie ». Conscients que ce n'était pas une réunion comme les autres, on a échangé un regard.

– Je veux que chacun s'évalue par rapport à ces deux dimensions. Notez que les versions extrêmes de l'une et de l'autre sont les suivantes : un commercial doté d'un maximum de combativité et d'aucune empathie pourrait vendre du shampoing à Vin Diesel. Il ne tient pas compte des désirs et des besoins du client et ne fait qu'agir pour son gain personnel. Il peut être l'un des meilleurs éléments d'une équipe, si l'on en croit ses chiffres.

James et un autre commercial ont gloussé en entendant ces mots : ils se reconnaissaient. Cal a repris la parole :

– Un commercial qui n'a aucune combativité et un maximum d'empathie aura du mal à sortir de la *friend zone*. Il pourra, pendant des heures, écouter le client et son équipe parler de leurs problèmes et être apprécié d'eux, mais il reviendra sans aucun contrat.

En y repensant, je dois rendre hommage à Cal. Je n'avais pas du tout aimé sa façon de me manager au début, ses méthodes me paraissant opaques et discutables. Mais j'avais surtout peur de ne pas pouvoir gagner à un jeu dont je ne comprenais pas les règles. En fait, toutes ses méthodes étaient redoutables, parce que basées sur la psychologie. Comment ne pas reconnaître qu'il a été le meilleur manager que j'ai connu, et le seul que j'ai fini par admirer ?

À la fin de la réunion, il m'a demandé de rester dans la pièce et a fermé la porte.

– Donc, dans ton évaluation de toi-même, tu juges que tu as beaucoup d'empathie et autant de combativité ?

Ce n'était pas vraiment une question. Callum avait toujours une idée derrière la tête. J'ai joué le jeu.

– Oui, je crois. Je comprends très bien les besoins des clients après avoir travaillé pour eux en tant qu'*account manager* et je me sens donc particulièrement bien équipée pour leur recommander la meilleure solution.

– D'accord… Il est vrai que tu atteins tes objectifs de vente (j'en étais particulièrement fière et ne m'en cachais pas). Mais toute l'équipe d'*account managers* s'est plainte de ton manque total d'empathie à leur égard. Qu'en penses-tu ?

Cette remarque n'a suscité aucun malaise en moi. Il y avait une explication logique.

– J'ai démontré à plusieurs reprises que j'étais une excellente collaboratrice et...

À ces mots, Callum a éclaté d'un rire franc, ce qui m'a décontenancée. Il ne riait pas souvent. Voire jamais ?

L'attitude de chacun face au coaching est complexe. Si j'étais tout à fait ouverte au feed-back, j'en demandais rarement parce que je pensais, à tort, que ça me ferait passer pour quelqu'un de peu autonome. Ou pire : de faible. Mais, cette fois, j'avais l'impression que Callum allait me dire ce qu'il pensait vraiment. Et je ne voulais pas laisser passer l'occasion.

– D'accord, Cal. Dis-moi ce qui te fait rire... Je suis curieuse d'entendre ton point de vue, sans filtre.

– Vraiment, Marie ?

– Oui, absolument.

Callum était détendu, mais il ne faisait aucun doute qu'il s'agissait d'une de ces discussions professionnelles intenses, comme je les aimais. J'avais reconnu une certaine froideur chirurgicale dans son regard. Il a pris une inspiration et a lancé :

– Tu sembles arriver à ce que les gens mettent en œuvre tes idées.

Je me suis dit que c'était un bon début.

– Mais je ne crois pas qu'on puisse parler de collaboration. Et certainement pas d'empathie. Ça ressemble plutôt à une forme de torture mentale que tu infliges aux autres, jusqu'à ce qu'ils n'aient plus d'autre choix que de prêter allégeance à ton idée. Et c'est à ce moment-là que tu poses le pied sur leurs corps épuisés, en criant victoire... comme s'ils avaient eu le choix !

J'en suis restée bouche bée.

– C'était sans filtre, ça ? ai-je rétorqué en souriant.

Il a ajouté quelque chose du genre :

– Marie, tu n'es qu'un des éléments de ce groupe. Ton rôle est de signer des clients et tu réussis sur ce point – ce dont je te remercie. Mais si tu n'arrives pas à trouver le moyen d'emmener avec toi les personnes extérieures à l'équipe commerciale, si tu n'arrives pas à obtenir le respect sans l'imposer brutalement, tu seras expulsée de la tribu. Les individus, aussi performants soient-ils, ne sont pas plus forts que le système... Et n'oublie pas que, dans un marché des applis en plein essor, toi, comme tous les autres commerciaux de cette équipe, êtes largement surpayés par rapport à la valeur que vous apportez réellement. Ce n'est qu'une question de circonstances. Ne t'y trompe pas.

Il a dit ça d'une voix ferme, en détachant clairement chaque mot. Son sang-froid, son ton ont dissipé les excuses que j'utilisais avant pour ne pas voir ce qu'il décrivait. C'était comme si le voile était tombé et que j'étais soudain capable de me remettre en question. Je me percevais jusque-là comme une bosseuse acharnée, compétente et (enfin) couronnée de succès. Une image positive, renforcée par les commentaires de mes clients et les encouragements de mes collègues. Mais, galvanisée par mes récents succès, j'étais tombée dans le piège de penser que « je savais mieux que les autres ». Sous prétexte que c'était dans l'intérêt du client, j'avais retiré le pouvoir à une équipe d'experts, remis en question chacune de leurs décisions et ruiné leur moral. J'avais nourri l'animal obsessionnel en moi, qui s'était montré de plus en plus affamé. Et je ne m'étais absolument pas aperçue que ce comportement était sur le point de me faire virer.

Pour arriver à changer, il est crucial de réaliser que, si l'on ne souffre pas suffisamment ou si ce qu'on gagnerait à changer n'est pas assez important, il est peu probable qu'on modifie nos habitudes. Sans cette menace très réelle, que Callum avait clairement exprimée, j'aurais probablement conservé ce comportement toxique, persuadée que j'avais raison et que les autres avaient tort.

Je m'étais trompée. Callum n'était pas James Bond. C'était un agent royal sous couverture. Pas de permis de tuer, juste celui de vous rappeler votre rôle dans l'entreprise, que vous le vouliez ou non.

Callum s'est levé et a quitté la pièce sans un mot. Il n'y a pas eu de « prochaines étapes » ni de langage corporel rassurant auquel se raccrocher. Aucune promesse d'un avenir meilleur. En ce qui le concernait, il se fichait que je vive ou que je meure au sein de cette boîte. Il allait prendre son train, comme tous les soirs, rentrer chez lui, auprès de ses proches, à Eastbourne, comme tous les soirs, et ne plus penser à cet échange. Son travail était terminé. Le mien commençait.

Phénix

Callum a mentionné un jour que le feedback brutal et honnête ou l'échec total a tendance à détruire les gens. Dans 5 % des cas cependant, ceux qui y sont exposés parviennent à trouver en eux de quoi renaître de leurs cendres. Il les appelait les « Phénix ». Et il pensait que j'en étais un. Mais sa tendance à intellectualiser tout et n'importe quoi me rendait folle. Je voulais juste bosser sans sentir sa présence au-dessus de mon épaule, tel Clippy, le widget de Microsoft, commentant chacune de mes actions – ce qui revenait à suivre une thérapie sans l'avoir demandé. Mais, même si j'avais du mal à l'admettre, une fois de plus il avait raison. Et ça m'a permis de développer, lentement mais sûrement, un mode de pilotage automatique, qui me faisait passer de l'action à la réflexion sur mon comportement, puis de nouveau à l'action. Jusque-là, comme il est douloureux de se regarder dans un miroir, j'avais soigneusement évité de le faire trop souvent. (Si vous avez le choix, vous préférez avoir confiance en vous ou manquer d'assurance ?) Je m'étais également construit un certain nombre de fausses croyances pour justifier de ne pas le faire : « Ce serait une perte de temps », « C'est ce que les hommes pensent que les femmes font, au lieu de signer des contrats », « On apprend en agissant et en se plantant, pas en s'asseyant en silence avec l'espoir que les réponses viendront d'elles-mêmes »... Mais, avec le style de management unique de Callum, je n'avais pas le choix. Il n'avait pas de chouchou. Il nous considérait tous comme des individus dotés d'un potentiel, qu'il nous appartenait d'exploiter.

Ce cercle vertueux est devenu la base de mon travail sur moi-même, l'objectif étant de ne plus avoir besoin, comme un enfant, que quelqu'un me renvoie mon image. Peu à peu, je suis devenue capable d'envisager différents points de vue et de reconsidérer la manière dont je percevais et j'interprétais les événements. Ce qui m'a permis de remettre en question mes positions et mes croyances, d'assumer la responsabilité de mes actes et de ne pas rejeter la faute sur des éléments extérieurs, lorsque les choses ne se déroulaient pas comme je le souhaitais.

*

Mon travail me plaisait beaucoup, comme le fait de collaborer avec une équipe aussi éclectique – même si, bien sûr, il nous arrivait de nous taper sur le système. Mais c'étaient de loin les liens les plus étroits que j'aie eus avec un groupe qui, sur le papier, n'avait rien en commun. Russe, Australien, Marocain, Portugais, Sud-Africain, Britannique, Américain, Français, Finlandais, Israélien, on formait un véritable melting-pot d'origines, d'âges et de héros d'enfance différents. La diversité est toujours d'une richesse infinie, le tout plus grand que la somme des parties. Il y avait cependant une culture qui comptait plus que les autres et c'était, sans surprise, celle des gens qui payaient nos salaires. Si bien qu'un jour, je me suis fait convoquer par Sam parce qu'en anglais, à l'écrit, il faut suivre les conventions d'écriture du BCG (Boston Consulting Group), c'est-à-dire que la ponctuation vient juste après la lettre. On ne laisse pas d'espace, comme c'est souvent le cas en français. Ne pas respecter quelque chose d'aussi trivial peut entraver votre intégration dans le monde professionnel, car ça crie à tous ceux à qui vous écrivez que vous ne possédez pas leurs codes. Ça fait partie du vaste fourre-tout de petites choses que les gens attendent que vous fassiez spontanément, sans qu'on vous l'ait enseigné. Rien ne vous apprend l'humilité autant que le fait d'être un étranger.

Il ne fait aucun doute que j'aurais moins progressé si je n'avais pas été dans cet environnement dingue que j'adorais. Pour conclure des deals, on voyageait d'Israël en Espagne, d'Allemagne aux pays nordiques. Partout, sauf en Russie. D'après Callum, je n'aurais pas apprécié la façon dont j'aurais été accueillie si je m'y étais rendue seule, pour traiter avec une clientèle essentiellement masculine. Il me connaissait bien. Le secteur des applications mobiles était florissant, et ça montait à la tête de beaucoup de gens. En tant que femme, j'évoluais constamment sur un terrain miné. Être prudente ne suffisait pas. J'étais forte en apparence, mais pas non plus à l'épreuve des balles. Or, partout en Europe, des hommes pragmatiques en pleine phase ascendante exploitaient les dynamiques de pouvoir ; ils oubliaient qu'ils retrouveraient les mêmes visages en phase descendante. Et ça me tuait de voir à quel point les femmes devaient développer, avant 30 ans, des compétences de survie et des mécanismes d'adaptation afin de pouvoir simplement faire leur travail, quel que soit le poste, quelle que soit l'entreprise, où que ce soit dans le monde.

Toutes les bonnes choses ont une fin

Septembre 2015, San Francisco

Le vent chaud soufflait dans nos cheveux. Comme la plupart des touristes européens en Californie, Gabriel et moi avions loué une Mustang décapotable pour remonter la Pacific Coast Highway. Alors qu'on s'était arrêtés pour prendre un café dans la Napa Valley, mon téléphone a sonné. C'était Cal. J'ai tout de suite su que c'était sérieux car, jusque-là, il ne m'avait jamais appelée. J'espérais que rien n'était arrivé à la reine Élisabeth (que je soupçonnais d'être sa tante). Non. Tant mieux. Il voulait m'informer que l'entreprise était en grande difficulté et qu'elle avait annoncé un licenciement massif, susceptible d'affecter tous nos bureaux internationaux.

Avec une croissance de 200 % de son nombre d'employés au cours des deux dernières années, notre boîte avait considérablement augmenté ses coûts et n'était plus en mesure de poursuivre le processus (très coûteux) d'introduction en Bourse, qu'elle avait entamé l'année précédente. Wall Street, après un gros engouement, s'intéressait désormais beaucoup moins aux sociétés d'adtech, dont l'avenir était difficile à modéliser dans un fichier Excel. La mode était terminée. Le secteur se consolidait et les plus gros acteurs acquéraient les plus petits. Une rumeur courait selon laquelle notre start-up avait reçu une offre d'acquisition de 350 millions de dollars de la part de Twitter et qu'elle l'avait refusée. Twitter a ensuite acheté MoPub, une plateforme de gestion de données, pour le même montant. Et je pense qu'il s'est effectivement passé quelque chose de ce genre. Mais je respectais profondément les choix qu'Arto, notre P-DG, avait faits en rejetant cette offre et en déposant une demande d'introduction en Bourse, car il est impossible de prévoir les mouvements du marché. Les entrepreneurs doivent faire ce qu'il y a de mieux pour créer le plus de valeur possible pour leurs clients, leurs employés et leurs actionnaires. Et espérer que les marchés financiers s'aligneront. Or, dans le monde des start-up, la valorisation des entreprises peut parfois sembler déconnectée de leurs revenus parce que les marchés s'intéressent aux bénéfices futurs. Et, cette fois, l'avenir n'était pas clair.

Toute mon équipe a été licenciée. Seuls James et moi avons gardé nos postes. Si bien que j'aurais pu rester (comme me l'a rappelé James, qui voyait des opportunités partout). Mais il était temps pour moi de passer à autre chose.

II

P-DG autoproclamée

Le saut dans le vide

« Faites chaque jour quelque chose qui vous fait peur. »

Eleanor Roosevelt

Octobre 2015, Londres

Comme dans mon enfance, la pluie tombait à verse. Tout a une odeur différente quand il pleut. L'asphalte, le taxi, nos rêves. J'ai été surprise de voir que mes genoux tremblaient lorsque je suis sortie du Uber qui m'avait déposée au Water Poet, à Shoreditch. Le contraste entre l'atmosphère lugubre de cette rue sombre et les voix joyeuses qui s'élevaient derrière la vitre était saisissant. Je devais entrer dans ce pub et formuler devant témoins le choix que je venais de faire : quitter un emploi sûr et bien rémunéré pour une... intuition.

Je vivais à Londres depuis cinq ans déjà. J'étais à quelques jours de mon trentième anniversaire et c'était le moment de revoir mes choix. Je m'étais sentie plutôt confiante lorsque j'avais pris la décision de tenter quelque chose de nouveau et que j'avais remis ma démission. Mais, là, juste avant d'annoncer la nouvelle à mes amis, que je voyais trinquer, une pinte fraîche à la main, j'ai commencé à douter.

Une voix dans ma tête me sermonnait : « Est-ce vraiment raisonnable de croire en toi au point de renoncer à 125 000 livres par an, juste parce que tu as le sentiment que “quelque chose de plus grand t’attend” ? », « N’es-tu pas trop âgée pour te lancer là-dedans ? », « N’aurais-tu pas intérêt à le faire depuis la France plutôt que de claquer tes économies dans l’une des capitales les plus chères du monde ? » Et la pire de toutes : « Ne devrais-tu pas avoir au moins une idée concrète de ce que tu veux faire, avant de te jeter la tête la première dans cette aventure ? »

Jusque-là, cette voix était restée plutôt silencieuse. Tant que je me contentais de choix conventionnels, elle me lançait quelques rares encouragements : « Continue... », « Tu fais du bon travail ! » Mais depuis que j’avais décidé de suivre mon intuition, elle ne cessait d’aboyer à propos de tout ce qui pouvait mal tourner. Et, dans l’entrepreneuriat, il y avait tellement de choses qui pouvaient mal tourner : neuf start-up sur dix échouaient au cours de leurs deux premières années d’existence. Des centaines de fondateurs ambitieux, qui avaient fréquenté de meilleures écoles que moi et qui avaient fait leurs armes dans des entreprises cotées (Facebook, Google, BCG, Apple, etc.), étaient déjà en train de présenter leurs idées révolutionnaires à des sociétés de capital-risque, auprès desquelles ils avaient été chaleureusement recommandés par des gens issus de leur prestigieux réseau. Et, d’ailleurs, 83 % des fonds investis par les sociétés de capital-risque allaient à des équipes exclusivement masculines, 15 % à des équipes mixtes (au moins une femme parmi les fondateurs), et moins de 2 % à des équipes entièrement féminines.

Peu importait. Je m'en moquais. Je ne me lançais pas parce que c'était la chose intelligente à faire. Ni parce que j'étais une rebelle. Mais parce que, quel qu'en soit le prix, j'étais certaine que le coût de ne pas le faire serait, au bout du compte, plus élevé.

Je le faisais aussi parce que, si j'étais restée dans la boîte, avec pour mandat de « maintenir » et non plus de « développer » l'entreprise, ma mission n'aurait plus été à la hauteur du défi que je voulais relever. J'avais travaillé pour quatre sociétés au cours des six années précédentes et, désormais, un schéma se dessinait clairement : j'avais remarqué que, si mes compétences étaient supérieures à ma fiche de poste, je m'ennuyais. Ce qui signifiait que je ne visais pas assez haut. Or, je détestais rester dans ma zone de confort. Pourquoi se préserver quand on est jeune ? En revanche, chaque fois que ma mission surpassait mes compétences, je me sentais dépassée et inadéquate, mais c'est une phase par laquelle on doit tous passer quand on apprend. Et je l'adorais, cette phase qui ne durait jamais assez longtemps à mon goût. (Entre autres, parce que la boîte avait recruté pour combler mes failles, me retirant ainsi l'opportunité de les combler moi-même.) Dans les différentes entreprises où j'avais travaillé, j'avais essayé de m'imposer davantage de défis, mais on m'avait systématiquement répondu : « Ce n'est pas ce qu'on te demande », « C'est le travail de quelqu'un d'autre » ou, pire, comme dans mon dernier emploi : « On a dû réduire nos effectifs de 75 % mais, toi, tu peux rester. » Non merci !

À l'âge de 29 ans, après avoir été salariée pendant six ans, j'avais donc pris la décision de me lancer un énorme challenge et de voir ce que ça ferait d'être la boss. Pourquoi pas moi, après tout ?

En me voyant plantée là, sous la pluie, mes amis m'ont fait de grands gestes à travers la vitre. J'ai souri et poussé la porte du pub – et de ma nouvelle vie.

Trois mois pour réussir

Lorsque la nouvelle s'est répandue que je voulais me lancer dans quelque chose de nouveau, des tonnes de conseils ont soudain afflué, que je n'avais pas demandés. Certains étaient bons, d'autres catastrophiques. L'un d'eux était : « Ne compte pas les jours, fais en sorte que les jours comptent. » Il venait d'un entrepreneur d'une trentaine d'années qui venait d'avoir un exit.

Un homme charmant. Mais auquel je ne pouvais m'identifier. Car, à peine avais-je lâché mon job que l'horloge s'était mise à tourner. J'avais un loyer à payer, des factures et je n'étais pas particulièrement portée sur la spiritualité. Du moins, pas assez pour croire que la bonne idée se manifesterait d'elle-même si je faisais preuve d'ouverture d'esprit. Ce concept était pourtant très séduisant, mais il semblait conçu pour ceux qui disposaient d'une sécurité financière. Moi, je devais penser de manière pratique. Et je ne voulais pas que ma décision pèse sur ma relation avec Gabriel, avec qui je venais de me marier. On n'a donc rien changé à notre organisation, continuant à contribuer à parts égales à tous nos frais.

Je me suis dit que j'avais 90 jours pour « y arriver ». Dans ma tête, ça signifiait trois mois pour apprendre et essayer des choses. Après ça, je verrais si mon engouement pour l'entrepreneuriat pouvait se transformer en mariage. Non pas qu'un mariage ne puisse pas se terminer par un divorce. (Les statistiques n'étaient d'ailleurs pas très rassurantes.) Mais, comme dans un mariage, il fallait que ce soit quelque chose que je fasse pour moi-même, sans pression extérieure. Je devais y croire suffisamment pour m'engager à long terme et pouvoir tout affronter, les moments excitants comme les difficiles, avec sérénité. Une autre raison – que je jugeais moins noble – était que j'avais tout simplement besoin d'une échéance claire. Sinon, je procrastine. Et ce contrat que je venais de signer avec moi-même m'empêcherait de m'accorder plus de temps lorsque les choses deviendraient compliquées.

Je croyais fermement au concept de responsabilité personnelle. D'un point de vue plus philosophique, je pensais qu'il fallait que je donne un but et un sens à ma vie, et que ce sens ne me serait donné ni par l'État, ni par ma famille, ni par mes amis, ni par mes professeurs, ni par les autorités.

Mais j'avais remarqué que tous ces principes étaient remis en question par certaines pensées indésirables : « Je ne suis pas heureuse parce qu'on ne me donne pas assez de responsabilités au travail », « On ne tient pas compte de mes idées », « Je n'ai pas fait la bonne école et je ne suis pas dans les bons cercles pour créer une entreprise »... J'étais surprise de penser toutes ces choses sans pour autant y croire. Le meilleur antidote à la victimisation est de reprendre le contrôle. Alors je me suis dit que, quelle que soit l'issue de mon projet, j'allais faire tout ce qui était en mon pouvoir pour le mener à bien. Et n'avoir aucun regret.

Le coût du risque

Un ami m'avait fait remarquer que la France disposait d'un système très favorable aux primo-entrepreneurs. L'Hexagone avait en effet, à l'époque, l'un des taux de mortalité des entreprises les plus bas d'Europe : 4,9 %, contre 7,6 % en Allemagne et 12,5 % au Royaume-Uni. Les entrepreneurs français pouvaient percevoir 70 % de leur salaire précédent pendant vingt-quatre mois, à condition d'avoir été salariés pendant plus de deux ans. Ça m'a semblé très intéressant et bien moins risqué que mon fragile filet de sécurité, qui reposait sur ma seule épargne. Mais ma vie et celle de Gabriel étaient à Londres. C'est là que j'ai découvert que le gouvernement britannique partageait mon point de vue sur la responsabilité personnelle. Il envoyait ses meilleurs vœux aux entrepreneurs en herbe, mais ne leur accordait aucun soutien financier. Ou du moins pas de soutien facile, et il n'était pas question que je passe du temps à étudier la question plutôt qu'à me lancer dans le travail. Le temps que j'obtienne une bourse, mes trois mois seraient probablement écoulés.

J'ai donc regardé mes finances. J'avais économisé 70 000 livres au cours des deux années précédentes. Avant ça, je gagnais moins de 40 000 livres par an et n'avais donc presque rien épargné. Mais ça m'avait permis de ne pas tomber dans le piège de la « prison dorée », contrairement à beaucoup d'amis londoniens de mon âge. Après avoir été diplômés d'une école de commerce, ils avaient pris un emploi dans l'audit ou dans la finance (les voies « royales », à l'époque). À moins de 30 ans, ils avaient touché des bonus, souvent sous la forme de sommes à cinq ou six chiffres. En fonction de leur éducation financière, certains avaient réinvesti et contracté des emprunts immobiliers mais, qu'ils aient ou non utilisé une partie de cet argent, tous avaient changé de train de vie. Ils avaient déménagé dans des quartiers chers de l'ouest de Londres, se déplaçaient en taxi, voyageaient en classe affaires. Pourquoi ne l'auraient-ils pas fait ? Pas de famille à charge. Jeunes et libres, dans l'une des villes les plus excitantes d'Europe ! Au début de notre carrière, Gabriel et moi avions, nous, choisi de travailler dans le marketing. Ce qui signifiait qu'aucun d'entre nous n'avait gagné plus de 50 000 livres de salaire annuel jusqu'à la trentaine. C'était juste ce qu'il nous fallait pour vivre confortablement, mais pas somptueusement. Je n'avais jamais cherché à obtenir un emploi bien rémunéré. Ce qui ne veut pas dire que je n'en aurais pas accepté s'il m'avait semblé intéressant, mais je n'en avais pas trouvé jusqu'à ce que je passe dans le secteur de la vente... Et il y avait quelque chose d'autre. Une intuition que je me gardais d'exprimer à voix haute : le fait de se sentir financièrement à l'aise, si jeune, n'avait-il pas un effet boomerang ? J'avais vu trop d'amis ou d'amis d'amis, âgés de 25 ans, travaillant avec les meilleurs, dans des secteurs bien rémunérés, qui menaient la vie des *rich and famous*, mais se sentaient profondément malheureux, tristes et perdus. Comme s'ils avaient atteint leur apogée trop tôt et qu'ils abordaient la trentaine en plein déclin de leurs compétences, de leur stimulation intellectuelle et de leur satisfaction...

Par chance, moi, à 30 ans, si j'avais perdu un peu de ma naïveté, j'avais encore tout à apprendre. Et étant donné la voie dans laquelle je venais de m'engager, une baisse de ma stimulation intellectuelle n'était pas exactement un risque qui me menaçait.

La chance de l'ignorance

> « La façon la plus courante de renoncer à son pouvoir est de penser qu'on n'en a pas. »
>
> Alice Walker

Quatre-vingt-dix jours plus tard, j'avais créé ma première entreprise, Wise Mobile. Une société de conseil aux entreprises qui détenaient des applications mobiles. Ça me permettait de mener des recherches pour ma prochaine « grande idée », tout en étant rémunérée. J'avais aussi développé pas mal de projets parallèles et exploré des idées commerciales qui me semblaient prometteuses. L'une d'elles s'appelait Surprise Me. Il s'agissait d'un moteur de recommandation appliqué aux cadeaux. Vous répondiez à quelques questions sur la personne que vous vouliez surprendre, ainsi que sur l'occasion (anniversaire, Noël, départ, etc.) et le site web vous trouvait le cadeau idéal. J'aimais l'idée de construire quelque chose le plus rapidement possible et je croyais aux moteurs de recommandation. Mais pas particulièrement en mon application. J'avais travaillé sur ce projet avec Denis, un ami qui savait un peu coder. En deux semaines, on avait mis au point un « produit minimum viable » (*MVP*, en anglais), créé une version bêta privée (fermée au public) et livré notre produit à quelques malchanceux. Une centaine de personnes.

Tous l'avaient adoré et avaient dit que ça leur était super utile. C'est là que j'ai découvert que les gens mentent. En particulier ceux qui vous connaissent et qui veulent croire que vous réussirez (un jour). Je ne cessais de prendre des notes de tout. Le 16 décembre 2015, j'ai griffonné dans mon journal : « Le produit doit être aimé par de parfaits inconnus. »

Avec Surprise Me, on gagnait de l'argent grâce à des liens d'affiliation, c'est-à-dire que, si les gens achetaient en passant par notre lien le cadeau qu'on leur avait recommandé, on recevait un petit pourcentage de la somme. J'avais étudié la concurrence de près et constaté qu'elle était très importante. Inutile, donc, d'arriver en retard à la fête : il fallait construire quelque chose de nouveau. Du jamais-vu. Mais ces deux semaines avaient été une formidable leçon. Denis était un directeur technique respecté et un excellent compagnon de soirée, mais ça ne faisait pas de lui un excellent cofondateur ! On en a ri tous les deux et convenu qu'on était bien compatibles, mais en tant qu'amis.

À ce stade, je n'avais aucune idée de ce qu'il fallait rechercher chez un cofondateur. J'avais déjà essayé de demander à des gens de mon réseau proche, dont j'admirais l'intelligence, s'ils aimeraient travailler avec moi. Et j'avais découvert, sans grande surprise, que la plupart des trentenaires ont un vrai job et aucune envie de le quitter pour... rien de concret. Or, même si je débordais d'énergie et de motivation, l'idée ne représentait que 5 % de la tâche, les 95 % restants seraient de l'exécution. Cette grande aventure dans laquelle je me lançais allait donc à la fois exiger une expertise dans le domaine (produit) et des compétences techniques.

En d'autres termes, le « je » devait se transformer en « nous ».

En attendant, mes meilleurs amis sont devenus les livres. Enfant, j'étais une lectrice passionnée et j'avais toujours trouvé fascinants les récits mythologiques racontant comment des héros mal équipés finissent par surmonter les obstacles les plus redoutables. Je m'y suis remise, sauf que cette fois Ben Horowitz était Homère et les sirènes mi-oiseaux, mi-investisseurs. J'ai lu tout ce qui m'est tombé sous la main : *The Hard Thing About The Hard Things* de Horrowitz, *Zero To One* de Peter Thiel, *Founders At Work* de Jessica Livingston, *The Lean Startup* d'Eric Ries, *Traction* de Gabriel Weinberg et tous les articles du blog de Paul Graham, le fondateur de Y Combinator, le meilleur accélérateur de start-up au monde. J'avais également acheté *Crossing The Chasm* de Geoffrey A. Moore, que Reid Hoffman, le fondateur de LinkedIn, présentait comme sa bible personnelle. Mais je ne l'ai jamais lu parce que je devais d'abord franchir le gouffre de ma propre procrastination. Créer une entreprise avant d'apprendre à la développer.

Je ne lisais que ce qui provenait d'une très petite région géographique du monde, sans prêter attention au reste. Si ce n'était pas quelqu'un qui avait réussi dans la Silicon Valley, je ne m'y intéressais pas. Ce qui revenait à dire : « Si ce n'est pas du vin français, ça ne peut pas être bon. » Idiot, donc. Mais on était en 2015 et, à l'époque, La Mecque des start-up était incontestablement la Californie. Alors autant apprendre de ceux qui avaient inventé les start-up.

J'ai aussi commencé à regarder pendant des heures *How To Start A Startup*, une série de conférences de l'université de Stanford, que Y Combinator avait eu la gentillesse de partager gratuitement sur YouTube, en 2014. Les entrepreneurs les plus performants y racontaient dans les moindres détails comment atteindre l'adéquation produit-marché[1], comment embaucher, comment gérer les finances de la société, etc. C'était tout ce que j'aimais et admirais : le savoir en libre accès. Soit le contraire de l'Europe qui, selon moi, gardait le moindre conseil, le moindre avantage compétitif dans des coffres dont seule l'élite avait la clé.

Quelques mois plus tard, j'ai pris l'habitude, pour chaque idée que j'avais, de créer des présentations de dix slides avec les informations suivantes :

1. Le problème ;
2. La solution ;
3. Pourquoi maintenant ? ;
4. Le « marché total adressable » (TAM) ;
5. Le paysage concurrentiel ;
6. Le produit ;
7. L'avantage déloyal ;
8. L'équipe ;
9. Le montant qu'on allait lever ;
10. Notre calendrier sur 18 mois (comment on allait dépenser l'argent).

Si je n'arrivais pas à articuler une idée dans ce format et que j'avais besoin de plus de slides, c'est que je n'étais pas assez claire. Or, je devais parvenir à me faire comprendre en quelques mots. Parce que, si je

1. Identifier un public cible et faire correspondre votre produit à ses besoins.

n'étais pas capable de réussir ce simple exercice, comment pouvais-je espérer qu'on investisse sur moi ?

L'une de ces présentations s'est retrouvée devant Jérémy, le premier investisseur en capital-risque qui a accepté de donner son avis sur l'une de mes idées. Je l'avais contacté et lui avais dit : « Je ne suis pas en train de lever des fonds. Mais j'envisage très sérieusement de le faire dans quelques mois et j'aurais besoin de ton regard d'expert sur ma présentation. Pourrais-je prendre trente minutes de ton temps pour que tu me donnes un avis ? » Il a gentiment accepté et j'ai pris un billet de train pour Paris.

Ce jour-là, j'ai présenté avec enthousiasme ma vision d'un nouveau type d'outil de *Business Intelligence*[1] (BI). La slide de l'équipe était, certes, un peu vide, mais j'avais commencé à échanger avec un *data scientist*[2] et j'avais trouvé quelques conseillers qui pourraient m'aider au cours des premiers mois. Jérémy m'a laissé dérouler toute la présentation sans m'interrompre, ce que j'ai apprécié. On se trouvait dans une salle de réunion très formelle, juste à côté du jardin des Tuileries, et on n'occupait que deux des quinze places disponibles autour de la table. Je montrais les slides sur mon ordinateur portable et ne me suis pas servie du projecteur : il s'agissait d'une répétition, pas du spectacle final.

– Est-ce que je peux faire une remarque ? m'a-t-il demandé poliment.

J'ai acquiescé et il a immédiatement enchaîné :

– C'est un produit merveilleux...

---

1. Processus d'analyse des données et de présentation d'informations qui permet d'aider une entreprise à prendre des décisions.

2. Expert en métadonnées, concepteur de modèles d'apprentissage automatique.

Ah ! Je le savais ! Mon cerveau commençait déjà à allumer un feu d'artifice, comme pour le 14 juillet, lorsqu'il a terminé sa phrase :

– ... de 2012. Il s'appelle Looker.

Le feu d'artifice s'est éteint sous mes yeux.

Jérémy a ensuite analysé l'histoire de la création des logiciels de BI et m'a expliqué comment ce secteur avait déjà été *disrupté* de telle sorte qu'il serait difficile de dominer au niveau international – ce que j'avais affirmé vouloir faire. Cette première remarque a été suivie de vingt minutes de commentaires détaillés sur le contenu de ma présentation.

– Ça ne fonctionne pas : l'exemple que tu donnes de la façon dont un client l'utiliserait semble trop personnalisé pour être un vrai produit. Selon moi, il s'agit plutôt d'un service...

– Comment génères-tu du revenu ?

– Parle-moi des marges.

– Combien de temps te faut-il pour signer un contrat ? Les cycles de vente sont-ils longs et demandent-ils beaucoup d'efforts ? Ou courts et automatisés, à la manière des logiciels en tant que service (SaaS[1]) ?

– Y a-t-il des effets de saisonnalité dans ton activité ?

– Peut-elle facilement se développer à l'échelle internationale ?

J'ai pris note de chacune de ses remarques, parce qu'elles venaient de quelqu'un qui finançait les sociétés Saas les plus prospères de France. Et je suis rentrée à Londres avec un tas de choses à retravailler et à peaufiner. Impatiente aussi de faire une nouvelle présentation à l'ami d'une amie qui avait passé des années en tant

1. *Software As Service*. Solution logicielle accessible à la demande *via* Internet et hébergée par l'éditeur.

que chef de produit chez Apple, et qui était lui aussi en train de créer une start-up.

Noël venait de pointer son nez, mes trois mois étaient passés.

Mais pas ma motivation. Elle ne faisait que croître.

Voulez-vous fonder avec moi ?

Trouver un cofondateur est souvent comparé au speed dating. On ne réussit pas toujours du premier coup et il arrive que si, sur le papier, tout paraît fantastique, il n'y ait aucune alchimie dans la vie réelle. Pour moi, l'analogie s'arrêtait là : trouver son cofondateur était bien plus difficile !

J'avais lu quelque part que la plupart des start-up disparaissaient non pas parce qu'elles n'avaient pas de produit, mais parce qu'il y avait des problèmes d'ordre humain au sein de l'équipe fondatrice. Quelle déception d'investir tout ce qu'on a dans une entreprise et de la voir échouer à cause de frictions entre les deux personnes les plus investies (émotionnellement ET financièrement) ! On m'avait mise en garde contre beaucoup d'écueils, mais celui-ci me semblait le plus évitable.

Maintenant que j'avais progressé sur le concept – qui était un outil de BI destiné aux spécialistes du marketing –, je savais que j'avais besoin d'un cofondateur technique, qui serait aussi le CTO[1] de la structure. Mais ce n'était pas tout. Je cherchais quelqu'un qui partageait mes valeurs et, idéalement, possédait des compétences différentes et complémentaires des miennes. Pour qu'on ait chacun sa « zone de génie ». Cette vision n'était pas

1. *Chief Technology Officer.* « Directeur technique », en anglais.

partagée par la plupart de ceux à qui j'avais demandé conseil. Beaucoup soulignaient qu'il est toujours plus difficile de se comprendre et de se mettre d'accord lorsqu'on n'a pas les mêmes compétences, ni fait les mêmes études. Ce n'est pas faux mais, selon moi, le consensus ne mène pas à l'innovation. J'avais tellement d'angles morts et de préjugés que seul quelqu'un qui pensait très différemment de moi pourrait combler ces lacunes.

J'avais déjà tenté plusieurs collaborations et deux semaines suffisaient souvent pour voir si ça pouvait fonctionner ou non. L'un des critères les plus efficaces était que j'exigeais un engagement total dans l'aventure, ce qui permettait de faire facilement le tri entre les simples opportunistes et ceux qui étaient réellement investis. Certains semblaient l'être mais avaient des attentes pour le moins... créatives, comme exiger d'être payés dès le premier jour (sérieusement ?) ou réclamer le titre de CTO sans avoir un diplôme d'ingénieur ! Absurde. J'avais même rencontré quelqu'un qui m'avait dit être partant en échange de 50 % des parts de la société, tout en conservant son emploi à temps plein. Et qu'il me rejoindrait si les choses s'amélioraient et si je parvenais à obtenir un financement. Mais, comme il avait réussi à vivre tant d'années sans que quelqu'un lui ait dit que le Père Noël n'existait pas, ce n'était peut-être pas à moi de le lui expliquer.

Et puis il y a eu Pierre-Jean.

Mathilde, une amie commune, nous a présentés début 2016. On avait tous les deux quitté nos jobs pour créer des entreprises technologiques. PJ était de six ans mon aîné. Mince et grand, bâti comme un coureur d'ultra-marathon, il portait des lunettes et plaisantait en disant que c'était pour ressembler à un ingénieur. Ce qu'il était. Comment s'appelle la racine carrée de l'ironie ?

PJ était donc un ingénieur informaticien, mais il avait la particularité d'être aussi diplômé d'une grande école de commerce française (un jeu d'enfant en comparaison de l'école d'ingé, selon lui). Il avait travaillé dans le domaine des produits chez Apple, à Paris puis à Londres, pendant près de dix ans, à l'époque où Steve Jobs était aux commandes et où l'iPod inondait le monde.

La passion de PJ pour Apple était authentique et intense. Très peu d'entreprises et très peu de dirigeants exercent un tel niveau d'influence sur leurs salariés. Ce qui se rapprochait le plus de son adoration pour « Steve » était l'amour irrationnel et inconditionnel que j'éprouvais pour les Spice Girls lorsque j'étais adolescente. (C'est d'ailleurs toujours le cas. Elles sont parfaites.) Le contraire de l'amour étant l'indifférence, j'avais souvent rencontré des personnes qui ne ressentaient rien de particulier pour leur travail, si bien que j'aimais écouter PJ et ses opinions bien arrêtées sur l'innovation ou les méfaits du manque de créativité dans les entreprises traditionnelles. Après tout, il avait travaillé dans LA société qui avait créé le mythe de la Silicon Valley en 1976. L'outsider qui avait fait une percée, mis à la porte son P-DG, détruit sa ligne de produits, réembauché le P-DG et était redevenu l'entreprise technologique la plus innovante des années 2000. La boîte qui avait mis en évidence LE modèle et prouvé à tous que des hippies pouvaient aussi délivrer du retour sur investissement.

Après la mort de Steve Jobs, PJ avait décidé de passer à autre chose. Il avait quitté son poste très prestigieux de *product manager*[1] chez Apple pour se lancer dans l'entrepreneuriat et raviver sa passion pour le développement de logiciels. Il n'avait pas tardé à travailler avec un ami, également ingénieur logiciel, et avait lancé une application mobile appelée Timista. Son concept était simple : « Timista, l'assistant personnel intelligent doté du meilleur carnet d'adresses de Londres ». Leur logiciel utilisait l'apprentissage automatique – ce qu'on appelle communément, dans le milieu, le *machine learning*. Il scannait en temps réel les places de concert, de théâtre, de spectacles invendues. Et faisait de même pour les tables de restaurant non réservées. Vous n'aviez qu'à dire : « Organise-moi une soirée près de Covent Garden, avec dîner et spectacle dans deux jours » et le logiciel faisait le reste, comme un assistant.

Timista avait obtenu deux brevets et avait été mise en avant à plusieurs reprises dans l'App Store d'Apple (le Graal dans le monde des applications, car cela génère énormément de visibilité, qui se convertit en téléchargements). Mais le monde des start-up est cruel. Timista n'avait pas dépassé son deuxième anniversaire. Un concurrent, appelé YPlan, avait levé douze millions de dollars auprès de l'acteur Ashton Kutcher et d'autres, et pris Londres d'assaut. PJ avait dû surmonter l'immense déception d'avoir disposé d'un produit solide, d'un marché en pleine expansion, mais d'aucun financement. Pour lui, ça avait été d'autant plus frustrant qu'il avait eu l'opportunité de lever des capitaux extérieurs, mais qu'il avait refusé. En sortant de chez Apple, il avait en effet le profil parfait pour être financé par des fonds d'investissement. Mais il n'avait pas voulu mettre la charrue avant les bœufs, et il ne lui semblait

1. Celui qui élabore les produits.

pas opportun de renforcer son équipe avant d'avoir suffisamment confiance en son produit. Quelqu'un d'autre avait saisi l'occasion.

La plupart des fondateurs que j'ai rencontrés ont une revanche à prendre. Et je considère ça comme une chose positive. L'aventure start-up est tellement faite de hauts et de bas qu'il faut avoir quelque chose « en plus » pour pouvoir supporter cette insécurité quasi permanente. Avoir un « ennemi » ou un besoin de prouver au monde qu'il a eu tort est un moteur très puissant.

PJ n'avait pas été soulagé (ou alors il était trop élégant pour l'admettre) de voir YPlan réduit en cendres peu de temps après son lancement en grande pompe, à New York. Pharell Williams au micro, Emily Ratajkowski au bras des fondateurs, Ashton Kutcher sur leur table de capitalisation. Une levée à huit chiffres, très médiatisée. Mais, dans ce monde, ne vous arrêtez pas à ce que vous voyez : c'est ce que vous ne voyez pas qui fait ou défait une start-up. Il s'est avéré que le modèle économique était défectueux et qu'il était devenu extrêmement difficile de gagner des millions grâce à l'affiliation.

PJ avait donc besoin d'une victoire. C'est à ce moment-là que nos chemins se sont croisés. On travaillait tous les deux sur des idées distinctes et on se demandait mutuellement conseil. Les remarques de PJ étaient différentes de celles que je récoltais ailleurs. Il écoutait, patient comme Gabriel. Mais pas seulement : il posait des questions. Il élaborait des stratégies. Il m'aidait à trouver les bonnes solutions. Il réorganisait mes grandes idées en étapes logiques. Il mettait le doigt sur les points faibles. Il creusait. Mais il ne jugeait pas. Et une qualité l'emportait sur toutes les autres : PJ était un rêveur rationnel. Ambitieux, mais réaliste. Pas cynique, réaliste.

C'est un équilibre subtil, qui peut modifier le destin d'une start-up.

J'avais l'impression de l'avoir cherché pendant tout ce temps, mais ce n'était pas encore le moment de le lui dire. PJ avait passé quelques années à créer des produits axés sur la lecture automatique, l'analyse des graphes sociaux et la visualisation des données. C'était également un entrepreneur solo et il voulait essayer différents produits avant de choisir celui qui avait le plus de potentiel. Il ne cherchait pas de cofondateur. C'était moi qui étais dans cette démarche.

Je l'ai regardé pensivement tandis qu'il me signalait, une fois de plus, quelque chose qui m'avait complètement échappé. La moindre des politesses serait de lui rendre la pareille. Nos étoiles étaient clairement alignées sur une orbite commune. Il ne nous restait plus qu'à les faire fusionner.

Le déclic

« Tous ceux qui errent ne sont pas perdus. »

JRR Tolkien

Un jour, Eric Schmidt, l'ancien P-DG d'Alphabet, s'est rendu au Google Campus de Londres et a parlé de l'IA à une salle remplie de start-uppeurs en phase de démarrage. PJ et moi étions présents. Schmidt a expliqué que les applications d'apprentissage automatique n'en étaient encore qu'à leurs balbutiements. Je prenais religieusement des notes. Il a mentionné que le traitement du langage naturel était également un sous-ensemble largement inexploré de l'IA. J'ai repris des notes. Ce discours a eu un impact énorme sur PJ et moi, et a été à l'origine d'une conversation qui s'est transformée en une présentation à dix slides. Mais, cette fois, c'était différent.

À première vue, on aurait pu croire à deux entrepreneurs qui tentaient juste quelque chose. Mais il y avait beaucoup plus de profondeur dans notre démarche. PJ avait à son actif quelques années de recherche et de tests. Quant à moi, les huit derniers mois avaient été un jeu de patience et de rejet. J'avais refusé des opportunités de travail avec ma précédente application, WiseMobile, afin de pouvoir me consacrer pleinement à notre nouvelle idée. J'avais refusé des opportunités de collaboration avec d'autres fondateurs sur d'autres idées. J'avais refusé la suggestion de Netflix de regarder un autre épisode de *Jane the Virgin.* Avant d'accepter. Bon sang, cette série a failli tuer ma start-up avant qu'elle ne voie le jour !

J'étais parfaitement consciente des risques que je prenais en lançant une start-up technologique alors que j'avais à peine 30 ans. Pas de sécurité de l'emploi, une concurrence maximale, un congé parental en option. J'allais sacrifier beaucoup de choses dans la poursuite de ce rêve. Alors pourquoi ne pas me lancer à corps perdu ? Plus le risque était élevé, plus la récompense l'était aussi. Mais ça n'en vaudrait la peine que si notre start-up avait le potentiel de changer la donne dans son secteur. Cette conviction était si forte que tout ce qui ne répondait pas à ces critères était systématiquement mis de côté. Sauf lorsque je faiblissais sur mon exigence et que j'essayais de négocier avec moi-même : « Oh, allez, celui-ci a un marché total adressable décent. Un modèle commercial éprouvé aux États-Unis et qui pourrait clairement être reproduit en Europe... » Beaucoup d'entrepreneurs avaient réussi à copier des produits qui existaient à l'étranger et à en faire des succès dans leur pays. Il n'y avait rien de mal à ça. Rien de facile non plus mais, au moins, une partie de l'aventure était sans risque. Cependant le contrat tacite que j'avais signé avec moi-même m'empêchait de poursuivre quoi que ce soit que je ne considérais pas comme suffisamment ambitieux.

Ainsi, lorsque PJ et moi avons décidé d'unir nos forces pour créer le premier copilote d'IA pour les marketeurs, il ne s'agissait pas d'un simple « On verra bien... » On était convaincus d'avoir trouvé un produit qui, selon nous, représentait l'avenir du monde du travail.

III

L'avant-match

Échauffement

Juin 2016, 4-5 Bonhill Street, Londres

Je travaillais désormais sur Old Street, dans un bureau partagé appelé TechHub, où l'atmosphère ressemblait à celle d'une bibliothèque et dont le loyer était très accessible (moins de 200 livres sterling par mois). Ce qui me permettait de croire que j'avais un vrai travail, comme tout le monde.

Au 3e étage de l'immeuble, on débouchait sur un vaste open space où des dizaines de fondateurs, plutôt jeunes, travaillaient avec un casque sur les oreilles et mangeaient pas mal de tartines grillées, dans une odeur écrasante de café et de... sueur. Dans l'ensemble, l'ambiance était très studieuse. Pas exactement la fête dont j'avais l'habitude dans les agences médias. Personne ne jouait de la musique ou ne faisait courir des chiens, comme dans les fameux espaces de coworking en plein essor à Londres, que j'appelais « We (don't) Work ».

TechHub était exactement ce dont j'avais besoin. Un espace de créativité sans jugement. Et, en cette chaude matinée de juin, je n'y étais plus seule. PJ était déjà là, assis à un bureau, attendant que débute notre premier jour de travail officiel.

Au début, tout semble excitant et merveilleux, parce que les fondateurs vivent l'inverse de l'euphorie du coureur. Dans l'entrepreneuriat, on est stimulé AVANT l'effort, par tout ce qui pourrait arriver. Mais aucun de nous n'était naïf : ça n'allait sûrement pas être facile.

Fake it 'till you make it

> « Créer une entreprise, c'est comme sauter d'une falaise et assembler un avion pendant la chute : votre volonté de sauter est votre atout le plus précieux en tant qu'entrepreneur. »
>
> Reid Hoffman, fondateur de LinkedIn

En juillet 2016, on a déposé les statuts de notre société au Royaume-Uni. À ce stade, ce n'était qu'une coquille vide, mais le sentiment de fierté, lui, était bien réel.

Contrairement aux entreprises non technologiques qui peuvent être gérées pour un coût minime, une start-up qui entraîne des modèles devient rapidement gourmande en liquidités. On allait donc avoir besoin de lever des fonds de capital-risque. Car j'avais refusé de trouver cet argent auprès de ma famille et de mes amis – ce qu'on appelle le *love money*. On se lançait dans un domaine nouveau, compliqué et risqué, avec un marché qui n'avait pas encore fait ses preuves, et je savais que, dans mon premier cercle, tous ceux à qui j'aurais demandé de l'argent me l'auraient donné parce qu'ils m'aimaient, justement, et sans en comprendre les risques : tout perdre.

Non. Les fonds devaient provenir de professionnels qui savaient à quoi ils s'engageaient. Et ce n'était pas une bonne nouvelle, pour un certain nombre de raisons. J'ai toujours trouvé mystérieux que les gens croient « sexy » de lever des fonds auprès de sociétés de capital-risque. Pour moi, ce n'était qu'un mal nécessaire, pas une marque d'honneur. Me créer une dépendance financière vis-à-vis d'un groupe d'individus extrêmement instruits, exigeants et souvent déjà fortunés me semblait typiquement le genre de choses que j'aurais évité de faire, si j'avais pu. Mais PJ avait déjà tenté de créer une start-up technologique sans la validation ni les fonds d'investisseurs. Et on n'avait aucun doute là-dessus : ça ne fonctionnait presque jamais.

Il n'y avait qu'un seul problème : on était deux fondateurs sans produit. Et on savait qu'il fallait se répartir les responsabilités car on devait avancer sur le produit, trouver des clients et commencer à agrandir l'équipe, tout en élaborant une stratégie de collecte de fonds – le tout simultanément. Pour créer ce produit, il fallait parler aux spécialistes du marketing, comprendre leurs problèmes et mettre au point une feuille de route pour coder une solution. On devrait ensuite les convaincre de l'essayer, de nous faire part de leurs commentaires et peaufiner notre produit jusqu'à ce qu'ils en soient satisfaits. Ça, ce serait mon job. Sur le plan technique, PJ savait coder mais, tout comme dans un orchestre il faut beaucoup de compétences et de talents pour jouer une symphonie, on allait avoir besoin d'ingénieurs *front-end*[1] et *back-end*[2], ainsi que de *data scientists*. Il n'y a qu'un nombre limité de balles avec lesquelles on peut jongler avant de toutes les laisser tomber (apparemment, la limite humaine est de

1. Interface qui se concentre sur les aspects que les utilisateurs peuvent voir.

2. Tout ce qui fait fonctionner l'application.

quatorze). Heureusement, PJ était déjà tombé dans le piège du « Je peux tout faire tout seul », avec sa précédente start-up, et il n'allait pas se faire avoir deux fois. Je le croyais sur parole : c'était loin de mon domaine de compétence. Sous sa direction, on a donc entamé le recrutement de notre premier ingénieur logiciel.

Mais notre premier vrai casse-tête a été de décider quand débuter la levée de fonds. Deux scénarios se déroulent constamment dans la tête d'un fondateur : l'un qui se passe dans un monde idéal et l'autre dans le monde réel. Dans le monde idéal, on aurait eu un produit solide et une traction commerciale[1]. Les investisseurs seraient spontanément venus frapper à notre porte et se seraient battus pour participer à notre tour de table, augmentant ainsi notre valorisation et nous laissant des conditions favorables. Dans le monde réel, il ne me restait que peu d'économies, je n'avais pas de produit et mon réseau dans le domaine de la tech était très limité. En outre, recruter les meilleurs ingénieurs en apprentissage automatique de Londres n'était pas bon marché. Il fallait donc lever des fonds le plus tôt possible et essayer qu'au cours de ce processus, on ne se fasse pas trop brutalement exploiter...

1. Indicateur démontrant l'intérêt du marché pour un produit sur une période donnée.

Anatomie d'une levée de fonds

Cette levée ne m'inquiétait pas vraiment. À mes yeux, il s'agissait simplement d'un processus de vente classique, qui pouvait être décomposé en plusieurs étapes. L'acheteur d'un côté, le vendeur de l'autre, le plus difficile étant toujours d'identifier qui est vraiment le décideur – la plupart des gens disent que ce sont eux (ce qui est bien sûr faux). Puis trouver le moyen d'avoir accès à lui le plus tôt possible. La dynamique de pouvoir étant largement en faveur de l'acheteur, on devait disposer d'un argumentaire solide, compte tenu de notre (manque de) palmarès, et comprendre ce qu'il lui fallait pour appuyer sur la gâchette – ou, plutôt, ouvrir le coffre-fort. Pour ça, on allait devoir surmonter les préjugés, les étiquettes, les projections tacites.

À ce stade, je n'avais aucune idée des objections qu'on rencontrerait. Il n'y avait donc aucune raison d'en faire des insomnies. Je les découvrirais bien assez tôt et n'aurais qu'à m'ajuster à la volée. On ne contrôlait pas non plus la rapidité ou la lenteur de notre tour de table – ça dépendait trop de facteurs externes tels que les conditions du marché, la start-up qui avait présenté son projet juste avant nous, ou les congés des *partners* (car oui, eux étaient des êtres humains, contrairement aux entrepreneurs qui entament un processus de levée de fonds.)

Une chose cependant était entièrement entre nos mains : s'y préparer. Alors, tout l'été 2016, j'ai dévoré *The 20 Minute VC*, le podcast d'Harry Stebbings. À 19 ans, il avait troqué l'insouciance de son âge pour plonger tête la première dans l'arène impitoyable du capital-risque, interviewant les ténors du secteur. Ses questions étaient percutantes, ses invités brillants. Grâce à lui, j'accédais, sans bouger, à des leçons qui valaient de l'or. Ses interviews nivelaient le terrain : elles offraient aux jeunes fondatrices comme moi les clés pour naviguer dans un marché dominé par les initiés. Merci, Harry !

Le plus dur a été de mettre au point notre présentation. Il a fallu changer plus de soixante fois les slides sur le produit puisqu'on le développait en même temps. Et, jusque-là, je n'avais pas réalisé à quel point j'étais médiocre pour articuler de manière simple quelque chose de technique. Comme la plupart des commerciaux, j'avais acquis des compétences à l'oral. Je savais mener une discussion avec un début, un milieu et une fin étudiée, ce qui s'avérerait très utile en entretiens avec des investisseurs. En revanche, rédiger une présentation était un exercice très différent. L'un de ces moments atroces où je me rendais compte que le défi dans lequel je m'étais lancée dépassait largement mes compétences. Heureusement, PJ avait une longueur d'avance. Il faut dire qu'il sortait d'une excellente école : il décrivait parfois son précédent poste chez Apple comme celui d'un « singe à fabriquer des slides ».

Au mois d'août 2016, on disposait donc d'un premier prototype, de quelques bêta-testeurs, de slides décentes et de beaucoup d'interrogations à propos de notre levée de fonds.

Ce que veulent les sociétés de capital-risque

> « Je patine là où le palet va aller,
> pas là où il est allé. »
>
> Wayne Gretzky

Le problème

Notre idée était très simple. On voulait apprendre à un programme informatique à faire le travail d'un analyste marketing. Forte de mon expérience précédente, où j'avais optimisé les budgets publicitaires, j'avais en effet saisi les limites du métier. C'était une tâche fastidieuse, sujette à l'erreur humaine et qui pouvait être améliorée par l'automatisation. Et cette amélioration vaudrait, naturellement, une montagne de dollars.

La solution

En pratique, il s'agissait de construire un système expert, c'est-à-dire un logiciel qui s'appuie sur des règles prédéterminées pour agir. Par exemple : « Si le niveau de saturation d'une publicité dépasse 20 %, alors mettez la campagne en pause. »

En 2016, le monde de la publicité numérique était très fragmenté. Une véritable jungle ! Et il n'était pas rare que les spécialistes du marketing fassent la publicité de leurs produits sur des dizaines de canaux tels que Facebook, Twitter, Google AdWords, Snap, etc. Il nous fallait donc automatiser les décisions sur tous ces canaux et ainsi rendre la tâche des marketeurs beaucoup plus facile, productive et donc rentable.

D'un point de vue technique, cela nécessitait un gros travail d'intégration (faire en sorte que notre logiciel « s'adapte » à différents systèmes) et de normalisation des données (parvenir à un résultat homogène, en dépit de la multitude d'entrées de données et des différentes façons de recevoir ces données dans nos systèmes).

Jusque-là, rien de vraiment magique. Mais c'est dans l'utilisation de l'apprentissage automatique qu'on a vu un véritable potentiel de changement. Notre logiciel ne se contenterait pas de faire remonter à la surface des données autrement enfouies. Il irait plus loin et recommanderait aux responsables marketing les actions à entreprendre pour obtenir le meilleur retour sur investissement. À l'époque, pour élaborer leurs stratégies, les spécialistes du marketing dépendaient encore largement d'armées d'analystes juniors utilisant des feuilles de calcul Excel et des « recherches V ». Notre solution allait donc considérablement améliorer la vitesse à laquelle seraient prises les décisions en matière de budgets publicitaires, ce qui permettrait aux entreprises d'économiser des millions de dollars.

Cette technologie existait déjà dans d'autres secteurs. Depuis des décennies, les fonds spéculatifs s'appuyaient sur un mélange d'analystes humains et de systèmes de recommandations, également connus sous le nom d'« algorithmes ». Nous, on voulait apporter cette technologie au monde du marketing.

Mais on ne voulait pas s'arrêter là, car on avait aussi une idée de la façon dont notre logiciel devait les délivrer. On était convaincus que l'avenir de l'analyse serait conversationnel. Pas *via* des conversations parlées, mais écrites. Le déclin des mails et l'essor des plateformes de messagerie d'entreprise indiquaient un changement de paradigme. On en était sûrs : Skype et Slack seraient le lieu où « le travail se ferait », notre logiciel devait donc être un chatbot et s'appuyer sur le langage naturel pour fournir des informations.

Siri, Alexa, Cortana, tous les assistants d'intelligence artificielle portaient un nom. Le nôtre s'appellerait Aiden. Il commençait par les lettres AI et il était assez court pour qu'on s'en souvienne !

Pourquoi maintenant ?

Pedro Domingos, professeur émérite d'informatique et d'ingénierie, brillant chercheur en apprentissage automatique, est quelqu'un dont j'ai beaucoup appris. Il décrit l'IA et ses implications en termes simples : « L'IA est le sous-domaine de l'informatique qui consiste à faire en sorte que les ordinateurs accomplissent les tâches qui requièrent l'intelligence humaine, par opposition aux traitements de routine. » Des tâches telles que raisonner, comprendre le langage, avoir recours au bon sens, voir, apprendre, se déplacer, manipuler des objets physiques. « Ce sont tous des sous-domaines de l'IA et, si vous les ajoutez tous ensemble, vous obtenez une entité intelligente qui serait artificielle au lieu d'être naturelle[1]. »

Aiden allait donc traiter certains sous-ensembles de l'IA (raisonner, comprendre un langage, avoir recours au bon sens et apprendre), mais pas d'autres (voir, se déplacer et manipuler des objets).

L'intelligence artificielle existait depuis un certain temps et, après l'engouement des années 70 et de la fin des années 80, l'excitation qu'elle suscitait était rapidement retombée. Elle avait connu plusieurs phases de « refroidissement », qu'on a appelées « les hivers de l'IA » et qui ont entraîné une baisse du financement de la recherche. En 1987, l'effondrement de la machine Lisp, considérée à l'époque comme une forme élevée d'IA, avait constitué un tournant.

En 2016, les choses étaient différentes. Tout d'abord, la puissance de calcul avait explosé et le coût d'exécution des algorithmes intelligents sur des serveurs avait considérablement diminué. Si bien qu'il n'avait jamais été aussi bon marché d'entraîner des modèles mathématiques (à l'époque, la dimension écologique de tout ça n'était pas vraiment un sujet). Ensuite, d'énormes quantités de données de qualité étaient désormais disponibles pour constituer ces modèles. L'avènement de l'économie numérique et la popularisation des smartphones avaient généré des milliards de points de données, que les entreprises pouvaient transformer en apprentissages. Enfin, la technologie avait fait des bonds prodigieux, notamment dans le domaine de l'apprentissage en profondeur (*deep learning*). Les plus grandes entreprises du monde, dont les « GAFA » (Google,

1. Shane Parrish, « Pedro Domingos : The Rise of The Machines », *The Knowledge Project Podcast*, ép. #13.

Amazon, Facebook, Apple), avaient par conséquent massivement investi dans l'IA, soit par des acquisitions, soit par l'embauche de chercheurs en IA de classe internationale. Et des pans entiers de leurs recherches et de leurs codes se trouvaient en libre accès.

On était donc en capacité de mettre au point un produit vraiment nouveau, qu'il aurait été impossible de réaliser deux ou trois ans auparavant, parce que la technologie n'existait pas. Même si PJ et moi, on s'était rencontrés lorsqu'il avait quitté Apple, cela aurait été encore trop tôt pour créer Aiden.

Où ?

En tant que Mecque des start-up, la Silicon Valley était le meilleur endroit pour créer une structure Saas B2B[1], mais elle présentait aussi pas mal d'inconvénients, liés aux coûts d'exploitation faramineux et à la concurrence féroce.

L'Europe regorgeait par ailleurs de talents en IA. Centrale Paris, Cambridge, l'École des mines, l'Inria ou encore l'UCL délivraient d'excellents enseignements en ingénierie logicielle et « sciences des ordinateurs ».

DeepMind, une start-up londonienne spécialisée dans l'IA, venait d'être rachetée par Google et embauchait des hordes d'ingénieurs spécialisés en apprentissage automatique. Des gens, qui avaient été moqués pour avoir tenté de vulgariser le *deep learning* avant que son potentiel commercial ne soit reconnu, étaient désormais loués et chassés, comme ça avait été le cas de l'ingénieur

1. Ou B to B (« *Business to business* »). Ensemble des activités commerciales entre deux entreprises.

français Yann Lecun, recruté par Facebook pour devenir leur directeur IA.

Magic Pony, une start-up londonienne, venait d'être rachetée par Twitter, de manière très médiatisée, pour 150 millions de dollars. Les sociétés de capital-risque étaient désormais à la recherche de leur prochaine start-up d'IA à financer à Londres, et on voulait que ce soit nous.

Tout cela signifiait qu'on avait la bonne idée, dans un endroit où il y avait des talents pour la réaliser, et au cœur d'un écosystème qui, sur le papier, était prêt à financer le risque. Il ne nous restait que la partie la plus importante.

Avec qui ?

Les fonds d'investissement recherchent une « adéquation fondateur-marché ». En d'autres termes, ils veulent des fondateurs ayant une expérience et une connaissance approfondies du marché qu'ils ciblent. Sur ce critère, on était bons. J'avais passé six ans en tant que spécialiste marketing, à optimiser des campagnes et à vendre des solutions à de grandes entreprises, et je connaissais très bien ce secteur. PJ, lui, était un ingénieur qui codait (et ne savait pas seulement gérer d'autres ingénieurs) et il avait travaillé avec une pléthore de langages, de systèmes et d'échelles différentes.

On était tous les deux expérimentés, mais capables d'opérer à différentes altitudes, y compris au niveau junior. Pour être très claire : on n'avait pas peur de se salir les mains avec des tâches opérationnelles. Ce que les gens ayant plus d'une décennie d'expérience rechignent souvent à faire (#ego).

Mais Aiden.ai, comme son nom l'indiquait, était une start-up d'IA (comme 40 % des start-up en 2016) et les sociétés de capital-risque s'attendaient à voir des profils auxquels ni PJ ni moi ne correspondions. Leur modèle idéal était calqué sur ceux qui avaient eu les plus gros exits. Il changeait donc souvent. Le dernier à avoir gagné avait raison. En 2016, vous étiez dans une position extrêmement favorable si vous étiez chercheur en apprentissage automatique. Peu importait que vous n'ayez pas ou peu d'expérience sur la manière dont votre code impactait « le monde réel » (et pas seulement le vase clos du milieu académique) et que vous soyez mal équipé pour naviguer dans l'impitoyable univers commercial. Ou que vous n'ayez jamais dirigé d'équipe, en dehors d'un groupe de TD à l'université. Vous obteniez un *term sheet*[1] en moins de temps qu'il ne faut pour dire « intelligence artifi... ».

Un jour, dans un rare moment de franchise, un investisseur d'un fonds allemand à qui on venait de faire une présentation nous a lancé :

– J'adore votre pitch et votre idée, mais je préfère investir dans une équipe de chercheurs en IA car, si tout part en vrille – ce qui sera probablement le cas –, j'obtiendrai au moins un retour sur investissement de x2 ou x3, avec un *acqui-hire*[2].

En lisant ces mots, vous vous dites sans doute qu'il est cruel de traiter les gens comme des actifs financiers. Et vous n'avez pas tort. Mais vous êtes hors-sujet. Les sociétés de capital-risque ne sont pas des organisations caritatives. Elles existent parce qu'elles possèdent un accès privilégié qui leur permet d'approcher et d'évaluer

1. Document produit et signé entre deux parties – une société et un investisseur – en vue d'un futur investissement.

2. Accord d'acquisition qui ne concerne que l'équipe.

les entreprises qui ne sont pas encore sur les marchés publics. Leur raison d'être est de générer, pour leurs *limited partners* (les financeurs des fonds), un énorme retour sur investissement. Afin de justifier leurs frais de gestion considérables de 2 % annuels et leurs 20 % de frais de performance (*carry*), elles doivent produire des rendements très élevés et très peu d'entre elles y parviennent. Il faut en moyenne sept ans pour rentabiliser un fonds, de sorte que, selon les cycles du marché, un investisseur en capital-risque peut avoir l'air de bien se débrouiller... jusqu'à ce que les valorisations chutent et réduisent à néant ses rendements. C'est un secret de Polichinelle, mais le modèle commercial des fonds d'investissement est très peu rentable. Seuls ceux qui ont le meilleur accès au flux de transactions peuvent s'en sortir. En d'autres termes, ils sont incités à prendre des risques calculés. Ce qui signifie qu'ils n'investissent (presque) que dans des start-up qui ressemblent à celles qui ont été rentables par le passé.

Le comprendre dès le début est crucial. Cela vous fait prendre conscience qu'il ne suffit pas d'avoir une bonne idée et beaucoup d'énergie pour obtenir un financement. En outre, ne pas le savoir d'emblée et le découvrir en cours de route peut être éprouvant. Si les VC[1] ne vous financent pas, c'est à la fois lié à vous et pas lié à vous. Et c'est l'un des nombreux concepts contradictoires auxquels, en tant que fondateur, vous devez vous habituer.

1. *Venture Capital.* « Capital-risque », en anglais.

Tu connaîtras tes défauts

Dans le film *Eight Mile*, Eminem commence sa dernière battle de rap en énumérant toutes les choses qu'il a ratées dans sa vie. Son adversaire reste sans voix, n'ayant rien d'autre à ajouter. Cette approche m'a beaucoup inspirée et j'en ai fait mon *modus operandi*.

Les surprises, je les aime dans la vie, pas dans les affaires. Il allait donc falloir qu'on soit extrêmement lucides sur ce que les sociétés de capital-risque verraient en nous, afin de savoir quoi répondre à chacune de leurs objections, qu'elles soient ou non exprimées.

Ni PJ ni moi n'étions des universitaires titulaires d'un doctorat en apprentissage automatique. Je n'avais pas étudié dans une grande école reconnue dans le monde entier. Et le fait que je sois allée dans l'une des dix meilleures écoles de commerce de France n'avait aucune importance : si ce n'était pas HEC ou l'INSEAD, ça ne comptait pas. Pire : je n'étais plus en France et, à moins de parler de Stanford ou de Cambridge, une réponse qui impressionnait à Paris laissait indifférent à Londres. Moins que l'école elle-même, les fonds d'investissement valorisaient ce qui allait avec : les prestigieux réseaux d'anciens élèves, qui pouvaient toujours vous donner un coup de main quand vous en aviez besoin. Il était donc évident que j'allais devoir travailler dur pour devenir crédible en tant que cofondatrice non technique d'une entreprise d'intelligence artificielle.

En somme, sur le papier, je ressemblais à une étudiante moyenne, issue d'une école moyenne, qui avait changé de travail à plusieurs reprises au cours des dix années précédentes, et qui avait travaillé pour des entreprises pour la plupart inconnues des deux côtés de l'Atlantique. Les seules choses que j'avais pour moi, c'étaient mon courage et mon accent britannique. PJ, lui, apportait les logos d'écoles d'élite et d'entreprises technologiques de haut vol, mais il nous fallait construire une dynamique ultrasolide afin de démontrer que notre duo compensait les manques qui seraient probablement relevés.

Après avoir frappé à quelques portes, on avait également réussi à ajouter deux universitaires à notre conseil consultatif (*advisory board*), mais on ne savait pas encore comment les exploiter.

À ce stade, le fait d'être une femme n'était pas quelque chose qui, à mes yeux, pouvait compter, d'une manière ou d'une autre. Et comme beaucoup de femmes blanches, ambitieuses, de mon âge, qui ont grandi dans un foyer stable, je n'avais jamais vraiment été victime de discrimination. Je me rappelais vaguement que mon père m'avait dit quelque chose du genre : « Si tu es en compétition dans un environnement où seuls les meilleurs peuvent survivre, être une femme ne sera pas ton plus gros problème. » Il est facile aujourd'hui de constater le manque de nuances de cette déclaration mais, à l'époque, j'avais trouvé son commentaire rassurant (merci, papa)... Et si j'avais bien sûr entendu, à ce sujet, nombre d'histoires troublantes, je préférais croire qu'elles n'arrivaient qu'aux autres. L'illusion du « Pas à moi » battait son plein. Tant que je le voudrais plus que les autres – qu'ils soient hommes ou femmes –, il n'y avait pas de raison que je n'y arrive pas. Je me croyais plus intelligente. Oui, j'assume. Et ce n'était pas un jugement négatif sur les autres, j'avais simplement constaté que j'utilisais souvent mon intelligence émotionnelle pour me sortir rapidement d'un mauvais pas ou pour tirer le meilleur parti d'une opportunité. J'avais déjà dû m'adapter et me réinventer pas mal de fois et, chaque fois, j'avais appris à gratter et à m'accrocher pour atteindre mon but. Il n'y avait rien, pensais-je, que je n'étais pas prête à gérer.

En réalité, être une femme avait même ses avantages. Le manque d'attentes que j'avais ressenti dans la plupart des entreprises par lesquelles j'étais passée m'avait enlevé toute pression pour réussir. Être sous-estimée par défaut laissait une marge de manœuvre pour créer la surprise. Je trouvais également qu'il était plus facile d'apprendre auprès d'experts. Ils étaient assez disposés à partager leur expérience car, à leurs yeux, je ne représentais pas une menace.

Protégée par ma confiance et ma croyance en la méritocratie, j'ai abordé la levée de fonds de la seule manière que je connaissais : avec un plan.

IV

Le match

Ça ne joue plus

Le plan consistait à lever un tour d'amorçage[1] de 1 million de dollars, d'ici décembre 2016. J'avais fixé cet objectif en sachant qu'il était ambitieux (ou fou ?), mais mieux valait viser haut et le rater de peu que placer la barre trop bas. D'autant qu'il me paraissait évident que la même quantité d'efforts serait nécessaire pour lever 1 million ou cent mille dollars.

On a réfléchi de la même manière pour établir un planning. J'avais lu qu'il fallait entre trois et huit mois pour finaliser un premier tour de table. C'était de loin la fourchette de données la moins utile qui soit : ça revenait à dire qu'une grossesse peut durer entre neuf mois et deux ans... On s'est donné quatre mois.

Ce tour d'amorçage n'était qu'un tremplin vers le Saint Graal : l'adéquation produit-marché. La seule chose qui comptait était de monter un vrai business, pas de jouer indéfiniment à faire comme si c'était le cas. Une fois passé l'amorçage, on se concentrerait sur l'itération du produit jusqu'à ce qu'un petit groupe de clients ne puisse plus se passer d'Aiden. On s'appuierait sur notre traction commerciale pour financer notre croissance et les choses seraient beaucoup plus faciles pour

1. Premier apport en capital d'une entreprise.

les tours suivants. Je me rassurais en planifiant chaque détail de l'aventure, sur plusieurs années.

J'étais convaincue que le plus dur avait lieu maintenant. À deux. Car, au prochain tour de financement, on serait une équipe. L'idée était de passer de « nous » (les fondateurs) à « eux » (les clients + l'équipe). Et je souriais en imaginant ce jour.

À mes yeux, tout ça ressemblait à un concours de Rubik's Cube. Le chronomètre se déclenche et vous devez aligner toutes les couleurs le plus rapidement possible. Sauf que, là, certains concurrents étaient clairement favorisés. Lorsque les fondateurs sont issus de cercles pré-validés, qu'ils bénéficient d'une sécurité financière et d'autres avantages, 50 % des couleurs sont déjà alignées avant qu'ils ne commencent à jouer. Il est pourtant rare qu'ils le reconnaissent : chacun aime à penser qu'il s'est fait tout seul. Mon cube, lui, semblait assez aléatoire, celui de PJ légèrement meilleur en raison de ses choix de carrière. Et il y avait des cubes bien pires. Quoi qu'il en soit, on était plutôt privilégiés. On avait tous les deux fait des études supérieures, on parlait couramment plusieurs langues et on vivait dans l'une des plus grandes capitales du monde. Ça ne pouvait pas être insurmontable ! Il ne me restait plus qu'à tourner le cube jusqu'à ce que les couleurs s'alignent, jusqu'à ce que mes mains en tombent.

Je m'étais préparée à ce premier défi, qui était à la fois la condition de tout et un simple détail dans le grand schéma de vie d'Aiden. Mais il y avait une dernière chose qu'il fallait régler, avant de commencer à exécuter notre plan. Je devais avoir un tête-à-tête avec la seule personne qui pouvait entraver notre réussite : moi-même.

L'état d'esprit d'un(e) champion(ne)

J'envisage l'aventure de la création d'entreprise comme une équipe d'athlètes cherche à remporter le championnat. Quand j'étais ado, beaucoup de mes amis jouaient au basket-ball et l'un d'eux voulait devenir professionnel. Mickaël (oui, c'est son vrai prénom) a sacrifié sa jeunesse pour s'entraîner tous les jours de la semaine. À 18 ans, il n'était pas comme le reste de notre groupe de copains. Il avait un objectif et il avait de la discipline. Deux choses que je n'avais pas et que je regardais comme un enfant affamé fixe un gâteau. Mais je pouvais m'identifier au talent particulier de « Mike » et à ses efforts pour atteindre son plein potentiel. Car, bien que mes compétences n'aient rien à voir avec le basket, je parlais couramment l'anglais et l'allemand, ce qui n'était pas fréquent et était même vu, à l'époque, comme une capacité extraordinaire, dont je ne savais pas quoi faire. Je me torturais l'esprit pour trouver comment honorer le sacrifice que mes parents avaient consenti en nous envoyant, ma sœur et moi, à l'étranger, afin qu'on puisse apprendre quelque chose qui nous aiderait « tout au long de notre vie ».

Lorsque j'avais demandé à Mike ce qu'il ferait si jamais, après tous ces sacrifices, il ne devenait pas professionnel, il m'avait répondu :

– Je me suis préparé à tout.

Le calme et la sérénité qui émanaient de lui le faisaient paraître beaucoup plus vieux et beaucoup plus sage que nous tous. En comparaison, j'étais plutôt agitée et erratique. Puis il avait ajouté quelque chose qui ressemblait aux mots de Napoléon :

– Quand on veut, on peut. Et quand on peut, on doit.

Pour lui, le mérite ne viendrait pas du succès en soi (réussir à devenir professionnel), mais du fait qu'il aurait donné le meilleur de lui-même pour atteindre son objectif. S'il ne parvenait pas à entrer en ligue pro – ce qui pouvait arriver pour diverses raisons indépendantes de sa volonté (marché, concurrence, blessures, etc.) –, il pourrait ainsi clore ce chapitre de sa vie et passer à autre chose, sans regrets. Je buvais ses paroles. Elles résonnaient très fortement, semblaient si différentes de ce que j'entendais par ailleurs, dans mon environnement quotidien.

Peu après notre discussion, il est monté en Pro-B, la ligue professionnelle secondaire, mais il a vite compris, en voyant la trajectoire des autres, qu'il n'atteindrait jamais la Pro-A, et encore moins la NBA, son rêve. À ce moment-là, j'ai quitté la région pour partir en prépa et je ne l'ai jamais revu. Mickaël ne le sait pas, mais il a eu une grande influence sur moi.

En y repensant, ce jour de 2016, je me suis fait la réflexion que, chez la plupart des athlètes, contre-intuitivement, le succès final n'est pas dû à la façon dont ils entraînent leur corps, mais à celle dont ils entraînent leur esprit. Ce qu'on appelle la préparation mentale. Un avantage qui n'est ni masculin, ni féminin. Accessible à tous. Je n'avais alors qu'une compréhension très limitée du fonctionnement du cerveau, mais j'avais remarqué que, lorsque je croyais que l'avenir serait prometteur, il finissait par le devenir. Au cours des années précédentes, j'avais cultivé un biais optimiste : c'était maintenant que j'allais le plus en avoir besoin. J'ai donc fait le pacte avec moi-même de conserver ce biais, même quand les choses deviendraient difficiles. Et je m'attendais à ce qu'elles le soient. Je m'attendais à ce qu'il y ait beaucoup de rabat-joie. De gens qui nous diraient de choisir une autre idée, un autre cofondateur, un autre moment. Que ceux qui n'avaient pas suffisamment confiance en leurs propres rêves nous suggéreraient d'abandonner les nôtres. J'en avais déjà croisé beaucoup trop dans ma courte vie. Mais, dans tous les clubs du monde, même lorsque le videur vous dit de rentrer chez vous, il y a un autre moyen de se glisser à l'intérieur.

Purple Haze

Septembre 2016

– Dis à la dame de ne pas dormir dans la même chambre que Papa en Californie.

C'est avec ces mots, tombés comme une bombe dans le salon, que j'ai rencontré Céline pour la première fois. Céline, c'est la femme de PJ. Elle s'adressait à leur fils de 3 ans, juste avant qu'on ne parte pour San Francisco. Mon cœur s'est arrêté, glacé par un malaise immédiat. Puis j'ai vu son large sourire apparaître. Éclatant. Elle blaguait. Ouf. Elle m'avait bien eue.

Je n'ai pas pu m'empêcher de rire, en réalisant à quel point Céline et PJ étaient des opposés parfaits. Leur équilibre détonnant me rappelait celui de mon propre couple, une sorte de chaos harmonieux.

Le taxi est arrivé en bas de chez PJ. Quelques heures plus tard, on était dans un autre monde.

*

– *Welcome to San Francisco international airport !*

Je souriais d'excitation et d'anticipation en entendant la voix métallique du speaker, aux intonations si différentes de l'anglais britannique. J'avais décidé de commencer par les meilleurs et convaincu PJ qu'il fallait d'abord nous adresser aux sociétés de capital-risque américaines. Quitte à entrer dans le jeu des VC, autant tenter directement la Silicon Valley, même si l'on avait peu de chances de lever des fonds auprès d'eux. On était optimistes mais pas idiots : pourquoi s'intéresseraient-ils à une start-up européenne inconnue, alors que plein de concurrents redoutables naissaient chaque jour en Californie ? On n'y allait pas pour ça (sauf sur un malentendu). Mais pour avoir une longueur d'avance. C'est ce que j'appelais *lose to win*. Perdre en surface, tout en gagnant en profondeur. Le flux de transactions de ces fonds était inégalé. Ils voyaient défiler tant de start-up et certaines des équipes fondatrices les plus *hot*, fraîchement diplômées de Stanford ou de Berkeley. Alors, si l'on parvenait ne serait-ce qu'à passer vingt minutes avec de tels investisseurs et à obtenir d'eux un retour sur notre présentation, ça nous servirait à l'ajuster et à devenir plus pointus, avant de voir les fonds européens, à domicile. La démarche était par ailleurs suffisamment contre-intuitive pour qu'il y ait peu de risques qu'on tombe sur d'autres start-up européennes ayant la même approche.

À la minute où l'on avait commencé à dire qu'on allait essayer de lever des fonds aux États-Unis, tout le monde avait essayé de nous aider. C'était beau à voir et puissant à vivre. Mon amie Julie nous avait suggéré de contacter la famille pour laquelle elle avait été fille au pair dans les années 90. Je n'en croyais pas ma chance lorsque Jane et Chris, un couple qui avait la cinquantaine, ont non seulement accepté de nous accueillir, mais l'ont fait sans hésitation ni bizarrerie. Après tout, j'étais une amie de la fille avec laquelle ils avaient travaillé vingt ans plus tôt et qu'ils n'avaient pas revue depuis ! J'étais gênée, bien sûr, de ne pas pouvoir m'offrir un Airbnb, mais les billets d'avion n'étaient pas bon marché et on économisait chaque centime.

Je ne pense pas avoir cligné des yeux une seule fois cette semaine-là. Je n'ai pas cessé de sourire, même en dormant. Tout était hypnotique.

Les deux premiers jours, PJ et moi, on se réveillait à 3 heures du matin à cause du décalage horaire. On se mettait au travail, en prenant soin de ne pas réveiller Chris et Jane. Et dès que 7 heures sonnaient, on partait explorer la ville, à la recherche d'un petit déjeuner très calorique. Après quoi, notre niveau de caféine dans le sang nous aurait fait disqualifier de compétitions sportives (les serveuses étaient passées toutes les cinq minutes avec une carafe pleine : « *Refill, honey?* ») et l'on titubait, heureux et sur les nerfs, dans les rues vallonnées du Castro. Comme à chacun de mes voyages aux États-Unis, j'avais l'étrange impression d'être dans un film. Les accents de toutes les régions du monde, l'odeur particulière de l'air chaud traversant les eucalyptus, les devantures de magasins hippies – tout était « autre ».

Je me rappelle, un matin, avoir interrompu une remarque passionnée que je faisais à PJ alors qu'on descendait à toute allure la rue Dolores. Je me suis arrêtée brusquement sur le trottoir, en passant à côté d'un homme d'une rare prestance, et je commençais à me retourner vers ce que je pensais avoir vu, quand PJ m'a lancé :

– Ne fais pas attention, c'est normal ici.

– C'est normal de voir un Afro-américain de 2 mètres de haut se promener à 7 heures du matin, NU ?... Avec un haut-de-forme sur la tête !

Stoïque, il m'a répondu :

– Oui. Castro est un lieu chargé d'histoire LGBT, qui a une législation bien spécifique sur la nudité en public.

PJ était-il né avec la capacité de ne pas réagir ou était-ce juste pour me faire marcher ? J'étais sidérée par son manque de sidération. Ou peut-être partageait-il les mêmes gènes que mon mari, qui n'avait littéralement rien dit lorsqu'un rat était tombé sur notre table, dans un restaurant de Marseille ? En fait, je commençais à comprendre que PJ et moi étions diamétralement opposés. Surtout dans notre façon d'exprimer et de traiter nos émotions. Dans certaines situations, je ne ressentais rien alors qu'il éprouvait un profond malaise, et vice versa. Lorsque j'apprenais une bonne nouvelle liée au travail, j'avais envie de danser et de crier ma joie à pleins poumons, tandis que lui traitait l'événement comme s'il s'agissait d'un détail insignifiant. Cette différence allait s'avérer à la fois un obstacle et une force dans notre duo. Le yin et le yang.

Avant ce voyage, je ne m'étais jamais rendue dans cette région mystique et pleine de promesses que le monde appelle la Silicon Valley. Je ne sais pas trop ce que j'imaginais. Un endroit magique rempli de génies de la technologie travaillant dans des garages ? Une sorte de Poudlard, débordant d'une intense énergie créatrice ? Mon premier choc a eu lieu lorsque PJ a coupé le moteur dans un parking de Sunnyvale, après avoir roulé pendant une quarantaine de minutes sur la fameuse 101, qui borde la baie de San Francisco.

– La Silicon Valley, c'est loin d'ici ? ai-je demandé distraitement, tout en cherchant la réponse sur mon iPhone (qui avait été conçu dans le coin).

PJ m'a regardée avec un léger sourire. Il s'était probablement fait la même remarque, quelques années plus tôt :

– Marie, c'est ici, la Silicon Valley.

La vallée de Santa Clara, située au sud de San Francisco, abrite la plupart des innovations technologiques mondiales et s'étend sur une poignée de villes : Sunnyvale, Santa Clara, Redwood City, Mountain View, Palo Alto, Menlo Park et Cupertino. Sauf que ça ressemblait à une banlieue pavillonnaire. Et pas des plus modernes. Premier choc.

On avait rendez-vous avec un *serial* entrepreneur, qui pourrait devenir l'un de nos *business angels*[1]. Mais celui-ci, comme un certain nombre d'opportunistes qu'on a rencontrés, a proposé, quelques secondes à peine après le début de la réunion, de devenir notre conseiller en échange d'une entrée au capital de la société (« de l'*equity* »). « Demandez de l'argent, vous obtiendrez des conseils, demandez des conseils et vous obtiendrez de l'argent. » Je ne sais plus qui me l'avait dit, mais ça s'est révélé vrai. Deuxième choc. S'assurer les services d'excellents conseillers est fantastique, mais pas quand on cherche de l'argent plutôt que du réseau. Ça m'a rappelé certaines histoires de fondateurs ayant cédé plus de 10 % de leur capital à des entrepreneurs qui avaient promis de les aider, en les présentant à des investisseurs. Ces présentations avaient bien eu lieu. Mais, le plus souvent, ça s'était soldé par un énorme ressentiment lorsque les fondateurs avaient réalisé qu'il n'était pas si difficile d'accéder aux investisseurs et qu'ils avaient donc surpayé leurs conseillers. Ça pouvait même

1. Personne physique accompagnant les start-up en phase d'amorçage dans leurs besoins de financement et de développement.

virer au « signal d'alarme » aux yeux des futurs investisseurs, quand ceux-ci découvraient que les fondateurs avaient cédé du capital à quelqu'un qui ne jouait aucun rôle actif dans la gestion quotidienne de l'entreprise. Mauvais choix, mais erreur facile à commettre. Merci à ceux qui m'avaient raconté ces histoires et permis ainsi de rester sur mes gardes. Je savais qu'il nous faudrait un jour faire appel à des conseillers, mais ce n'était pas le moment et je voulais que ce soit nous qui les choisissions, pas l'inverse.

On est ensuite retournés à SF pour une réunion passionnante, avec M.G. Siegler. Une sommité du monde des start-up, qui avait été journaliste à TechCrunch, la référence en matière d'informations sur les start-up, avant de devenir investisseur, et pas pour n'importe qui.

Le bâtiment était tout neuf. On devait même être parmi les premiers à y venir pour une réunion. L'odeur de peinture fraîche et les autocollants de protection sur les boutons de l'ascenseur nous donnaient l'impression d'être sur un chantier de construction. Mais, lorsque les portes se sont ouvertes sur le hall d'accueil, je me suis sentie intimidée rien qu'en regardant le grand panneau indiquant « Google Ventures ». PJ y était habitué et ça ne semblait pas l'affecter. Moi, en revanche, j'avais les nerfs à fleur de peau. Je m'efforçais de me concentrer et de ne pas imaginer tout ce qui pourrait se passer si l'on ressortait avec un chèque. Je respirais profondément. Concentration. De toute façon, ça n'arriverait pas et il ne servait à rien de commencer à espérer... Heureusement, mon agitation ne s'est pas vue. Quelques secondes plus tard, c'était comme si j'avais appuyé sur le bouton Reset. Je faisais bonne figure – ce qui est essentiel quand on lève des fonds. J'admets néanmoins qu'en voyant leurs toilettes japonaises flambant neuves, j'ai laissé mon esprit vagabonder : demander 1 million de dollars pour 20 % de notre entreprise semblait finalement être insignifiant, comparé au budget dont disposaient ces sociétés de capital-risque pour le confort des fesses de leurs employés. D'ailleurs, j'espérais que les nôtres se contenteraient de toilettes ordinaires, parce qu'ils n'auraient pas vraiment le choix.

Californian Boys

Il n'y a eu ni cohérence ni harmonie dans le déroulement de cette semaine. Si ça avait été de la musique, ça aurait été du jazz, mais joué avec des fourchettes et des casseroles. On a rencontré tous ceux qui avaient accepté de nous recevoir. Des conseillers de différents calibres, allant des « entraîneurs qui n'avaient jamais gagné un championnat » (mais qui avaient travaillé deux ans chez Google et pensaient tout savoir) à d'ex-entrepreneurs avides de revanche, qui avaient de super enseignements à nous transmettre sur leurs échecs (les start-uppeurs à succès étant trop occupés pour discuter avec des débutants comme nous), en passant par des investisseurs. Ce que j'ignorais avant de faire ce voyage, c'est qu'il n'y a vraiment aucune gloire à avoir « décroché » un rendez-vous avec un investisseur. C'est littéralement son travail. Vous rencontrer n'est donc pas une faveur, mais ce pour quoi il est payé. Rien ne vaut le fait de vivre les choses. D'aller sur place voir par soi-même. De faire l'expérience de la bizarrerie de tout ça. Comme lorsque vous recevez une invitation à prendre un café au Rosewood Hotel, sur Sandhill Road, LA rue mythique. Les « Champs-Élysées » des fonds d'investissement les plus prestigieux au monde. Et que vous demandez une carafe d'eau au Madera Bar parce que vous n'avez pas les moyens de vous payer autre chose. Et, quand votre rendez-vous arrive en survêtement, il vous explique à peine son parcours en tant que *business angel*. Il s'attend à ce que vous sachiez qui il est. Il s'attend à ce que vous soyez impressionnée par son name dropping incessant (vous hochez la tête en prétendant que ça vous dit quelque chose) mais, sans plus de contexte, vous ne savez malheureusement pas qui est « Mark ». Un investisseur ? Un fondateur ? Son cousin ? Les noms de famille sont facultatifs dans ces cercles. Vous pouvez essayer de creuser mais, de toute façon, il n'y aura jamais vraiment de suite. Vous rencontrer, c'était juste, pour lui, quelque chose à faire. Quand vous n'êtes pas le haut du panier, vous n'attirez pas le haut du panier.

J'ai beaucoup appris des fondateurs américains – mais pas de ceux qu'on voit dans les journaux. De ceux qui ont eu une start-up et qui sont passés à autre chose. Comme Francis, qui a eu le courage de me raconter son histoire. Il avait levé une grosse somme d'argent, avait détruit son entreprise et recommencé à zéro. Il m'a expliqué à quel point l'échec ne lui avait pas appris grand-chose, contrairement à ce que disent la sagesse populaire et les réseaux sociaux. Mais ce n'était pas la chose la plus audacieuse que m'ait confiée Francis. Quelques minutes plus tard, il me lançait une invitation à sa « soirée polyamoureuse » – je n'avais jamais entendu ce terme auparavant, mais il était assez simple à comprendre. Et je ne peux pas dire que je l'ai vu venir, mes réunions aux États-Unis ayant toutes été très formelles et TRÈS politiquement correctes. Cependant, je l'admets : j'ai trouvé son invitation drôle. Surtout parce qu'il avait l'air d'employer ce mot à haute voix pour la première fois, afin d'en tester l'effet – en bon ingénieur qu'il était.

– Vous appelez ça comme ça dans la Silicon Valley ? ai-je répondu en plaisantant, avant de refuser poliment.

Il a semblé un peu déçu de ma réaction. Peut-être pensait-il que je serais choquée ? Ou croyait-il au cliché qui circule sur les Français, prêts à tout, tout le temps ?

Il a simplement ajouté :

– On appelle ça comment en Europe ?

J'ai failli répondre :

– Ma traduction n'est peut-être pas parfaite : « Tromper son mari lors d'un voyage d'affaires » ?

Mais je le connaissais à peine et j'étais bien plus intéressée par ses contacts auprès des fonds d'investissement que par ses autres propositions. J'y ai néanmoins repensé en me rendant à mon rendez-vous suivant. C'était étrangement rafraîchissant de constater que les sous-cultures qui existaient dans ce qui était autrefois la capitale des beatniks n'avaient pas entièrement disparu. Parce que ça n'apparaissait pas vraiment dans nos réunions quotidiennes avec l'« écosystème technologique ». Il semblait même y avoir peu d'espace pour les polyvérités. Les gens semblaient pour la plupart tous d'accord. Y compris sur les aspects les plus controversés de la culture technologique : les voitures autonomes, le metaverse, le fait d'envoyer des fusées sur Mars, de porter des tee-shirts gris tous les jours de l'année, de ne manger que des aliments qui poussent dans les arbres et des viandes non transformées (régime paléo), et d'utiliser des assistants d'intelligence artificielle dotés de la voix de Morgan Freeman pour réveiller votre bébé le matin. Ma vue commençait seulement à s'habituer à l'intensité de la baie de San Francisco. C'était comme regarder directement le soleil. Fascinant et éblouissant à la fois.

Le bon ticket de loterie

De retour à Londres, une incroyable nouvelle nous attendait : Aiden avait été sélectionné pour participer à la compétition « Startup Battlefield » à TechCrunch Disrupt London ! Ce n'était pas n'importe quelle conférence sur les start-up, c'était LA conférence. Si vous avez regardé la série *Silicon Valley* sur HBO, les personnages principaux sont sélectionnés pour cette même compétition, mais à San Francisco.

On allait pouvoir monter sur scène, présenter notre boîte à un panel de grands investisseurs européens et bénéficier d'une exposition médiatique puisque le concours s'accompagnait d'une couverture garantie dans TC, et encore plus si l'on gagnait. Je n'en revenais pas et, pendant quelques jours, j'ai flotté sur un petit nuage. J'étais très reconnaissante envers Ed Newton-Rex, le fondateur de Jukedeck. C'était un compositeur de musique à base d'IA, qui avait remporté l'édition précédente et avait gentiment accepté de mettre Aiden dans le radar des organisateurs. Il est vrai que l'idée ne venait pas de lui, mais de moi. Mais je ne le lui avais pas demandé à l'improviste. Comme à mon habitude, j'avais élaboré un plan.

Je connaissais l'existence de Jukedeck parce que je m'étais dit qu'il serait bien qu'on fasse le « Startup Battlefield » (merci, HBO). Beaucoup d'élus, peu d'appelés.

Il fallait donc mettre toutes les chances de notre côté. Et il se trouve que Jukedeck appartenait à la communauté TechHub. Leur équipe ne travaillait pas dans notre bâtiment et on ne l'avait donc jamais croisée, mais on recevait parfois des mails contenant les mises à jour de leurs produits. Lorsque j'en ai vu passer un, proposant à des bêta-testeurs de venir donner leur avis, j'ai sauté sur l'occasion. J'ai ensuite réussi à rencontrer Ed et à lui présenter Aiden, en lui demandant de nous recommander aux organisateurs, s'il aimait le produit.

Le jour où l'on a su pour notre sélection, PJ n'en revenait pas. J'essayais de comprendre ce que signifiait l'expression de son visage. Était-il très heureux ? Très excité ? Non : il était anxieux ! Dans mon monde à moi, il n'y avait que de la bonne adrénaline. Mais TechCrunch Disrupt, c'était du sérieux. Une production américaine. Il ne suffisait pas de se présenter le jour J, de monter sur scène et de parler cinq minutes. Il y avait des répétitions de prévu, dont une sur place, quelques jours avant. En recherchant sur Google « Copper Box Arena », une salle multisport construite pour les jeux Olympiques de 2012 qui serait le lieu de l'événement, j'ai cru sentir mon corps se vider de son sang. C'était à la fois hyperintimidant et exactement ce que je recherchais. On serait filmés et la vidéo resterait très longtemps disponible sur Internet. Mieux valait assurer ! On ne pouvait pas non plus simuler une démo, elle devrait être faite en direct pour avoir un impact maximal. Et tout ce à quoi pensait PJ, c'était : comment coder une démo en direct en moins de huit semaines ?

On a quitté TechHub et déménagé dans un espace de coworking près de Gower Street, appelé Bloom

Space. Il faisait partie de l'UCL (University College London) et accueillait des start-up d'IA en phase de démarrage. J'étais très émue le jour de notre installation : c'était notre premier « vrai bureau ». Enfin, disons qu'il fallait encore faire un effort d'imagination. Tout d'abord, il s'agissait d'un emplacement au rez-de-chaussée inférieur. Donc c'était un peu comme travailler dans une caverne. L'open space était difficile à décrire. Mal conçu, biscornu, avec beaucoup d'espace perdu, quelques bureaux, une cuisine et des canapés, le tout à l'étroit dans un espace relativement petit, sous des lumières jaunâtres. En raison de la présence de la cuisine, il y flottait toujours une odeur de nourriture et on manquait d'air frais. Bref, c'était une cave. Quatre équipes différentes se partageaient la pièce. On ne pouvait pas faire plus éclectique, sauf pour la diversité : il y avait 90 % d'hommes. L'une de ces boîtes était une start-up spécialisée dans la reconnaissance d'images, qu'elle appliquait à l'analyse de la circulation. Parmi ses clients, elle comptait le gouvernement et des entreprises de sécurité. Une autre œuvrait dans le traitement du langage naturel. Son CEO, Guillaume, était un ami de PJ et un ponte reconnu en *machine learning*. C'était lui qui nous avait aiguillés vers Bloom Space. Un duo d'anciens cadres d'Apple travaillait également à nos côtés, avec Karl, leur stagiaire, qui ressemblait de façon déstabilisante à un Arnold Schwarzenegger jeune. Peut-être était-ce parce qu'il avait l'accent autrichien et que ses épaules étaient aussi larges que mon bureau ? Je me suis demandé combien de Pierre-Jean on pouvait cacher derrière un Karl. La réponse était sans doute trois.

Au Bloom Space, il fallait s'accrocher pour se faire des amis. À part Karl, qui me racontait sa vie pendant nos courtes pauses. Il était également mannequin et, lorsqu'il ne travaillait pas à nos côtés, il était invité dans les meilleurs restaurants de Londres pour attirer plus de *beautiful people*, qui paieraient, eux. (C'était un précieux avantage pour un start-uppeur fauché.)

L'atmosphère était très studieuse. On entendait le bruit de mes doigts sur mon clavier ; je tapais exagérément fort. J'avais désespérément besoin de m'exprimer. Je commençais à peine à réaliser qu'on m'avait menti. J'avais signé pour vivre l'aventure la plus excitante de ma vie et je me retrouvais dans un couvent d'ingénieurs. La seule vraie perturbation de la journée était le bruit provenant du couloir : notre bâtiment abritait également la salle de sport des employés du NHS[1]. Et de Karl, qui y allait plusieurs heures par jour, afin d'entretenir son gagne-pain : les restaurants gratuits.

Je ne pouvais que constater que ma vie était une cascade de choses qui n'avaient rien à voir les unes avec les autres. Et je n'avais aucune idée d'où ça me mènerait.

1. *National Health System*, système de santé publique du Royaume-Uni.

Another one bites the dust

On venait d'embaucher Ahmed, un ingénieur logiciel que PJ avait rencontré lors de sa précédente aventure et qui était l'un des meilleurs avec lesquels il avait travaillé. J'avais donc hâte que son énergie nourrisse celle de notre duo, qui avait besoin de sang neuf. Je n'ai pas été déçue : Ahmed ne souriait jamais et semblait constamment en colère contre le monde entier. Il souffrait d'un énorme excès d'intelligence, ce qui expliquait son énorme excès de colère. Comme l'a dit un jour mon grand-père : « Quand tu es bête, c'est comme quand tu es mort. Tu ne souffres pas, toi, mais ceux qui t'entourent vivent le martyre. » La punition quotidienne d'Ahmed était de traverser la vie avec le sentiment d'être entouré d'idiots. Et je ne contribuais pas à atténuer ce sentiment.

Ahmed et PJ partageaient une connaissance approfondie et une passion pour les produits technologiques bien conçus et bien construits. Ce qui les amenait à débattre pendant des heures (et je n'exagère pas) de certaines caractéristiques des aspirateurs Dyson. Un jour, j'ai commis la faute grave de lancer, non sans insolence :

– Ça vous dérangerait de bosser au lieu de parler de *hoovers*[1] ?

1. Aspirateurs, en français, mais marque concurrente de Dyson.

J'ai cru qu'Ahmed allait me gifler. En tout cas, son regard furieux m'a fait l'effet d'une gifle. Je lui ai répondu sans un mot, espérant qu'il comprendrait tout ce que j'essayais d'exprimer avec mon air exaspéré. (Quelque chose du genre : « Est-ce que j'ai signé pour être une experte en nettoyage ? Moi qui croyais que m'autoproclamer CEO me permettrait, au moins, d'en faire moins dans ce domaine... ») C'est là que j'ai découvert que Hoover était une marque, mais que Dyson était une secte. Sir James Dyson, inventeur britannique, designer industriel, agriculteur et entrepreneur milliardaire ayant fondé l'entreprise éponyme, était pour Ahmed ce que Geri Halliwell était pour moi, ou Steve Jobs pour PJ. (En l'occurrence, j'étais la seule à ne pas avoir été employée par mon idole...)

– James Dyson, ingénieur de génie, Marie... Il est surtout connu comme l'inventeur de l'aspirateur sans sac à double cyclone, qui fonctionne sur le principe de la séparation cyclonique.

– Est-ce qu'il aspire la poussière ? C'est tout ce qui m'intéresse...

– James Dyson est la deuxième personne la plus riche du Royaume-Uni. Avec une fortune estimée à 23 milliards de livres sterling.

J'ai levé la tête de mon écran, je me suis retournée pour faire face à Ahmed et lui ai souri.

– Tu as toute mon attention.

Et Ahmed avait raison. Il était en effet fascinant de constater qu'un produit aussi ennuyeux en apparence pouvait provoquer une révolution jusqu'à dominer entièrement le marché. Convaincre les clients de payer jusqu'à dix fois le prix d'un aspirateur standard n'avait pourtant pas été une mince affaire. Ahmed a réussi à me faire comprendre les énormes défis que la famille

Dyson avait relevés pour bâtir un tel succès depuis le Devon (même pas Londres) et avec du hardware (fui par la plupart des fonds généralistes) !

Une grande partie de ma première année chez Aiden a ainsi consisté à remettre en question toutes mes idées préconçues et à essayer de voir les choses d'un autre point de vue. Ce qui me plaisait d'autant plus qu'au début, je m'étais sentie très seule et très mal à l'aise. Surtout lorsque les journées passées à parler de logiciels informatiques se terminaient par des soirées au pub, à parler de software et de hardware. Mais j'adore les histoires et tout ce qui était raconté d'une manière qui me paraissait accessible pouvait devenir une source d'inspiration. De même que je m'appliquais à rendre mes histoires compréhensibles pour PJ et Ahmed, qui venaient d'horizons différents du mien.

Ahmed avait ses propres projets de création d'entreprise et avait accepté de nous aider pendant quelques mois, afin qu'on ne se ridiculise pas à TechCrunch Disrupt. Il attendait surtout qu'un visa américain O1 lui soit délivré. Un type de visa destiné aux personnes ayant des capacités ou des compétences extraordinaires. Ils sont évidemment très difficiles à obtenir, mais Ahmed avait des idées bien arrêtées sur le fait que son avenir devait se dérouler aux États-Unis, et nulle part ailleurs. En comparaison, on était des patriotes extrémistes. Il était tellement déterminé que je n'ai jamais eu l'ombre d'un doute : un jour, il se lancerait et aurait beaucoup de succès.

Étant donné son amour pour les États-Unis, nous lui avions proposé de nous accompagner lors de notre prochain voyage à SF. (Oui, il s'agissait d'une tentative délibérée de l'inciter à rester chez Aiden.) Mais il a poliment décliné l'invitation, avant d'expliquer que, dans les aéroports, il était systématiquement la cible de « contrôles aléatoires » et qu'il ne voyageait donc pas, sauf cas exceptionnels. Mais je tenais vraiment à ce qu'il vienne. J'ai donc répliqué :

– Statistiquement parlant, il est improbable que des contrôles aléatoires te tombent dessus plusieurs fois de suite... Ne t'inquiète pas, tout ira bien !

Je pensais sans doute avoir l'air intelligente en parlant de statistiques à un ingénieur. Mais il m'a regardée d'une drôle de façon, ce qui m'a fait comprendre que j'avais encore marché sur une mine. Était-elle activée ? Ma bouche est devenue sèche.

– Tu t'appelles Ahmed Hussein, Marie Outtier ?

Boom ! Le ratio de leçons données par mots prononcés était très impressionnant. Mais à quoi d'autre pouvais-je m'attendre de la part d'un génie ?

Son point de vue était clair comme de l'eau de roche : je ne pouvais pas savoir ce que c'était d'être un homme à la peau mate, détenteur d'un passeport israélien et portant un nom à consonance arabe. Série de caractéristiques qui signalait aux autorités ses origines palestiniennes, un État qui n'est pas reconnu par les États-Unis. Et il faut reconnaître que « contrôles aléatoires » sonnent mieux que « contrôles ciblés ».

Comme après une journée d'école, je rentrais chez moi chaque soir plus intelligente. Mais c'était douloureux. Je n'arrivais pas à me débarrasser d'une honte sous-jacente. J'avais profondément honte d'avoir cru, l'espace d'une seconde, que j'avais tout compris. J'avais encore beaucoup à apprendre, sur beaucoup de choses.

Comment est-ce que je peux vous aider ?

Pendant que les garçons progressaient dans le codage de la première version d'Aiden, j'ai recruté des bêta-testeurs. On avait ouvert une liste d'attente et reçu plus d'une centaine d'inscriptions. Mais la plupart n'étant pas pertinentes, on avait fini par sélectionner... six clients. La qualité prime sur la quantité.

On s'était fait une idée des profils susceptibles de bénéficier le plus de notre produit, mais on n'était pas non plus des médiums. Si bien qu'on a choisi différentes personnes et différents types d'agences et d'entreprises, qui correspondaient au profil des *early adopters*[1], et on a observé leurs comportements. Ce qui comptait, ce n'était pas seulement le nom de la boîte ou le montant de ses dépenses publicitaires, mais aussi son appétit pour les solutions innovantes et sa volonté de se développer. Vous seriez surpris du nombre d'entreprises qui ne cherchent qu'à conserver leur position, au lieu de se battre pour gagner des parts de marché, en prenant des risques.

En parallèle, je calais réunion sur réunion pour notre levée de fonds. Un investisseur connu de l'écosystème des start-up de Londres a accepté de me rencontrer

1. Catégorie de consommateurs ayant pour habitude d'acheter presque systématiquement les nouveaux produits dans une catégorie donnée.

pour un café chez Ozone Coffee Roasters, à Old Street. Il organisait des événements pour les start-up, gérait un micro-fonds et était considéré comme le lien entre les nouveaux entrepreneurs et des accélérateurs tels que Techstars et Seedcamp. Ce matin-là, je suis arrivée à 9 h 59, je me suis installée au comptoir et j'ai commandé un latte. Il est arrivé avec dix minutes de retard et a commandé des œufs et du kedgeree au poisson fumé.

– Excellent choix, ai-je menti.

Pendant qu'il mangeait ce qui sentait vraiment fort le poisson, je lui ai présenté notre projet de lever 1 million de dollars en Europe et aux États-Unis, en lui précisant qu'on préférerait avoir un investisseur principal (*lead investor*) au Royaume-Uni, compte tenu de notre situation géographique. Et je lui ai demandé de me recommander des fonds d'investissement spécialisés en amorçage. Je ne voulais pas que de l'argent. Je cherchais aussi d'excellents conseils pour l'entrepreneure débutante que j'étais.

– Entrepreneure débutante ? Et vous voulez lever 1 million de dollars ! C'est trop, vu votre profil... Essayez plutôt 250 000 £ avec SEIS et EIS[1]...

Il a ensuite jeté un œil à son téléphone, a repoussé son assiette et a dit qu'il devait filer à son prochain rendez-vous.

Je n'étais pas contrariée par ce qu'il avait dit à propos de notre capacité à lever des fonds. Après tout, il parlait d'expérience et il en avait beaucoup. Le SEIS et l'EIS sont en effet d'excellents moyens de trouver un financement, sur le plan fiscal. Mais j'avais déjà décidé

1. « *Seed Enterprise Investment Scheme* » et « *Enterprise Investment Scheme* » sont deux mesures du gouvernement britannique qui visent à inciter les investisseurs à soutenir les start-up, *via* notamment des allégements fiscaux.

de ne pas tirer parti de ce système et il ne m'apprenait rien que je ne sache déjà. Non, j'étais contrariée qu'il m'ait laissé l'addition. Ses conseils ne valaient pas 15,50 £.

« Comment est-ce que je peux vous aider ? » est une question que les sociétés de capital-risque posent souvent aux entrepreneurs. Peut-être en ne prenant pas de rendez-vous avec des gens fauchés, pour leur dire de vendre leurs rêves au rabais et en ne leur proposant pas de payer l'addition ?

Boys, boys, boys

> « *I'm sorry that I missed your party*
> *I wish I had a better excuse like*
> *I can't even lie, you got me*
> *I was busy thinking 'bout boys, boys, boys*
> *I was busy dreaming 'bout boys, boys boys*
> *Head is spinnin' thinkin' 'bout boys.* »
>
> Charlie XCX, « Boys »

James, Christoph, Nathan, Jean, Vincent, Harry, Sekip, Romain, Jeremy, Boris, Saul, Mark, Cédric, Ruppert, Raphaël, Alex, Andrew, M. G., Pierre, Nicolas, Ricardo, Spencer, Mehmet, Gabriel, Nenad, Jonathan, Suranga, Duncan, Reza, Roberto, un autre Jonathan, Julien, Marc, Piotr, Alexei et tous ceux dont j'ai oublié le nom. Sans surprise, le monde du capital-risque est essentiellement masculin. Certes, il y a eu aussi Sonali, Carmen, Tracy, Leila, Mounia et Marie. Mais, dans les faits, j'ai passé la plus grande partie de l'automne 2016 à demander de l'argent à des hommes. Un vrai ballet de mails laissés sans réponse et de mises en relation qui n'aboutissaient que rarement à une vraie rencontre.

Le fait qu'il s'agisse principalement d'hommes ne me dérangeait pas, ni ne m'importait. Je m'attendais néanmoins à ce qu'ils se moquent de savoir si j'étais une femme, un homme ou un furet, tant qu'ils croyaient qu'Aiden pouvait leur rapporter leur investissement fois dix.

« Allez voir ce type », « Ce fonds aimerait ce que vous faites ! », « Avez-vous contacté untel ? » Eurostar, métro, vélo. Cafés, espaces de coworking, bureaux. On est allés presque partout où l'on voulait bien entendre notre pitch. Y compris dans des endroits saugrenus. Comme un club militaire au cœur de St. James's Square. Historiquement, il s'agissait d'un lieu réservé aux hommes et PJ devait avoir une cravate pour y entrer. Mais il ne l'a découvert qu'à notre arrivée. Il portait un tee-shirt Aiden.ai et des baskets – oups. Moi, j'ai préféré ne pas demander si je pouvais l'accompagner ; je suis entrée d'office. On a aussi eu droit à un appartement, près de Berkeley Square, où l'associé du fonds, arrivé en skateboard électrique, nous a fait visiter chaque pièce, dont une chambre dotée d'un lit *king size* « pour accueillir les start-uppeurs et start-uppeuses en voyage d'affaires ». Il n'a pas eu l'air de comprendre notre malaise. Encore un an avant que #MeToo ne devienne une lame de fond... Et, enfin, un parking géant. PJ avait retrouvé l'investisseur à l'accueil et, au lieu de l'emmener dans ses bureaux, celui-ci lui avait demandé de présenter Aiden lors d'un *walking meeting* – populaire dans la Silicon Valley. Seul moyen de faire dix mille pas par jour !

Créer un élan à partir de rien était épuisant. Chaque jour, de nouvelles start-up prometteuses arrivaient sur le marché, un peu comme de nouveaux acteurs débarquent à Hollywood. Pleins de rêves fragiles. Et ce n'était pas le rejet en lui-même qui posait problème, mais le nombre d'étapes à franchir pour obtenir une réponse définitive, multipliées par le nombre de personnes que nous avons rencontrées, qui venaient d'horizons culturels différents, avec des attentes différentes. Et l'espoir. L'espoir était un véritable crève-cœur. « L'espoir n'est pas une stratégie », me disais-je.

Je pensais être à l'abri des souffrances causées par une imagination débridée, mais ce n'était pas le cas. Imaginez que vous puissiez croire, ne serait-ce qu'une seconde, que vous avez assez rassemblé assez de « oui » pour clore votre tour de financement – vingt fois...

J'essayais d'en tirer des leçons et de m'améliorer chaque fois un peu plus. En rassurant par anticipation, avant même qu'un point épineux ne soit soulevé. En relançant élégamment les décisionnaires pour avoir une réponse. Pas trop brusquement, mais avec fermeté et assurance. Mais j'étais loin de résoudre le puzzle complexe de « Comment lever facilement des fonds ». Parce qu'en fait, il n'y a pas de recette miracle. Ne me l'avait-on pas fait croire ? Des entrepreneurs de confiance ne m'avaient-ils pas dit qu'ils avaient « levé leur série A de 10 millions de dollars sans avoir fait une seule slide » ? N'avais-je pas entendu les histoires édifiantes, abondamment relayées par les réseaux sociaux, de gens qui, tout à coup, avaient trouvé le bon filon ? Les médias adoraient ces histoires et donnaient l'impression qu'elles étaient la règle, et non l'exception. Ce n'étaient que des conneries. Plus le temps passait, plus ça me semblait évident.

Ceux qui avaient trouvé facile de lever des fonds étaient tous allés dans les écoles les plus prestigieuses du monde. C'étaient ceux qui pouvaient se permettre d'échouer. Ceux qui trouvaient la vie facile, en général. Tant mieux pour eux. Savaient-ils que ce n'était pas la norme ? Bien sûr que non. Comment auraient-ils pu le savoir ? Il fallait déjà échouer pour arriver au stade où l'on questionne le modèle de réussite méritocratique.

Mon « biais du survivant » était à son maximum. Je me concentrais sur les 5 % qui avaient réussi. Je me comparais à eux. Et je me reprochais de ne pas avoir déjà finalisé mon tour de financement, ignorant qu'on était loin d'être les seuls dans cette traversée du désert. Et que même ceux qui donnaient en public l'impression que ça avait été facile auraient raconté une version bien différente, si on leur avait posé la question en privé.

Zéro à un

« Nous aimerions investir 500 000 dollars dans Aiden.ai. » J'ai des frissons rien qu'en y repensant. Sekip venait de faire un geste dont seuls sont capables les plus audacieux : rédiger le premier chèque. Et pas n'importe lequel : 50 % du tour !

« Demande de l'argent, tu recevras des conseils ; demande des conseils, tu recevras de l'argent. » On m'avait prévenue. Et c'était vrai. On était en octobre 2016 et ça faisait un an que j'avais rencontré Sekip. Il était le mari d'une amie et la définition même de l'entrepreneur. Né près d'Istanbul, c'était le fils d'un boucher. De la taille d'un joueur de basket professionnel, il portait toujours un tee-shirt et un jean noir, et sa manière d'être – très calme et détendue – cachait une combativité intense. Le feu sous la glace. Ce n'était qu'en assemblant les pièces du puzzle de sa vie qu'on pouvait comprendre la volonté dont il avait dû faire preuve pour en arriver là. En 2009, il avait créé Mobilike, l'une des premières sociétés de publicité mobile turque. Le marché était mûr pour l'innovation, mais l'écosystème des start-up n'existait pas là-bas. Il était impossible de lever des fonds auprès de sociétés de capital-risque locales et de créer une entreprise de grande envergure. Sekip et son cofondateur s'étaient donc frayé un chemin jusqu'au sommet de la pyramide des entreprises technologiques turques, en trouvant des fonds auprès d'entrepreneurs à succès (à des conditions peu enviables). Ils avaient fini par vendre Mobilike à une entreprise allemande. Mais Sekip n'avait pas apprécié ce qu'en avait fait l'acquéreur, si bien qu'il lui avait racheté sa start-up, l'avait développée et revendue quelques années plus tard au géant Opera Mediaworks. Il était passé de Turquie en Allemagne, puis au Royaume-Uni et aux États-Unis. Il savait ce que s'adapter et survivre signifiaient. J'admirais son parcours, mais c'était sa force mentale qui me faisait le considérer comme un demi-dieu.

Je ne me rappelle pas lui avoir demandé d'investir dans Aiden. Je n'avais pas compris que Sekip travaillait pour un *family office* d'entrepreneurs turcs prospères, en plus de son emploi à temps plein dans le cadre de son *earn-out* chez l'acquéreur de sa start-up. J'étais en revanche extrêmement intéressée par ses avis, toujours très pertinents, sur notre produit et notre stratégie de mise sur le marché. Et il avait accepté de me voir régulièrement pour en discuter.

Aujourd'hui, il paraît évident qu'il était aux premières loges pour assister à l'évolution de Wise Mobile jusqu'à la création d'Aiden. Il avait vu les fondations, les ébauches, les projets avortés, les pitchs avant LE pitch. Et il savait que c'était le bon. Mais sans Sekip, Mehmet et Mehmet (ce n'est pas une coquille), Aiden n'aurait jamais existé. Je le pense vraiment. Il est facile de regarder en arrière et de se dire « Bien sûr que si », mais, jusqu'à ce que ces trois hommes en prennent le risque, personne n'était prêt à faire le premier pas. Chacun attendait qu'un autre nous valide. Leur choix a créé l'élan dont nous avions besoin pour entamer des discussions sérieuses.

Quelques jours plus tard, nous avons eu une réunion surréaliste au cours de laquelle nous avons demandé 50 000 dollars à un *business angel*, qui nous a répondu par mail deux heures plus tard : « Je vais mettre 300 000 dollars. » *Hein ?!*

PJ et moi étions assis l'un en face de l'autre, essayant de charger le contenu de ce mail sur le mauvais Wi-Fi du Portobello Ristorante à Notting Hill, quand il a vu le chiffre, avant moi. Il a regardé l'écran de son téléphone portable, a marmonné quelque chose comme s'il se lisait le message à lui-même, puis il a levé les yeux par-dessus ses lunettes et a dit :

– Devine combien ?

Je n'ai pas pu me retenir de hurler :

– Arrête de me torturer ! Dis-le !

– 300.

– C'est une blague ?

Je n'arrivais pas à y croire. Les choses avaient changé presque du jour au lendemain et c'était, bien sûr, grâce à la validation de Sekip et au fait qu'on était sélectionnés à TC Disrupt. On parle toujours de la vitesse à laquelle les voitures de sport passent de zéro à cent. Mais la seule mesure qui semble avoir de la valeur dans les start-up est de passer de zéro à un. Un investisseur. Un client. Quelqu'un qui y croit plus fort que les autres et ouvre la voie.

On a fêté mon 31e anniversaire ce week-end-là, ainsi que notre précieuse première lettre d'intention (*term sheet*). Pour la première fois depuis ce qui m'avait semblé une année, j'étais vraiment enthousiaste. Intensément soulagée de ne plus avoir à feindre la confiance. On n'avait pas finalisé les documents et chacun pouvait encore changer d'avis, mais ce scénario était peu probable. Aussi peu probable que d'être abandonnée devant l'autel, le jour de son mariage : ça pouvait arriver, mais pas à nous. Notre *term sheet* était comme une couche supplémentaire dont on pouvait se vêtir pour se réchauffer dans le froid de novembre. Il nous donnait l'impression d'être beaucoup plus fort qu'on ne l'était. On en avait besoin. Et j'étais très impatiente d'entamer nos prochaines réunions en prononçant la phrase magique : « Nous avons déjà un *lead investor.* »

En novembre, on avait rencontré la plupart des sociétés de capital-risque à Londres et il y en avait une, en particulier, qui comptait plus que les autres. Elle nous avait dit investir généralement entre 500 000 et 1 million de dollars dans les premières levées. C'était tout ce dont on avait besoin pour boucler le tour de table, si elle acceptait d'être co-*lead* aux côtés de Sekip et du *family office* (ce qui nous permettrait de refuser le chèque de 300k du *business angel*). Il ne nous restait plus qu'une réunion avec le décideur. Peut-être même qu'on pourrait recevoir tous les engagements avant TC Disrupt ? On y serait tellement plus détendus ! Je souriais béatement à cette idée. Un mois entier avant la date limite qu'on s'était fixés ! Bon sang, je voulais vraiment, vraiment clôturer le tour de table à ce moment-là...

Alpha *vs* Alpha

« *I'be a fearless leader*
I'be an alpha type
When everyone believes ya
What's that like ? »

Taylor Swift, « The Man »

La réunion avec le fonds d'investissement était prévue à 13 heures. PJ et moi, on s'est donc retrouvés quarante-cinq minutes avant, pour prendre un sandwich. Manger fait partie de la préparation. Il n'y a rien de plus gênant que d'entendre son ventre gargouiller au milieu d'une présentation. Car il ne s'agit pas d'un exercice où l'on rappelle aux gens qu'on est humain. Pendant une demi-heure, il faut être Iron (wo-)Man.

Nous sommes arrivés pile à l'heure et avons été accueillis par des visages familiers, éclairés de sourires chaleureux. Tricia et Carla faisaient partie de nos investisseurs préférés, parmi les cinquante qu'on avait rencontrés. Elles comprenaient la problématique car elles avaient toutes les deux occupé des postes de direction (responsables des départements marketing et des budgets de publicité) dans des entreprises de grande envergure. Ce qui était rare : la plupart, dans les sociétés de capital-risque, n'avaient pas d'expérience opérationnelle et venaient exclusivement du monde de la finance. Tous les feux étaient donc au vert : on était entourés de personnes ultra-pertinentes sur notre sujet. Et on aurait peut-être la grande chance d'avoir l'une d'elles dans notre *board*. Il ne nous restait plus qu'à convaincre le *general partner*, celui qui avait le dernier mot. Je le voyais s'avancer vers nous depuis le couloir. J'étais confiante.

La réalité m'a vite fait redescendre.

Contrairement à nous, il n'avait pas pris le temps de manger. Il est entré en trombe, s'est présenté avec un fort accent américain, en annonçant qu'il allait déjeuner pendant la réunion, et a ajouté sur un ton faussement poli :

– Si ça ne nous dérange pas...

En fait, si, ça me dérangeait. J'ai une forme d'aversion inexplicable pour les gens qui mangent dans des lieux faits pour un autre usage. Mais j'ai souri et répondu qu'il n'y avait, bien sûr, aucun problème.

La réunion s'est poursuivie exactement comme elle avait commencé : dans une ambiance gênante. Il y a toujours une dynamique de pouvoir dans ce genre d'entretiens mais, là, on se serait cru dans la commedia dell'arte. Chaque personnage y était excessif. Le *general partner* s'était bâti une solide réputation au fil des années et avait excellé à une époque où le management par la peur et la domination exagérée était la norme. Son palmarès était sans égal. Ses pairs et ses collègues en étaient venus à l'admirer, malgré sa rudesse. Mais, à la troisième interruption, j'ai commencé à me tendre et à me montrer sur la défensive. Ses interruptions n'étaient d'ailleurs pas destinées qu'à moi. Il avait un certain sens de la justice et les répartissait équitablement entre PJ et moi. C'était comme des tirs rapides, venant d'un seul sniper : impossible de terminer une phrase. À un moment, il a pris une pleine bouchée de son curry, l'a engloutie, m'a pointée du doigt et m'a de nouveau coupée :

– Quelle est la seule chose que veulent les spécialistes du marketing ?

Là, j'ai vu rouge. La question était réductrice et peu pertinente, mais ce n'était pas grave. C'était le fait de me pointer du doigt qui était de trop. Comment pouvait-on ne pas se rendre compte que c'était inapproprié et rustre ? J'ai pris une grande inspiration, je l'ai regardé dans les yeux et lui ai rétorqué :

– Je vais d'abord terminer ce que je disais.

Un silence glacial a immédiatement enveloppé la salle, comme un rideau de théâtre tombe pour l'entracte. Il était évident qu'il n'avait pas apprécié mon ton. Et il avait soudain compris que je n'aimais pas non plus le sien, même s'il ne comprenait sans doute pas pourquoi et qu'il n'a pas cherché à le savoir.

Le reste de la réunion s'est déroulé de manière plutôt civilisée. Le drame avait déjà eu lieu.

Le boss a proposé de nous présenter quelques directeurs marketing de ses amis, ce qui était d'une générosité inattendue de sa part. Nous avons ensuite remercié Carla et Tricia, qui nous ont dit qu'elles nous recontacteraient dans la journée. J'avais remarqué qu'elles étaient restées totalement silencieuses pendant le rendez-vous. Ainsi qu'un autre collègue, que j'avais à peine remarqué. Une seule personne avait aspiré tout l'oxygène de la pièce et, pour une fois, ce n'était pas l'un des fondateurs.

Après avoir quitté le bâtiment, PJ et moi n'avons pas échangé un mot pendant quelques minutes. Ce n'était pas nécessaire. Je nous avais fait perdre un demi-million de dollars.

Je ne regrettais pas d'avoir répondu, mais j'étais contrariée que ça se termine comme ça. Je ne connaissais que trop bien les mentalités basées sur l'intimidation et la domination, la recherche d'échanges conflictuels, parfois même assumée et intentionnelle. Je pouvais déjà perdre toutes mes économies dans cette aventure, mais je n'étais pas prête à mettre en jeu mon estime de moi.

Quelques heures plus tard, nous avons reçu ce mail, qui m'a fait plus de mal que je n'ai bien voulu l'admettre.

Mercredi 2 novembre 2016
19:26

Marie et PJ,

Merci beaucoup d'être venus aujourd'hui et d'avoir pris le temps de faire un peu plus connaissance avec nous quatre.

Je sais que vous avez une autre offre sur la table, nous voulions donc vous répondre le plus rapidement possible.

Malheureusement nous n'irons pas plus loin.

Nous sommes impressionnés par le produit bêta que vous avez créé : une fois intégré à de multiples sources de données, c'est un outil que j'aurais voulu utiliser à mon ancien poste. Je serais d'ailleurs heureuse de vous présenter à tous les CMO avec lesquels je suis en contact, si cela peut vous être utile.

Malheureusement, je n'ai pas beaucoup de commentaires ou de retours constructifs à vous faire, mais je vous encourage à vous détendre lors de vos présentations – les investisseurs avec lesquels vous choisirez de travailler feront un long voyage avec vous, et le fait de rester calme en abordant la manière dont vous allez développer votre portefeuille clients ou votre équipe leur donnera confiance. Nous recherchons (à tort ou à raison) des fondateurs qui sont obsessionnels – qui ne peuvent imaginer faire autre chose que développer leur entreprise – et qui ont donc en eux la confiance nécessaire pour se projeter et piloter calmement sur le long terme.

Nul doute que nous regretterons notre décision, mais nous vous souhaitons bonne chance. Nous vous encouragerons depuis le banc de touche !

Tous mes vœux de réussite,

Tricia

En refermant l'ordinateur, j'ai senti des larmes rouler sur mes joues. Je regrettais qu'on n'ait pas clôturé le tour. Et j'étais désolée de ne pas pouvoir travailler avec ces deux investisseuses exceptionnelles qu'étaient Carla et Tricia. Mais, surtout, j'éprouvais énormément de peine qu'une femme d'une intelligence rare ait envoyé un mail demandant à une autre femme de « rester calme ».

Le syndrome de Stockholm est une vraie saloperie.

The Startup Battlefield

Je pouvais entendre chaque battement de mon cœur. C'en était presque assourdissant. Les mains sur les hanches, je respirais profondément. Concentrée sur le discours que j'allais devoir tenir devant... combien de personnes ? Je ne le savais plus, mais ça me semblait un stade entier. L'enjeu était plus important que jamais et mon stress était à son comble. J'en avais des fourmis dans les jambes. Debout. Immobile. Les yeux clos. Le bruit d'une chasse d'eau m'a fait sortir de ma méditation. Je ne pouvais plus continuer à me cacher dans les toilettes ! J'ai poussé la porte. J'étais dans la *green room*, la loge des présentateurs de la gigantesque Arène olympique. Et qui était là, en train de se faire maquiller ? Amy Chan, l'une des juges qui, avec quatre autres investisseurs de la « NBA des fonds d'investissement », allait me poser des questions sur notre start-up devant un public de... ça me revenait maintenant : 800 passionnés de technologie.

— Hello, Amy, ravie de te rencontrer ! Je m'appelle Marie Outtier, je suis la CEO et cofondatrice d'Aiden.ai... On va être sur scène ensemble, dans une minute. Ne sois pas trop dure ! lui ai-je dit en plaisantant.

Sauf que je ne plaisantais pas. J'étais à la fois terrifiée et excitée. Amy avait un sourire plus grand que la Californie et m'a simplement répondu :

– Tu vas très bien t'en sortir, quelle que soit l'épreuve.

Bien qu'on ne se soit rencontrées que depuis quelques secondes, son aura bienveillante me donnait l'impression qu'on avait un lien de parenté. L'entrepreneure en série en elle n'avait besoin d'aucune explication. Elle savait ce que c'était que d'être parfaitement préparée, tout en étant parfaitement consciente qu'un seul instant peut définir tout un avenir.

« Goodbye » de Feder tournait en boucle dans mes écouteurs, tandis que je flottais près de la zone des enceintes, avançant en direction des assistants techniques qui me faisaient signe de la main. Je m'enfonçais de plus en plus dans ma bulle, étrangère à l'effervescence qui régnait autour de moi. J'ai senti les assistants attacher le micro à mon tee-shirt, comme si je n'habitais plus vraiment mon corps. J'ai respiré un grand coup pour reprendre mes esprits, salué PJ et Ahmed de la tête et franchi les derniers mètres qui me séparaient de la scène avec un profond sentiment de calme. Les lumières, éblouissantes, éclairaient mon visage et, même si elles ne créaient pas vraiment une ambiance relaxante, je me suis soudain sentie très confiante. J'étais exactement à ma place.

On a réussi à faire notre présentation de six minutes sans problème technique majeur. La démo a un peu traîné, mais on a pu la faire en direct – ce qu'on voulait. Je craignais de trébucher sur certains mots. Une phrase, en particulier, disait : « En raison de la complexité de la tâche » et l'allitération en T m'avait donné quelques sueurs froides. Mais les répétitions ont porté leurs fruits. Les exercices d'articulation aussi. La partie présentation a été la plus facile, la plus scénarisée. Puis les questions des juges se sont mises à pleuvoir. Et il s'agissait de juges d'une ligue qu'on n'avait jamais rencontrée. Amy Chan a ouvert le bal :

– J'ai dirigé Google Analytics pendant longtemps...

Hum. Rien que ça ?

– ... et je sais à quel point il est difficile de fournir des recommandations. Il n'est pas compliqué d'accéder aux données, mais les recommandations sont incroyablement difficiles... Dans quelle mesure la prévisibilité des dépenses est-elle un facteur d'optimisation pour vous ?

J'ai répondu du tac au tac, en expliquant que dollars dépensés = données collectées et que notre système nécessitait en effet l'analyse de grandes quantités de données avant de pouvoir générer des recommandations avec un niveau de confiance élevé.

Puis ça a été le tour de Saul Klein, entrepreneur en série lui aussi et investisseur depuis 1994 dans plus d'une centaine de start-up britanniques – il avait récemment créé un fonds d'amorçage avec son père, Robin Klein, un vétéran de la technologie. Il s'est interrogé sur le modèle économique et, plus particulièrement, sur la manière dont on ferait payer les agences. Ou comment on parviendrait à vendre directement aux clients (ce qui est encore plus difficile !). J'ai sauté sur cette question-là également :

– Il est vraiment complexe de faire payer les agences, pour quoi que ce soit... à moins que ça ne leur permette d'augmenter leur chiffre d'affaires. Or, avec Aiden, au lieu de dix clients, la plupart des analystes marketing peuvent en gérer cinquante.

Je parlais au présent alors qu'il ne s'agissait que d'une vision. Mais les juges en avaient l'habitude. Puis PJ a répondu de manière convaincante à toutes leurs interrogations concernant la partie du logiciel qui relevait réellement de l'« IA » (terme utilisé de manière excessive et parfois incorrecte par les start-up), et ce sans transpirer. L'IA était sa langue maternelle.

Quand Saul Klein a demandé combien on voulait lever, je m'y étais préparée. On m'avait prévenue de ne pas donner de réponse, parce qu'elle était susceptible de changer. Alors, j'ai souri et lancé :

– Nous serions ravis d'en parler avec LocalGlobe [le fonds d'investissement de Saul] après le show...

Tricia, que j'étais heureuse de revoir dans de meilleures circonstances, est venue à la rescousse et m'a interrogée sur notre date de lancement. J'ai souri intérieurement. Je savais ce qu'elle faisait et j'avais de la chance qu'elle soit là. Je lui ai répondu, mais Saul est revenu à la charge :

– Combien y a-t-il de chiffres dans le montant que vous levez ?

Il n'était pas prêt à lâcher l'affaire. Et j'étais prête à tenir bon, mais je n'ai pas eu besoin de le faire. Amy est intervenue sans hésiter, sur un ton légèrement accusateur mais souriant :

– Ne les oblige pas à le divulguer... Ils ont toute une stratégie en cours !

Merci, ma sœur... Il leur restait une question, mais je n'ai pas eu le temps d'y répondre : le modérateur me faisait des gestes de plus en plus agités pour me faire comprendre que notre temps était écoulé. J'ai ignoré son ordre clair, ajouté « une dernière chose » et je me suis octroyé le droit de placer un USP (*unique selling point*[1]) avec un sourire malicieux. « On se souvient de vous pour les règles que vous enfreignez »,

1. Argument clé de vente.

a dit un jour le général Douglas MacArthur. Puis on a remercié les juges et on est sortis sous un torrent d'applaudissements. Attendez, non. Il s'agissait d'une conférence technologique : il n'y a donc probablement eu qu'un ruisseau d'applaudissements.

Une notification est apparue sur mon téléphone. C'était ma mère. « Bien joué, je suis très impressionnée ! Je crois avoir reconnu Bill Gates dans le public, mais je me trompe peut-être... Bravo à toi et à PJ ! J'espère que vous allez continuer à vous surpasser ! » Bill n'était pas dans le public. Mais aucun doute que ma mère l'ait vraiment cru. Et ça, ça valait toute la fortune de Bill.

Victorieux dans la défaite

On n'avait pas gagné, mais c'était tout comme. On a récolté tous les bénéfices d'une telle exposition et décroché des rendez-vous avec des clients et des sociétés de capital-risque. Panier à trois points ! Avant et après notre passage sur scène, on tenait notre stand dans l'autre salle, tout aussi gigantesque. On répétait sans cesse nos mêmes arguments de vente. On discutait avec d'autres fondateurs de start-up. Et on a préféré ne pas s'engager dans le tout dernier drame de Start-up Land.

Un duo de fondateurs italiens avait en effet envoyé un mail à pas mal de monde, dont un journaliste de TC qui me connaissait. Et ce mail contenait un lien vers la vidéo de leur pitch, affirmant qu'ils étaient « comme Aiden, mais en mieux ». Ils expliquaient en détail pourquoi on était nuls et eux géniaux. Mais dénigrer la concurrence n'était pas notre style, ni à PJ ni à moi. On en a ri. Le journaliste, en revanche, a trouvé leur démarche inacceptable. Selon lui, ces gars-là auraient du mal à s'en relever – il s'en assurerait. Il le faisait plus pour lui que pour nous ; je ne l'avais d'ailleurs jamais vu autant s'intéresser à Aiden.ai avant qu'il ait ce combat à mener. Et j'ignore ce qu'il est advenu des Italiens, je ne l'ai jamais vérifié. Avancer avec une telle mentalité, c'est perdre avant d'avoir commencé.

Épuisée après ces deux jours riches en adrénaline, j'avais hâte de prendre le métro pour rentrer chez moi. Mais il nous restait un dernier arrêt à faire, dans le centre de Londres.

Pitch@Palace

Son Altesse Royale le Duc d'York KG prie
Madame Marie Outtier
de lui faire l'honneur d'assister à une réception
au palais de Saint-James
le mardi 6 décembre 2016, à partir de 18 h 30.

J'avais reçu cette invitation par la poste quelques jours plus tôt. Un peu surprise... Non : complètement déroutée ! Pourquoi la famille royale invitait-elle un groupe de jeunes entrepreneurs dans la tech ? Les organisateurs de Disrupt m'avaient alors expliqué que Ned Desmond, le rédacteur en chef de TechCrunch, était proche du duc d'York, mieux connu sous le nom de prince Andrew, et que la famille royale soutenait activement l'écosystème britannique des start-up. *Of course !* Il ne m'était pas venu à l'esprit que ces deux mondes très différents – vieilles et nouvelles fortunes – étaient en fait complémentaires.

Le jour J, ça a été la panique. Il était 17 h 30. Dans la salle de conférences, PJ et moi, on s'est regardés, mutuellement écœurés. On était en jean et tee-shirt Aiden.ai, tachés de sueur, et la famille royale nous attendait dans une heure, à l'autre bout de la ville. Jamais à court de solutions dans notre vie de start-uppeurs, on n'était quand même pas Harry Potter et Hermione

Granger. Et encore moins Yves Saint Laurent et Coco Chanel... Je n'avais jamais été aussi consciente d'être si mal habillée. Mais je me réconfortais un peu en me disant qu'on ne serait pas les seuls, puisque tous les participants de la compétition avaient été invités. Un faux-pas collectif serait donc mieux perçu. Peut-être même qu'on donnerait l'impression d'avoir notre propre étiquette ?

Entrer dans ce bâtiment chargé d'histoire, en plein cœur de Londres, à deux pas du Ritz, était émouvant. En 1941, la Déclaration du palais de Saint-James y avait été signée, premier des six traités créant les Nations unies. Plus récemment, il avait été la résidence de plusieurs membres de la famille royale, dont le roi Charles III et ses fils William et Harry. Je l'avais souvent admiré de l'extérieur, mais n'avais jamais imaginé y pénétrer un jour. Je pensais à ma mère et à son respect immense pour les institutions. Et je me disais qu'elle préférerait sans doute que je lui raconte ma rencontre avec la monarchie plutôt qu'avec Bill Gates.

On nous a demandé de laisser nos téléphones dans un casier. J'ai suivi toutes les instructions religieusement. Toujours respecter l'étiquette et les codes, surtout en terrain inconnu. Un sentiment d'immense privilège m'envahissait, contrairement à un journaliste de TechCrunch, qui était britannique et semblait, lui, indifférent. Impatient, il marmonnait qu'il avait besoin de son téléphone et ne se plierait pas à ces absurdités. Notre groupe – très international – d'entrepreneurs a porté un jugement unanime sur son comportement : grossier.

Un escalier gigantesque menait à un double couloir tapissé de rouge, où les murs étaient couverts de hallebardes et autres armes historiques. Ainsi que d'immenses tableaux, dans des cadres dorés, qui contrastaient avec le pourpre des murs. Je m'imbibais de tout cela pour pouvoir le raconter à Gabriel et à ma famille.

Un serveur nous a tendu deux flûtes. PJ et moi avons levé nos verres en échangeant un regard empli de soulagement. Voilà, c'était derrière nous. J'aurais aimé faire un discours sur la folie de ces dernières semaines, parce qu'on ne prenait presque jamais le temps de célébrer les choses. Je cherchais les bons mots pour évoquer toutes les petites victoires remportées depuis quatre mois. Trop tard : PJ avait déjà entamé son verre et était parti admirer les tableaux. Je l'ai vu prendre une gorgée, puis se retourner et me lancer un regard interrogatif.

– Argh... Prosecco ? ai-je murmuré.

Il a souri en hochant la tête. La famille royale aurait-elle des soucis financiers ? Non, ce n'était pas ça. Bien sûr qu'ici, on servait du champagne, mais pas à nous ! J'ai souri toute seule en saisissant l'implacable logique derrière cette conclusion. Je ne les blâmais pas. Je n'aurais pas non plus gaspillé du champagne pour des invités qui ne respectaient pas le dress code !

J'ai été présentée au prince Andrew par Emily, la fondatrice qui venait, avec sa boîte Seenit, de remporter la compétition. J'ai aussi brièvement parlé avec la secrétaire privée du prince, une femme stricte et polie, qui m'a donné sa carte. Elle m'a dit de la contacter pour participer à Pitch@Palace, un concours dont les gagnants recevaient des fonds de la famille royale. Je l'en ai remerciée et lui ai dit que je m'inscrirais. Mais je n'en avais pas l'intention. J'avais déjà suffisamment de mal à m'intégrer en tant que fondatrice non technique d'une start-up d'IA dans un pays où je n'étais pas née. Adopter de nouveaux codes était épuisant. J'avais besoin de me concentrer, pas d'une autre distraction.

Compote de Noël

Le lendemain, j'ai pris un vol pour la Grosse Pomme. Un voyage que j'avais planifié à l'avance pour maximiser l'élan de Disrupt et obtenir des engagements de la part de nouveaux investisseurs. Mais j'étais dans un état lamentable. Non pas un, mais deux boutons de fièvre étaient apparus sur mon visage. Je me suis dit que c'était le froid, mais c'était le stress. Je faisais tout ce que je pouvais pour boucler le tour de table avant Noël. Et on y était presque !

Théo m'avait invitée à m'installer dans sa colocation, dans l'Upper East Side. Il avait quitté Paris avec ses quatre cofondateurs pour rejoindre un accélérateur réputé : Techstars. On partageait l'effervescence qu'il y a à tenter d'atteindre l'adéquation produit-marché. Nos start-up avaient trois mois d'écart et on parlait pendant des heures de la manière d'obtenir un retour clients, de construire un produit, d'ajuster nos stratégies. En revanche, l'appartement qu'il occupait avec un autre cofondateur était bien moins luxueux que ce que j'avais imaginé. Je ne sais pas trop pourquoi j'avais imaginé autre chose, d'ailleurs. Peut-être à cause de la façon dont *Gossip Girl* dépeignait ce quartier ? Leur petit meublé était spartiate et Théo et François mangeaient leurs pâtes directement dans la casserole (moins de vaisselle !). Ce qui n'était pas très « Serena et Blair »...

Théo m'a gentiment offert sa chambre, pendant que lui dormait dans le couloir, sur un vieux canapé couvert de taches non identifiées. Il travaillait auparavant pour un fonds de capital-risque à Paris et j'admirais sa capacité à perdre en qualité de vie sans pour autant en faire un sujet. L'appartement, comme souvent à New York, était brûlant malgré la température négative qui régnait à l'extérieur. Le système de chauffage central était ancien et l'on devait mettre un verre d'eau sur les tuyaux pour que l'air ne devienne pas trop sec. Je dormais la fenêtre ouverte et regardais les flocons de neige tomber lentement sur la ville, dans un ballet silencieux. Je pensais à tous les sans-abri que j'avais aperçus dans les rues, me demandant où ils dormaient. Et s'ils dormaient.

New York avait toujours été une ville de rêve, à mes yeux. Je l'avais fantasmée pendant des années et visitée pour la première fois avec Gabriel, à l'âge de 25 ans. Ma dernière visite remontait à trois ans – un voyage surprise qui s'était terminé par une demande en mariage. Aucune autre ville n'occupait la même place dans mon cœur. La Grosse Pomme était pour moi ce que Paris est aux Américains. Exotique, romantique, pleine d'opportunités.

Sauf que, cette fois, j'étais choquée par le niveau de pauvreté et les problèmes de santé mentale qu'on y rencontrait. Des femmes enceintes vendant des chewing-gums dans le métro. Un Afro-Américain luttant contre la toxicomanie, qui tendait la main à l'entrée du Starbucks. Était-ce parce qu'ils n'étaient pas là, la dernière fois, ou avais-je mûri et ajusté mon regard ? Je me suis demandé si ça n'avait pas un lien avec les environnements extrêmement fortunés auxquels j'étais désormais exposée et qui rendaient l'extrême pauvreté encore plus scandaleuse. Avec toutes ces nouvelles perspectives, la valeur de l'argent devenait difficile à rationaliser.

J'ai fermé les yeux et je me suis souvenue que PJ avait abordé la question après une réunion avec un investisseur, à Londres :

– T'as remarqué sa montre ?

– Non, pourquoi ? T'as l'air choqué... C'était une Flik Flak ?

– Non. C'était une Richard Mille. À 250 000 euros.

J'ai rouvert les yeux dans ma chambre à coucher de l'Upper East Side et fixé une fissure dans le plafond. La façon dont les gens choisissent de dépenser leur argent ne me regardait pas. Était-il étrange que quelqu'un trouve important de porter au poignet un objet dont le prix correspondait à celui d'un appartement à Londres ? Franchement, ce genre de choses me dépassait. Mais est-ce que cette réponse changeait quelque chose au fait que je devais clôturer mon tour de table ? Absolument pas.

Je devais pratiquer la compartimentation à l'extrême. Pour tout. Tout le temps.

(No) Sex in the City

Je me suis levée à l'aube. Avant les colocs. Avant les oiseaux. Les yeux encore engourdis de sommeil, je me suis mise en marche forcée. La lumière blanche de mon ordinateur portable comme substitut du jour. Mes premiers mails étaient destinés aux investisseurs européens. Toujours les tenir en haleine. J'organisais ensuite des réunions en ville, parfois à la toute dernière minute. « Eh, je suis à New York en ce moment. Nous construisons un assistant IA pour les spécialistes du marketing et nous levons notre premier tour de table de 1 million de dollars, dont 80 % sont déjà réunis. J'ai remarqué que vous aviez fait des investissements d'amorçage dans telle ou telle société. Auriez-vous vingt minutes aujourd'hui ou demain pour me rencontrer, discuter de ce qu'on pourrait faire ensemble ou nous donner votre avis sur notre présentation ? »

Ma mémoire se floute, mais je me souviens de réunions dans des cafés, dans des bâtiments froids et anonymes qui ressemblaient aux couloirs d'une morgue. « Bureau 202 ». Je me suis aussi retrouvée dans une pièce entièrement vitrée au 30e étage d'une tour, avec une vue imprenable sur Central Park. Un *family office*. Une équipe très polie, mais aucune alchimie. Je me demandais comment j'avais atterri là. J'avais l'impression d'être dans *Le Loup de Wall Street* et de proposer un plan de diversification de portefeuille. J'avais déjà remarqué que le contact passait moins bien avec les investisseurs qui étaient issus du monde de la finance plutôt que de l'entrepreneuriat. Il y avait suffisamment d'argent de ce type à Londres et j'essayais de minimiser sa présence sur notre table de capitalisation.

Le lendemain, je suis allée à un rendez-vous à 7 heures du matin à Manhattan. L'entrepreneur qui m'a accueillie dans son bureau avait quitté la France pour créer une entreprise aux États-Unis. Un mec sympa. Il a ouvert une bouteille en plastique et en a bu le contenu presque d'un trait :

– De la nourriture d'astronautes ! Tu connais ? J'aurais dû investir dedans : j'adore ! C'est l'équivalent d'un croissant, d'un jus d'orange et d'un café dans une bouteille...

Raté. Je n'étais pas impressionnée. J'ai essayé de dire quelque chose de constructif, mais il était français après tout, il pouvait peut-être accepter l'honnêteté :

– Tu ne préfères pas manger un croissant, boire un jus de fruit et siroter un café chaud, au lieu de ces conneries, Alex ?

Raté. Il préférait la vie version *Cinquième Élément*, où on est tous trop occupés pour être humains.

Pour une autre réunion, je me rappelle vaguement avoir traversé le Meatpacking District avant d'atterrir dans un immeuble d'où l'on surplombait la rivière Hudson et où la réceptionniste m'a demandé si l'on m'avait déjà dit que je ressemblais à Julianne Moore.

– Non, c'est à Valérie Donzelli qu'on me compare le plus souvent.

Aucune réaction. Mes références étaient décidément trop françaises.

On m'a ensuite proposé d'essayer les lunettes de Snap. Une paire de lunettes qui prétendait donner vie à la réalité augmentée. Je les ai vite enlevées. Je préférais la vie réelle.

*

Lors d'un débriefing avec Théo dans Little Italy, il a, sans le savoir et en toute innocence, mis le doigt sur le premier véritable tabou de l'entrepreneuriat.

– Oui, vous allez bientôt clore la première levée pour développer le produit et le commercialiser. Et tu n'auras évidemment pas d'enfants avant cinq ans. Ce qui vous laissera le temps de clore un ou deux autres tours pour faire grossir la boîte.

Il l'a dit comme s'il se parlait à lui-même et je n'ai pas ressenti le besoin d'objecter quoi que ce soit. Ce n'était pas la première fois que je rencontrais des gens qui pensaient que leurs sacrifices seraient les miens. Théo ne le savait pas, mais Gabriel et moi on essayait d'avoir un bébé depuis plus de deux ans. Et je n'avais pas l'intention de renoncer à nos projets familiaux pour la start-up.

Je n'avais jamais entendu quelqu'un évoquer ce sujet. Et encore moins quelqu'un qui avait été investisseur en capital-risque et qui était devenu entrepreneur. J'en ai pris note. J'ai trouvé utile de savoir qu'il avait peut-être exprimé à haute voix l'opinion dominante et tacite de la plupart des investisseurs. Mais je me suis dit qu'on s'occuperait de ce problème quand il se présenterait.

*

Au bout du compte, le voyage à NYC n'a apporté aucun nouvel investisseur. Mais il a permis de stimuler ceux qui tergiversaient en Europe (#FOMO[1]), ainsi que deux *business angels* basés sur la côte ouest. Ça en valait donc la peine.

Gabriel a ouvert la porte dès qu'il m'a entendue essayer de mettre la clé dans la serrure. J'étais trop épuisée pour dire un mot, je suis tombée dans ses bras – à l'abri de tout ce cirque.

1. *Fear Of Missing Out.* « Peur de rater quelque chose », en anglais.

Ambitieuse, mais pas trop

24 décembre 2016

On avait essayé de boucler la levée de fonds avant Noël mais, bien que le principal investisseur se soit montré extrêmement coopératif, le délai était un peu serré. Sous le gui et devant le sapin de Noël, je n'avais rien de spécial à annoncer à ma belle-famille. Ni bébé, ni *term-sheet*. On avait fait d'énormes progrès au cours des dernières semaines mais, pour le monde extérieur, j'avais un « petit projet ».

Il n'était pas rare que je reçoive des conseils de gens qui ne connaissaient rien aux start-up. Et je ne m'en offusquais pas. Je prenais des notes. Je trouvais beaucoup plus de sérénité dans cette approche que dans la précédente, qui avait consisté à débattre avec tous ceux qui ne voyaient pas les choses comme moi, ou qui ne croyaient pas en ce que je croyais. Désormais, j'arrivais même à savourer un verre de vin rouge et à manger des petits fours en écoutant leurs remarques. Je pouvais enfin prendre du plaisir et ne pompais plus tout l'oxygène de la pièce avec mes opinions passionnées et bien trop détaillées sur « l'avenir ». Quelle révélation de découvrir que les opinions des autres ne sont que des commentaires, pas des faits ! J'aurais aimé apprendre cette astuce plus tôt. Ça me permettait de rester calme quand j'entendais : « Tu n'es pas assez ambitieuse », qui était invariablement suivi de : « Ce que tu fais est génial, mais tu devrais l'appliquer à [insérer le secteur d'activité dans lequel la personne travaille]. » La plupart des gens semblaient croire qu'ils étaient le centre du monde et que, par conséquent, la plus grande opportunité résidait dans leur domaine de compétences. J'appartenais moi aussi à cette catégorie (sans la partie : « Tu n'es pas assez ambitieuse ») – je me suis donc fait une note mentale de ne plus être ce type de personnes.

Mais il y avait une chose à laquelle je ne m'attendais pas : la réaction que j'ai obtenue en répondant à une question sur la taille que pourrait atteindre Aiden.ai. Je pensais qu'une valorisation de 100 millions de dollars en quelques années était atteignable si l'on faisait les choses correctement. Mais à ces mots, j'ai entendu un ami de la famille baisser la voix et lâcher :

– Salope !

Bien qu'il y ait des contextes où il aurait pu s'agir d'une blague, ce n'était pas le cas.

– Pardon ?

Je le connaissais depuis longtemps et il n'avait jamais dit quelque chose de ce genre. Ce qui me laissait vraiment perplexe.

Il s'est rapidement ressaisi et a souri :

– Désolé... C'est une façon de parler. Je voulais dire : ce serait incroyable !

Désolée, en effet. Dans ce monde, on est soit un fils de p..., soit la p... elle-même.

24 heures chrono

Janvier 2017

Une investisseuse junior de chez Balderton, devenue une amie, m'a recommandé de m'adresser à Kima Ventures – un fonds d'amorçage français. Balderton était un fonds prestigieux et avait décliné l'opportunité d'investir dans Aiden. Il faut donc n'avoir aucun ego pour se faire recommander par un investisseur qui vient de vous jeter. Et de surcroît à un fonds auquel j'avais déjà parlé six mois auparavant et qui m'avait dit : « Non merci. » Mais Anna insistait : je devais retenter ma chance. J'ai accepté sans y croire. Et elle a réussi à me décrocher un rendez-vous avec Jean de La Rochebrochard, grâce à un associé senior de Balderton. Pas un mince exploit... Merci, Anna !

On avait décidé de boucler le financement le plus rapidement possible, même sans atteindre notre objectif de 1 million de dollars. Mais Kima était le fonds d'amorçage le plus actif au monde, avec plus de 700 investissements depuis sa création, en 2010. Il appartenait à l'équivalent français de Bill Gates : un entrepreneur à succès dans les télécommunications, du nom de Xavier Niel. En toute honnêteté, j'en savais très peu sur lui. Comme beaucoup d'autres sujets et beaucoup d'autres gens connus des Français vivant en France, il m'avait échappé. Mais il m'a indéniablement impressionnée dès que j'ai commencé à m'intéresser à lui. Son fonds signait généralement des chèques de 150 000 dollars, deux fois par semaine ! Un tel chèque nous amènerait à un total de 750 000 dollars, et alors... je pourrais enfin me concentrer sur l'exécution, aux côtés de PJ et d'Ahmed !

J'ai sauté dans un train pour Paris et je suis arrivée à une adresse que je connaissais étonnamment bien. Mon premier appartement à Paris, quand j'étais en stage à La Défense, était juste en face de la cour d'Iliad, au 29 de la rue d'Anjou ! Quelle étrange coïncidence... J'espérais que c'était le signe qu'on allait conclure avec Kima, quand un étrange spectacle m'a sortie de mes rêveries. Une énorme doudoune orange se tenait devant moi. J'ai levé les yeux. Un regard bleu arctique, des cheveux plaqués en arrière et des baskets Nike. Ce n'était pas un videur de boîte de nuit, à Berlin. C'était Jean.

Alors que je le suivais dans l'escalier menant à la salle de réunion, je feuilletais frénétiquement mon encyclopédie imaginaire des types d'investisseurs pour essayer de trouver la meilleure façon de gérer la réunion. Mais je n'arrivais pas à identifier à quelle carte Panini des VC correspondait Jean. Les signaux étaient trop faibles. Ou trop confus. Il y a des exceptions dans toutes les professions. Jean était la valeur aberrante de l'écosystème français. Direct, orienté business, sans bullshit. « Le genre que j'aime », ai-je pensé. En espérant ne pas l'avoir pensé à voix haute.

La réunion a duré trente minutes, mais m'a semblé en durer trois. Jean a regardé les notes prises par Vincent, le membre de Kima qu'on avait rencontré à Londres. Il a demandé ce qui avait changé depuis.

– Pas mal de choses.

J'exagérais le trait : en fait, rien n'avait vraiment changé. Questions habituelles sur notre vision, notre produit, notre stratégie de mise sur le marché. Merci, au revoir.

Vingt-quatre heures plus tard, j'ai reçu un mail confirmant qu'on allait obtenir 160 000 euros dans notre levée de fonds.

Vraiment le genre que j'aime.

L'autre défi

University College London Hospital, Gower Street

– Ha, ha, ha ! C'est du gâteau ! nous a asséné l'experte en fertilité, en levant les yeux du dossier médical que je lui avais remis.

La soixantaine bien entamée, à quelques semaines de la retraite, elle n'avait que faire des sentiments des patients. Elle disait simplement la vérité. Peut-être qu'on était effectivement un « jeu d'enfant » par rapport aux cas qu'elle avait l'habitude de traiter. Mais ça faisait plus de deux ans qu'on essayait d'avoir un bébé. Et Gabriel et moi avions tous les deux le sentiment de ne pas avoir « performé ». J'ai donc vécu son ton léger et insouciant comme une gifle de plus. Probablement parce que j'étais persuadée que j'aurais déjà dû être maman à 30 ans. Était-ce parce que ma mère m'avait eue à cet âge ? Absolument. La psyché est partisane du moindre effort.

Gabriel, lui, y avait été prêt toute sa vie d'adulte. Il était d'une maturité qui n'était pas à la mode chez le mâle trentenaire habitant à Londres. Mais il ne m'avait jamais pressée. Le jour où on s'était sentis tous les deux prêts, on avait fait ce que je fais toujours : un plan précis. Et la vie avait regardé notre plan et nous avait ri au nez, un peu comme la Dr Schönberg venait de le faire.

Elle a jeté un nouveau coup d'œil aux documents que je lui avais remis et qui comprenaient une ordonnance d'un autre médecin que j'avais consulté en France. Et elle a commencé à faire des commentaires, comme le font parfois les dentistes ou les coiffeurs :

– Quel conseil idiot ! Où avez-vous été traitée ? En Afghanistan ?

Gabriel et moi avons échangé un regard furtif. Elle n'avait pas conscience que ce genre de choses ne se disait pas.

– Pas loin : Paris, ai-je essayé de plaisanter pour alléger le malaise.

Ça ne l'a pas fait rire.

– Très bien, a-t-elle répondu.

Elle a froissé le morceau de papier que je lui avais donné, en a fait une boule et l'a jetée avec panache dans la poubelle de son bureau.

– Panier ! s'est-elle exclamée.

Aucun doute, elle s'était entraînée.

– Tout va bien se passer. Commencez ce traitement aujourd'hui et je serais choquée si vous n'avez pas des triplés au printemps.

Une bouffée de chaleur m'a aussitôt envahie.

– Comment ça ? a rétorqué Gabriel, aussi paniqué que moi.

– Je plaisante ! On va essayer d'avoir un seul bébé.

Gabriel et moi avons fait semblant de sourire. Secoués.

Dans l'ascenseur qui nous ramenait en bas, on a repris des couleurs. Je l'ai regardé sans savoir quelle attitude adopter.

– Ouf, je suppose ?

On se sentait soulagés, mais aussi... insultés ? Avec elle, ça semblait si facile. Et tant mieux car j'avais déjà subi beaucoup trop de tests invasifs, sans plan clair et sans que, jusque-là, ait été levé le tabou du processus de procréation médicalement assistée. C'était maintenant chose faite.

J'avais du mal à stabiliser mes émotions. Mais je n'avais pas le temps d'y penser.

Encore un effort

PJ a réussi à embaucher un ingénieur *backend*. Ahmed avait mentionné qu'il partirait dès qu'on aurait clôturé le tour de table et qu'un autre ingénieur serait prêt à prendre la relève. On l'aimait et on lui était très reconnaissants pour toute son aide, mais il avait son propre rêve à poursuivre. On savait qu'il était temps de nous séparer. Et mon mari était d'accord. Il venait de me faire remarquer que je vantais de plus en plus les mérites des aspirateurs Dyson et qu'il commençait à s'inquiéter de mon état mental...

On avait déjà des engagements pour un montant total de 750 000 dollars et on pouvait s'arrêter là. J'étais cependant déchirée entre l'idée de conclure maintenant ou de pousser un peu plus loin, pour nous offrir six mois supplémentaires. Mais s'il fallait six mois pour obtenir le financement de six mois supplémentaires, ça ne servirait à rien ! On avait également beaucoup de choses à faire sur le plan commercial et je devais cesser de m'adresser aux investisseurs pour ne parler qu'à nos utilisateurs. Mais rien n'y faisait. Je ne pouvais me résoudre à conclure sans avoir essayé d'obtenir un « petit chèque » de 250 000 dollars d'un fonds d'investissement américain. Je n'arrivais pas à renoncer à mon objectif de 1 million. Je savais que c'était stupide et qu'on avait bien plus que ce dont on avait besoin pour aller de l'avant, mais je m'en voulais de ne pas avoir rempli ma mission.

On est donc repartis aux États-Unis. À travers le hublot, en entamant notre descente, j'ai vu Karl danser lentement au-dessus de San Francisco. Karl, c'est le nom que les locaux donnent à leur brouillard. Il faisait froid et gris, mais peu importait. Rien n'était comparable à la dose de dopamine que je ressentais en étant physiquement à « Frisco ». À l'instar d'un toxicomane, je recherchais cette sensation et craignais de ne plus l'éprouver. Heureusement, ça n'était pas encore le cas. À peine arrivée, j'étais de nouveau électrisée. Et ça, c'était une heure avant de retrouver mon associé car, comme le président français et son Premier ministre, PJ et moi n'avions pas pris le même avion. Sauf que ça n'avait rien à voir avec une mesure de préservation du top management d'Aiden. PJ volait toujours séparément. Je trouvais ça bizarre, mais je n'ai jamais osé lui demander pourquoi. Peut-être ne voulait-il pas m'écouter parler business pendant onze heures d'affilée, coincé sur un siège de classe économique ? Peut-être utilisait-il les miles qu'il avait accumulés en dix ans chez Apple pour voyager plus confortablement ? Ou peut-être savait-il mieux poser des limites entre vie professionnelle et vie privée ?

C'était un voyage court. Cinq jours pour nous rendre à une conférence sur les chatbots, rencontrer des fondateurs qui pourraient nous aider à préparer notre candidature à Y Combinator – l'accélérateur de start-up le plus prestigieux au monde – et voir des investisseurs. J'avais prévu de rentrer à Londres le vendredi et, le samedi, Fadia, ma meilleure amie, se mariait en France. J'étais sa témoin et je devais préparer un discours – j'ai mis un rappel dans mon calendrier pour le faire pendant le vol retour.

On avait réussi à prendre contact avec trois entrepreneurs français qui avaient fait le programme de Y Combinator. Nicolas, Mathilde et Daniel, CEO d'Algolia, Front et Checkr. On voulait leur avis sur notre candidature, mais pas seulement. Ce qu'on cherchait vraiment, c'était leur soutien. Comme dans un club privé, en connaître certains membres peut faire toute la différence. Mais on n'était pas les seuls à avoir eu cette idée : dire qu'ils étaient difficiles d'accès serait un euphémisme. Ça revenait à essayer de parler à Tony Parker, Victor Wembanyama et Boris Diaw après leur recrutement en NBA. Je pense avoir contacté Nicolas huit fois avant d'obtenir une réponse. Mathilde était injoignable à moins de passer par une personne de confiance. Idem pour Daniel. Mais on a persévéré jusqu'à décrocher des rendez-vous.

Le modèle de YC était simple : un programme de trois mois deux fois par an. Si vous étiez sélectionné, il investissait 120 000 dollars dans votre start-up, pour 7 % du capital. Les valorisations des entreprises n'étaient pas fixées, l'investissement se faisait sous forme de note convertible. Les boîtes retenues étaient généralement en phase de démarrage. Et YC avait un positionnement limpide : leur sélectivité était si forte que les meilleurs fonds d'investissement se battaient pour investir dans les start-up qu'ils soutenaient. L'objectif était de créer une croissance explosive en trois mois. Ensuite, lors de la journée de présentation (*demo day*), il fallait se livrer à un véritable show afin de lever le plus possible auprès d'investisseurs triés sur le volet.

Bien plus que le modèle, c'était l'exécution de YC qui était redoutable. Checkr était parti de zéro lors de la session d'été, en 2014. Trois mois plus tard, ils étaient majors de promo. Traction commerciale sans précédent. Un tour d'amorçage de 9 millions de dollars pour une start-up qui avait trois mois d'existence ! De Marne-la-Vallée à la Silicon Valley, les Américains transformaient les rêves en réalité.

Front avait démarré à Paris en 2013. Ils sortaient d'eFounders, un incubateur parisien, avaient levé un pré-amorçage et relocalisé l'équipe à SF pour rejoindre YC. Ça avait changé leur trajectoire. Après YC en 2014, ils avaient levé 3 millions de dollars. Leur exécution et leur croissance aux États-Unis nous avaient donné envie d'être eux.

Algolia avait aussi démarré à Paris. Ils avaient fait le programme, tout en gardant leur base en France et en ouvrant un bureau à SF. Après des débuts compliqués, ils avaient trouvé leur marché en gardant un pied dans les deux pays et venaient de lever 18,5 millions pour continuer leur expansion.

Toute start-up B2B Saas qui recevait le sceau d'approbation de YC se retrouvait dans le top 5 % : des fonds stars, des clients stars, des employés stars. Difficile de ne pas croire que ça donnerait à Aiden ses meilleures chances de succès.

Mais il y avait un hic : les fondateurs devaient s'installer aux États-Unis. Or, PJ avait un enfant. Et moi, j'essayais d'en avoir un. Je n'ignorais donc pas qu'il y avait un million de raisons pour lesquelles ça ne fonctionnerait pas. Mais on n'avait pas encore été acceptés dans le programme. Non, en fait, on n'avait même pas encore postulé ! J'en souriais, ma voix intérieure ne cessait de crier au loup.

Au fond, je savais en quoi je croyais vraiment. Et ce n'était pas l'échec qui me faisait peur. C'était de ne pas essayer. On n'avait rien à perdre. Tout à gagner.

Think different

PJ a coupé le contact. On venait d'arriver sur le campus d'Apple et de se garer sur son immense parking, à Cupertino. La chaleur de la Silicon Valley m'a prise par surprise, tout comme l'atmosphère. PJ m'a regardée avec une lueur inhabituelle dans les yeux, presque mystique.

– Comment tu te sens ?

J'ai été prise de court. PJ ne me posait jamais de question personnelle. C'était une agréable surprise. Notre relation évoluait.

– Je me disais qu'il faisait sacrément chaud ici…

– Non, pas ça. Qu'est-ce que ça te fait d'être au siège d'Apple ?

Pfff… Je n'ai pas pu m'empêcher de lever les yeux au ciel :

– On t'aurait pas donné de la MDMA lors de ton intégration, en 2003 ? En tout cas, ça devait être un truc expérimental parce que les effets sont étonnamment durables !

Peut-être que j'aurais été aussi fan si j'avais rejoint Apple à 20 ans, mais ça n'était pas le cas. Et j'étais immunisée contre le culte de l'entreprise, si courant dans la Silicon Valley.

Après des contrôles de sécurité minutieux, on nous a conduits dans la cour. Et là, on y a rencontré Nicolas Pinto, à l'ombre d'un arbre. Coup de foudre immédiat. Peut-être y avait-il vraiment de la MDMA dans l'air, après tout.

Nicolas avait quitté la France pour étudier l'intelligence artificielle à Boston. Devenu chercheur et enseignant à Harvard et au MIT, il avait créé Perceptio, une start-up qui utilisait du *deep learning* pour identifier des visages, des objets et des scènes en temps réel sur des images. Perceptio s'était fait racheter par Apple après deux ans d'existence. Grâce à cette technologie, les photos étaient classées sur les iPhones sans que les données soient stockées dans le cloud. Installé en Californie, Nicolas travaillait chez Apple dans le cadre de son *earn-out*. Il était tout simplement hors catégorie. Jamais sans un chapeau ou une casquette. Ni sans un sourire franc et enthousiaste. À mille lieues de l'idée que je me faisais d'un titulaire de doctorat en neurosciences computationnelles (d'habitude, ils sont du style introvertis). Son intelligence était éblouissante. Il semblait tout savoir sur... tout ! J'ai pris note de ne jamais le défier au Trivial Pursuit, tout en espérant qu'on ait un jour l'occasion d'y jouer ensemble.

Il était évident que sa culture venait de très longues années d'études, en plus de ces années d'entrepreneuriat. Il ne se contentait pas de lire les résumés sur Wikipedia (comme moi, y compris celui sur la MDMA). Il était DJ quand il ne minait pas de bitcoins, bien avant que les deux ne soient à la mode. Il adorait l'IA et était un fervent partisan de sa vulgarisation à travers des cas pratiques qui utilisaient les technologies de décentralisation.

Aiden sonnait comme de la musique (électro) à ses oreilles. Il a accepté de participer au tour de table. Ça a été le début d'une relation précieuse.

Bienvenue à Gattaca

On logeait à Mountain View, chez un ingénieur de Google et ses deux colocataires. « Moux », comme on l'appelait (je ne connais toujours pas son vrai nom), nous a généreusement accueillis sans contrepartie. Pas question de gaspiller mes économies dans un taudis hors de prix à SF. PJ avait eu la gentillesse de me laisser la chambre d'amis et dormait dans le salon. Il était terriblement embarrassé à l'idée de demander à être hébergé gratuitement, comme dans ces émissions de téléréalité où l'on parcourt un pays avec un budget d'un dollar par jour. Mais PJ n'avait pas besoin de demander, je le faisais pour nous deux. En essayant toujours d'être pleine de tact. Et on s'assurait de rendre tous les services. Mais, bien sûr, il y avait toujours une petite pointe de gêne. Quand on a la trentaine et qu'on se pointe chez quelqu'un pour lui demander s'il a, non pas une, mais deux chambres où l'on pourrait dormir, le statut virtuel qui va avec les titres de « cofondateur » et de « CEO » s'évapore très vite.

Cette gêne était-elle justifiée ? Absolument pas. Nos hôtes étaient toujours heureux d'accueillir des gens qui essayaient quelque chose. En encore plus quand ce quelque chose avait peu de chances de réussir. Ça avait une touche d'exotisme, comparé à tout leur entourage qui était employé dans la tech, avec peu de chances d'échouer. Être radin était par ailleurs une forme d'avantage concurrentiel. On en tirait une sorte de fierté, un peu comme ceux qui vont faire leurs courses avec des coupons de réduction. Pour Aiden, ça représentait un jour de plus et, en fait, chaque minute comptait.

Dormir chez l'habitant m'a aussi ouvert les yeux sur une réalité que je n'aurais jamais découverte dans le confort d'un hôtel. Comme par exemple cette fête, chez Moux, qui était décidément très « Silicon Valley ». On y a eu droit à des démonstrations des derniers gadgets technologiques. Du traqueur d'Amazon dans le réfrigérateur connecté, qui commande automatiquement les produits dont on va bientôt manquer, à toutes les façons d'utiliser Siri, Alexa ou les assistants de Google, en plus de simplement leur demander des chansons de Drake (la seule utilisation que je connaissais). Sympathique et amusant ne sont pas les mots qui me viennent à l'esprit pour décrire l'atmosphère. Ce n'était pas désagréable, mais je n'arrivais pas à me défaire d'un léger malaise. Je ne savais pas exactement pourquoi, d'autant que je n'avais pas l'habitude de ne pas admirer ce qui venait de cette région du monde. Une pièce entière était consacrée à tester le nouveau prototype d'Oculus, que l'un des invités, qui travaillait chez Facebook, avait apporté en douce. Les conversations étaient soit très techniques, soit portaient sur la qualité des avantages dont bénéficiait chaque ingénieur chez Amazon, Apple, Google, Facebook ou Microsoft. Et, s'il était évident que tous ces ingénieurs qui nous entouraient n'avaient pas de soucis financiers, ils ne semblaient pas non plus avoir besoin de dépenser beaucoup d'argent. La dépendance qu'ils décrivaient vis-à-vis de leur employeur était même sidérante. Leur petit déjeuner, leur déjeuner et même leur dîner étaient pris en charge... cinq jours par semaine. Des salles de sport ultramodernes étaient mises à leur disposition. Mais pas le genre de salle minable qu'on trouve à l'hôtel, si l'on a de la chance. Non. Des rameurs. Des racks à squat. Des zones de crossfit. Des bars à jus qui servaient des smoothies protéinés après l'entraînement.

Ce soir-là, une ingénieure m'a tendu une bière et m'a dit que Google leur offrait aussi… la congélation de leurs ovocytes ! Moi qui pensais avoir tout entendu avec les sièges de toilettes chauffants, j'ai eu du mal à garder un visage impassible. Elle a continué en expliquant qu'elle prévoyait de le faire à 30 ans afin de pouvoir, le moment venu, utiliser de « jeunes » ovocytes. Et ce, même si elle n'avait aucun problème à tomber enceinte naturellement. J'étais sans voix. D'où je viens, du « Vieux Continent », une telle ingérence d'une entreprise dans la vie intime de ses employés serait inimaginable. Mais ici, ça ressemblait juste à un énième avantage accordé par les boîtes tech californiennes. Je comprenais que ça partait d'une bonne intention, celle de permettre aux femmes de « tout avoir ». Mais je n'étais pas sûre d'être à l'aise avec les implications de tout ça, maintenant que je les avais entendues de vive voix. Je n'avais pas non plus envie d'en débattre davantage. Je savais que j'avais atteint la limite de ce dont je peux discuter sans émettre de jugement. Et aucune quantité de Budweiser ne pouvait atténuer le malaise qui montait en moi.

Mon cerveau n'arrivait pas à calculer les conséquences d'un tel modèle à grande échelle. J'espérais que quelqu'un soit chargé d'étudier la question d'un point de vue éthique. Des chercheurs qualifiés ou, peut-être, des gouvernements ? Et pas des RH. Ce qui était une réaction très européenne, très « socialiste » de ma part. Le plus souvent, dans les cercles tech que j'ai fréquentés, les États étaient décrits comme une nuisance. Pas comme des professionnels éduqués dont le travail consistait à approfondir des sujets, à en expliquer les vastes nuances en plus de 140 caractères et à réguler les choses qui pourraient devenir incontrôlables. Les entrepreneurs privés étaient, eux, considérés comme les principaux moteurs du progrès. J'aurais aimé avoir quelque chose d'impertinent et d'amusant à lancer pour susciter un vrai débat. Du *Hamlet* style : « Il y a quelque chose de pourri dans l'État de Californie. On peut sourire, sourire et pourtant être un scélérat. » Mais rien ne m'est venu à l'esprit. J'aurais dû être plus attentive en cours de littérature... Et puis, à l'époque, Trump dirigeait les États-Unis. Je pouvais donc comprendre leur hésitation à faire confiance aux instances dirigeantes.

Je me suis également dit qu'on vivait des temps difficiles et qu'il n'avait jamais été aussi important de préserver son intégrité et sa capacité à faire preuve de compassion, surtout face à des expériences et des points de vue différents des nôtres. Respecter l'essence des autres tout en gardant sa propre identité n'est pas naturel. Il faut l'apprendre. Et j'étais en train de recevoir une formation accélérée.

Juste à ce moment-là, un autre invité a mentionné qu'il gagnait 400 000 dollars de salaire de base en tant qu'ingénieur informatique senior, sans compter les actions qu'il avait reçues. J'ai failli en tomber de ma chaise. Je ne savais pas, ou ne comprenais pas, qu'il était possible de gagner entre trois et cinq fois plus pour faire exactement le même travail qu'à Londres. J'avais entendu parler du fonctionnement de la Silicon Valley. De la hausse de l'immobilier en Californie, etc. Mais pour une raison quelconque, il m'avait été facile de ne pas vraiment le croire – et facile de penser que c'était grossièrement exagéré, comme c'est souvent le cas dans les médias. Mais après tous les témoignages que je venais d'entendre, je ne pouvais plus faire semblant de ne pas savoir.

Ce soir-là, j'ai également compris pourquoi le montant des levées de fonds était beaucoup plus important aux États-Unis qu'en Europe. Moi qui avais jusque-là imaginé qu'il existait un endroit magique où l'on pouvait lever beaucoup plus d'argent tout en profitant de tous les avantages de l'Europe. (Ce qui était idiot, mais tentant de croire.) Hum. De nouvelles couches de complexité apparaissaient sur notre Rubik's Cube. Davantage de combinaisons. Davantage de torsions. Je me suis demandé s'il serait compliqué pour nous d'embaucher des ingénieurs talentueux à Londres. Probablement pas trop, grâce à notre vaste réseau. Je me suis aussi demandé si déménager dans la Silicon Valley était vraiment une bonne idée.

L'inconnu était ma nouvelle réalité. Et je n'aimais pas ça du tout.

Donner ses Lego

Quartier de Mission, à San Francisco

J'avais hâte de rencontrer Mathilde, la CEO de Front, pour entendre son avis sur Y Combinator. J'étais aussi curieuse de découvrir la personne qui se cachait derrière les articles de blog que j'avais lus religieusement. Et je n'en revenais pas : l'endroit débordait de Lego. Tower Bridge, le Golden Gate, la tour Eiffel, tous éparpillés dans l'open space. Il est toujours audacieux de revendiquer son âme d'enfant au bureau, mais là, ça l'était d'autant plus qu'on sait que les dirigeants de start-up sont parfois tournés en dérision à cause de leur jeunesse. (Mathilde avait 29 ans.) Et que les femmes sont constamment jugées sur la façon dont elles se présentent, dans le cadre professionnel.

Moi, je n'étais pas du genre impressionnable, mais mon attitude changeait étrangement face à une femme qui avait réussi dans la jungle des start-up. Tout à coup, j'avais des attentes. Pourquoi ? Ne pouvais-je pas me comporter de manière neutre, comme face à n'importe qui d'autre ? Était-ce parce que Mathilde était, comme moi, une femme qui avait voulu aller à YC (et y était parvenue) et que je n'en avais jamais rencontré ? Heureusement, ce jeu de comparaison stérile s'est arrêté dès qu'elle est entrée dans la salle de réunion. Il était clair qu'il n'y avait pas « un type » de femmes entrepreneures. Mathilde s'est assise, les jambes en tailleur, comme dans une pose de yoga, et est entrée directement dans le vif du sujet : YC. Elle était détendue, calme et attentive. J'avais des questions précises, auxquelles elle a répondu de manière très concrète. Elle a décrit ce que c'était de quitter la France pour s'installer en Californie et a parlé des différences entre les attentes des investisseurs de chaque côté de l'Atlantique. Elle a mentionné qu'elle avait eu de la chance car Paul Graham n'était pas encore tout à fait parti de la direction de YC, quand elle avait participé au programme. Elle avait donc pu bénéficier de son mentorat. L'équivalent d'avoir des cours d'écriture avec Taylor Swift.

Mais ce qui m'a le plus intéressée, c'était sa philosophie autour de la notion de « croissance », qui faisait écho à l'expérience d'autres fondateurs européens talentueux (y compris Sid Sijbrandij, le fondateur de GitLab, qu'on avait rencontré la veille lors d'un dîner). On apprend à marketer une start-up, pas juste à la construire. C'est la combinaison des deux qui crée la croissance.

L'opinion de Mathilde sur ce qui fait la « magie » de la Silicon Valley et de YC m'a aussi marquée. Pas de magie, selon elle. Juste un mix rare de talent, d'expertise et de financement.

– 50 % de mon succès vient de mon installation à San Francisco, a-t-elle conclu.

Un silence a suivi, le temps que je m'imprègne de ces mots.

– Merci de m'avoir éclairée sur ce point, Mathilde.

J'ai regardé ma montre et je me suis levée d'un bond. Pile trente minutes. Pas une de plus. Je suis sortie dans les rues de San Francisco avec le sentiment d'être devenue cinq fois moins naïve en cinq jours.

Savoir est une chose. Mais agir en est une autre. Quel était notre plan pour Aiden, maintenant ?

Parle (en public) ou tais-toi à jamais

« D'après la plupart des études, la peur n° 1 des gens est de parler en public. La n° 2 est la mort. La mort, en 2e position. Ça vous paraît normal ? Ça signifie que, pour le péquin moyen, si tu vas à un enterrement, il vaut mieux être dans le cercueil que de faire l'éloge funèbre ! »

Jerry Seinfeld

De retour à Londres, je me suis demandé ce que j'admirais chez les fondateurs que j'observais. Avaient-ils un point commun et pouvais-je l'acquérir ? Expertise, charisme, humilité. J'ai dressé une liste et commencé à travailler sur moi-même. Et j'ai dû commencer là où ça faisait le plus mal.

Après avoir pris la parole en public à plusieurs reprises, j'avais remarqué qu'il m'était particulièrement difficile de me sentir à l'aise dans cet exercice. Le niveau d'entraînement auquel j'avais dû me soumettre pour me calmer les nerfs avant TC avait été... absurde. Mais pourquoi ça me terrifiait autant ? Mon cœur s'emballait, mes mains devenaient moites et je devais surveiller ma respiration pour que ma voix ne vire pas dans les aigus. Psychologiquement, j'allais parfaitement bien, mais mon corps réagissait de manière incontrôlable. Il me trahissait.

J'ai essayé d'en faire part à quelques amis. Mais ils m'ont répondu : « Qu'est-ce que tu racontes ? On t'a vue à TC Disrupt, tu es faite pour ça ! » *Hum, pas vraiment.* De l'extérieur, personne n'avait pu se rendre compte de l'agitation qui régnait en moi parce que je l'avais sous contrôle. Mais il avait fallu des centaines de répétitions, toute seule, puis devant mes amis et Gabriel. J'avais même enregistré mon discours et je l'avais écouté tous les jours en allant courir, pour mieux le mémoriser. Essayant de créer ce que les sportifs et les musiciens appellent la mémoire musculaire.

J'avais honte de ne pas maîtriser l'art de parler en public. Comme si, au départ d'une piste noire, j'étais entourée de skieurs niveau chamois et que j'avais caché mon niveau ourson. Comment devenir une experte, vite ? Je visais quelque chose dont j'imaginais seulement l'existence et que je décrivais ainsi à mon amie Claire, avec qui j'en discutais :

— Une confiance instantanée, quelques répétitions et c'est parti !

Elle m'a regardée comme si je venais de lui dire que la physique quantique pouvait être apprise en trois leçons :

— La seule façon de devenir une experte est de le faire. Mille fois.

Exactement ce que je ne voulais pas entendre. J'étais horrifiée à l'idée de devoir à nouveau investir autant de temps dans quelque chose qui ne durerait que quelques minutes. Mais j'avais besoin de cette compétence pour devenir une grande fondatrice.

Après cinq minutes de recherche en ligne, j'ai trouvé un cours de théâtre près de nos futurs bureaux. Je m'y suis inscrite. La description disait : « En répétant une scène d'une pièce connue, vous explorerez différentes techniques de jeu pour vous aider à vous améliorer en tant qu'acteur et prendre confiance en vous en dehors de la salle de répétition. »

J'ai rapidement découvert que la pièce en question était *Roméo et Juliette. Ah ouais, quand même.* Et que le niveau de compétence était « intermédiaire à avancé ». Bon. On m'a ensuite dit qu'au bout des cinq semaines de cours, il y aurait une représentation et qu'on devrait y inviter nos amis et notre famille. Mais qu'est-ce que j'avais encore fait ?

Moi qui disais vouloir me sentir à l'aise en dehors de ma zone de confort, c'était atroce. Mais aussi exactement ce dont j'avais besoin ! Plus d'une fois depuis le début de l'aventure start-up, j'avais remarqué qu'il y avait un décalage entre mon niveau de confiance (je n'en manquais pas) et mes capacités. On avait d'ailleurs souvent voulu savoir si je ne souffrais pas du syndrome de l'imposteur. « Eh bien, non. Jamais. » Il m'arrivait même de me demander si je n'avais pas un problème car tout le monde avait l'air convaincu que c'était une anomalie. Et il m'a fallu longtemps pour comprendre la raison pour laquelle je ne l'éprouvais pas. Parce qu'il n'y a pas d'imposture à essayer quelque chose. L'imposture, c'est la réussite. Ce que je n'avais pas encore vécu.

Ce cours de théâtre m'a servi à comprendre la nuance entre confiance et vulnérabilité. Technique et capacités naturelles.

Plus jeune, je rêvais d'être actrice. En partie parce que j'étais amoureuse de Leonardo DiCaprio, mais aussi parce que ça semblait être un métier extraordinaire, permettant de vivre mille vies. Puis j'avais vite compris que je n'avais aucun don pour la comédie. La bonne nouvelle, cependant, était que tout pouvait s'apprendre. Il suffisait de supporter l'embarras.

J'ai ainsi découvert un cadre qui illustrait le processus que j'essayais d'accélérer : « Au début, on est inconsciemment incompétent, disait notre professeur. Après s'être confronté à la tâche, c'est-à-dire "avoir fait" et pas seulement l'avoir imaginé, on devient consciemment incompétent... » *Aïe, ça résonnait fort en moi.*

« Si vous décidez de surmonter cette première prise de conscience, et après beaucoup de travail, vous pouvez devenir consciemment compétent dans n'importe quel domaine... Enfin, le niveau le plus élevé est celui de la compétence inconsciente. » L'anxiété que j'avais éprouvée en parlant en public venait du fait que j'étais consciemment incompétente. Au moins, je n'étais plus au bas de l'échelle, mais quelle bénédiction c'était, d'être ignorante !

La courbe d'apprentissage de l'entrepreneuriat est tellement raide : parler en public n'est qu'une des nombreuses choses qu'on doit apprendre. Il faut aussi savoir faire un business plan, embaucher, gérer, diriger, inspirer, etc. Si j'avais connu mon niveau réel de compétence dans tous ces domaines, j'aurais peut-être abandonné avant même d'avoir commencé...

Cinq semaines plus tard, on y était. La fameuse représentation, dans un cadre intime, en présence d'une vingtaine d'invités. Mais j'avais l'impression d'être à Bercy. Toute nue.

On avait tous deux scènes à jouer et chacun d'entre nous était soit Roméo, soit Juliette. Je jouais la scène d'ouverture, celle où Juliette rencontre Roméo pour la première fois et où ils échangent un baiser.

Alors ne bougez pas, pendant que
ma prière fait son effet.
Ainsi, de mes lèvres, par les tiennes,
mon péché est purifié.

Ce n'était qu'un bref et chaste baiser mais, à ce moment-là, j'ai tenu ma promesse d'embrasser l'inconfort.

Et mon mari aussi. Il était assis dans le public, les yeux fermés, grimaçant.

Suivez-nous si vous l'osez

29 mars 2017, Londres

« Aiden conclut un tour de table de 750 000 dollars dans le but de faciliter le travail des marketeurs. » Les mots à l'écran brillaient comme un phare dans la nuit. Être un ancien du Startup Battlefield avait ses avantages : obtenir que notre levée de fonds soit médiatisée était l'un d'eux – un luxe rarement accordé par les journalistes de TechCrunch, sauf si les chiffres étaient stratosphériques. Et là, John Mannes, un journaliste américain (encore mieux !), se chargeait de faire la promotion d'Aiden. Même si je n'accordais que peu d'importance à la levée en elle-même (en deçà de mon objectif), je savais à quel point le fait de l'annoncer comptait. Ça ressemblait à une validation, un ticket en or qui pourrait attirer les talents de haut niveau dont on avait tant besoin.

On venait de signer le bail de notre nouveau bureau. Sur le papier, l'encre était encore fraîche et le déménagement prévu pour l'été. L'air était chargé de promesses alors qu'on s'efforçait de remplir ces locaux avec des gens capables de concrétiser notre vision. Aiden avait besoin d'un *product manager*, quelqu'un qui pourrait apaiser le chaos qui bouillonnait dans notre petite start-up. Les enjeux étaient énormes. Chaque décision ressemblait à un fil dans la tapisserie de notre avenir, et un mauvais fil pourrait tout défaire.

PJ et moi savions que ce recrutement devait être fait rapidement – lui pourrait alors se plonger dans le code, et moi me lancer tête baissée dans la recherche de clients. Mais, avec les dix ans d'expérience en *product management* de PJ et mon expérience terrain du problème qu'Aiden s'attachait à résoudre, notre choix de recruter un *product manager* n'a pas manqué de surprendre. Y compris les candidats qu'on a reçus en entretien. Les plus perspicaces ne mâchaient pas leurs mots : « Est-ce que j'aurai l'autonomie nécessaire pour prendre des décisions produit, ou vais-je simplement servir de punching-ball à chaque désaccord que vous n'arriverez pas à résoudre ? » Leur scepticisme était, pour nous, un signal positif : on avait besoin de ce type de mentalité.

Je ressentais un mélange d'empathie et de respect envers chacun de ces candidats. Travailler pour une start-up est un pari, pour ses premiers employés. Un saut dans l'inconnu avec, comme parachute, peu d'espoirs de succès. Ils entrent les yeux bandés, espérant que le sol est aussi solide que les fondateurs le prétendent. Mais comment pourraient-ils en être certains ? Les créateurs ont passé des mois à se battre côte à côte au fond des tranchées, tandis que les nouvelles recrues ne reçoivent qu'une version édulcorée de l'histoire, polie jusqu'à en briller. « On va tout défoncer ! On vient de lever 750 000 dollars auprès d'entrepreneurs en IA de la Silicon Valley ! Le futur, c'est nous ! Rejoins-nous : on ne vit qu'une fois ! » Je croyais en chaque mot que je prononçais, et cette certitude était une épée à double tranchant. Mon enthousiasme était contagieux mais il brouillait aussi la ligne entre optimisme et réalité, rendant encore plus difficile, pour les candidats, la perception des risques tapis dans l'ombre. L'enthousiasme est une drogue et j'en étais la dealeuse.

Si notre start-up avait été un film, il nous fallait choisir les bons acteurs. PJ et moi étions d'accord sur les deux qualités qu'on attendait de nos futures stars : d'abord, un regard neuf (de préférence, des gens n'ayant pas suivi exactement le même chemin que nous). Mais aussi un esprit indépendant, capable de nous remettre en question et de tirer le signal d'alarme.

Quand on a rencontré Léa, c'était comme atteindre la note parfaite dans une chanson qui, jusque-là, aurait été légèrement fausse. Un esprit critique, féroce, doté de capacités d'analyse acérées : Léa, à l'instar d'Ahmed, ne supportait pas les imbéciles. Elle avait quitté la France un an plus tôt, après avoir grandi à Versailles mais, en sa présence, il n'y avait aucune monarchie de droit divin. Il fallait gagner son respect, chaque jour. Plus d'une fois, mon estomac s'est noué à l'idée de lui exposer mes idées. J'arrivais à le dissimuler, mon visage impassible étant une compétence fraîchement aiguisée, mais, sous la surface, c'était la tempête. J'avais aussi la chance de ne pas transpirer facilement, sinon elle n'aurait eu aucun mal à voir toutes les fissures qui ébréchaient ma confiance. Léa avait une manière de déconstruire ce que je croyais être des arguments solides, les réduisant en miettes en une seule question. Pourtant, elle n'était pas simplement critique ; elle apportait des solutions, ce qui est un don rare. Personne n'a besoin d'un détecteur de problèmes sans solutions et on était déjà terriblement critiques à l'égard de notre produit.

Léa a trouvé un partenaire tout aussi redoutable en la personne de Lee, un ingénieur informatique de 24 ans dont le CV ressemblait à une arnaque, tant il était parfait. Il avait quitté la Nouvelle-Zélande pour étudier l'informatique à l'université de New York (NYU) à Abu Dhabi, grâce à une bourse. Il avait fait des stages chez Facebook aux États-Unis et chez Palantir aux Émirats, avant de rejoindre le prestigieux accélérateur Entrepreneur First, à Londres. Quand il est entré dans notre bureau, j'ai senti l'énergie changer.

Le CV de Lee nous impressionnait, PJ et moi. Mais ce qui m'a le plus frappée, c'était sa maturité – une sagesse qui semblait incohérente avec son jeune âge. Au cours de cet entretien, il a demandé s'il pouvait travailler quatre jours par semaine au lieu de cinq. Sa requête était inattendue, mais la raison en était limpide. Il avait déjà été surmené et, désormais, il était en quête d'un équilibre, non comme un luxe, mais comme une nécessité. Il ne cherchait pas un emploi confortable ; il avait simplement besoin de l'organisation qui le rendrait le plus performant possible. S'il n'avait pas eu des références élogieuses de tous ses anciens employeurs, j'aurais pu croire à une plaisanterie. Mais c'était juste de l'expérience. En l'écoutant, une vague d'inspiration m'a submergée. Il existait bien des profils atypiques, de tous les âges et de tous les horizons, et peut-être qu'on pourrait construire Aiden avec ces outsiders. Un melting-pot d'originaux.

PJ et moi avons longuement réfléchi à cette semaine de quatre jours pour l'un de nos premiers employés, mais il n'y avait pas de débat. On était d'accord : la flexibilité n'était pas seulement un avantage, c'était une nécessité. On ne pourrait pas attirer des talents de haut niveau si l'on imposait une seule conception du travail.

Il fallait abandonner nos idées préconçues et laisser nos employés nous apprendre d'autres façons d'être productifs.

Avec ces recrutements pour deux rôles clés, notre équipe restait petite, mais l'horizon s'éclairait. Pour la première fois, j'avais l'impression qu'on avait peut-être ce qu'il fallait pour concrétiser notre idée et passer du rêve à la réalité.

Il restait une décision cruciale à prendre : combien devions-nous nous payer ? Après quelques calculs serrés, on a fixé le salaire de cofondateur à 40 000 £ brut par an. Une somme presque symbolique pour une ville comme Londres, mais qui marquait un tournant. Pour la première fois, on n'investissait plus seulement notre énergie et nos idées. On s'autorisait, enfin, à exister sur la feuille de paie.

Et c'était mon premier salaire depuis seize mois.

Sur le gril

Avril 2017

Gabriel et moi nous étions envolés pour Ibiza pour quelques jours et avions trouvé refuge dans un coin isolé de l'île, un Airbnb rudimentaire où le Wi-Fi était déplorable. C'était voulu. J'avais besoin de déconnecter le temps qu'on reçoive le mail de YC. Ce mail redouté qui allait décider de notre sort et qui serait binaire : « *In* » ou « *Out* ». Ce que je n'avais pas anticipé, c'était qu'il existait une troisième possibilité : « Peut-être. » YC nous a finalement envoyé un mail pour nous dire qu'ils aimeraient nous appeler pour évaluer notre candidature ! J'en ai dansé en maillot de bain sur la terrasse pendant que Gabriel me regardait, l'air interrogateur. Je lui ai fait un signe de la tête signifiant que non, on n'avait pas été pris. Il était perdu.

– Mais on a encore nos chances ! ai-je ajouté, un sourire jusqu'aux oreilles.

J'imaginais que les nombreuses recommandations qu'on avait reçues de Mathilde, Daniel et les autres avaient dû placer notre dossier sur le haut de la pile. Mais pas tout à fait. 90 % des start-up sélectionnées venaient des États-Unis. On allait donc devoir se montrer exceptionnels pour décrocher l'entretien en personne en Californie. On disait qu'en 2017, YC recevait plus de 20 000 candidatures par promo. Environ 2 000 étaient invitées à ce fameux entretien. Mais seule une centaine rejoignait finalement le programme. Je connaissais ces statistiques par cœur lorsque j'ai appuyé sur « Rejoindre l'appel » depuis mon ordinateur portable. Mon cœur battait la chamade et je plissais les yeux pour distinguer le visage de notre interlocuteur sur mon écran pixélisé. De longs cheveux noirs ondulés, une barbe impressionnante. J'ai fouillé dans ma mémoire. Rien, en dehors de l'image d'un bûcheron, qui ne m'aidait aucunement. Je ne savais pas qui était ce type. J'avais soigneusement étudié la liste des associés de YC, mais il arrivait qu'ils fassent appel à des juges supplémentaires pour les soutenir dans cette immense tâche qu'était l'interview de milliers de candidats.

Tout est allé très vite. PJ a pris les devants car, vu la qualité de ma connexion, je n'entendais qu'un mot sur deux. Quelques questions sur l'utilisation du langage naturel dans notre logiciel. Est-ce qu'on construisait tout nous-mêmes ou est-ce qu'on utilisait des composants tout faits ? En d'autres termes, avait-on une technologie propriétaire ?

– C'est tout ce dont j'avais besoin. Merci.

L'appel était déjà terminé, dix minutes après avoir commencé. Inspiration profonde. Expiration lente. En me déconnectant de mon ordi, j'ai bondi sur mon portable pour appeler PJ, avec un mélange d'excitation et d'appréhension.

– Alors, comment tu le sens ?

– Aucune idée.

J'aurais dû m'en douter. PJ n'était pas quelqu'un qu'on va voir pour être rassuré. Il préférait ne rien dire plutôt que se tromper. C'est ce que j'aimais tant chez lui. Il ne se laissait jamais emporter par son imagination. Juste les faits. Rien que les faits. J'ai essayé de l'imiter :

– Difficile à dire, en effet. Et même si l'on n'est pas pris, on a quinze mois de trésorerie devant nous. YC n'a pas de pouvoir de vie ou de mort sur nous... Ce serait juste un bonus !

J'ai raccroché. J'avais menti. J'étais terrifiée à l'idée qu'on échoue.

Plus tard dans la journée, un autre mail est arrivé : « Vous êtes invités à venir passer un entretien à Mountain View » ! YES ! Ma danse improvisée a repris de plus belle. J'ai souri à pleines dents et sorti deux Corona du frigo pour fêter l'événement.

Vivre son rêve dans un préfabriqué

L'entretien était prévu cinq jours plus tard. Et on nous avait prévenus : on aurait dix minutes, pas une de plus. (Personne ne semblait s'interroger sur la pertinence de faire venir quelqu'un de l'autre bout du monde pour un entretien aussi court.) On a obéi, comme des enfants surexcités, et rien n'aurait pu ternir notre enthousiasme.

Dans le plus pur style minimaliste de la Silicon Valley, on s'est garés sur un parking banal, devant un préfabriqué gris, entouré de quelques arbres. Seul un détail se démarquait du reste : le célèbre Y blanc sur fond orange. Il semblait nous attirer comme un aimant. PJ et moi avons échangé un regard et souri, savourant cet instant, tout ce chemin parcouru depuis nos toutes premières discussions dans l'open space plein de sueur de TechHub...

En poussant la porte, j'ai immédiatement eu un flashback qui m'a replongée dans mes années de prépa. Plus précisément, m'est revenu en pleine figure ce que j'avais éprouvé le jour des concours : quand je m'étais rendu compte qu'une seule journée peut avoir un impact démesuré sur toute une vie.

On était arrivés avec vingt minutes d'avance (on n'avait pas le droit à plus) et on s'est mêlés aux autres candidats, tout aussi anxieux. Une jeune femme vêtue d'un sweat à capuche, plongée dans ses notes et entourée de canettes de Red Bull, semblait excessivement stressée. J'avais envie de lui suggérer de passer à l'eau, mais rien n'indiquait qu'elle était à la recherche de conseils parentaux. Moi, je me sentais étrangement sereine. Peut-être parce que je n'avais pas abusé de caféine. Mais, surtout, parce que j'avais l'intime conviction qu'on allait réussir à franchir le barrage. J'ai demandé à la jeune femme si les sièges à côté d'elle étaient libres. Elle m'a fait signe que oui, sans même lever les yeux de son écran.

– Sur quoi travaillez-vous ? lui ai-je demandé.

– On développe un logiciel de planification de mariage pour permettre aux Californiens d'organiser plus facilement le plus beau jour de leur vie.

J'ai cligné des yeux, surprise.

– Oh... ? Cool !

Je ne mentais pas vraiment. C'était cool pour nous. Si tous les autres présentaient ce type de projet, on aurait certainement plus de chances d'être retenus. L'ironie dans ma voix ne lui avait pas échappé. Elle a enchaîné rapidement :

– On va vite s'étendre au niveau national.

J'ai souri. Petit rappel de ne pas sous-estimer ceux qui étaient arrivés jusqu'ici. Pour sa défense, j'avais noté qu'elle avait utilisé le modèle YC du pitch parfait : « Nous construisons [insérer le produit] pour permettre [insérer le bénéfice] pour [le client]. » Très puissant. Et elle le maîtrisait à la perfection.

Je m'étais attendue à ce que tout le monde travaille sur des start-up d'IA, ou même sur des projets de neurosciences computationnelles. PJ et moi avions tellement bataillé pour décrocher l'entretien préalable. On avait dû se montrer vulnérables devant des gens qu'on admirait. Demander des retours, des recommandations, à 10 000 km de distance. En voyant cette jeune femme et son cofondateur présenter un projet de fin d'études aussi trivial, je ne pouvais m'empêcher de penser qu'ils étaient là par pure « suite logique », sans plan ni réel effort. Ce n'était qu'une intuition, ni rationnelle, ni étayée par la moindre preuve, si ce n'est qu'elle portait un sweat de la prestigieuse université de Stanford et qu'elle avait l'air d'avoir 20 ans.

J'ai soudain regardé autour de moi avec un œil différent. On était bien plus âgés que la plupart des autres candidats. J'avais 31 ans à l'époque. PJ en avait six de plus. La jeunesse est un concept relatif, mais voilà, une première petite fissure dans le verre blindé. Il fallait veiller à ce que ça ne devienne pas une brèche géante.

Est-ce qu'on était juste des adultes accrochés à leurs rêves d'enfant ? Non. Et j'ai décidé de ne pas laisser mon esprit s'égarer plus loin. On n'était pas perdus, on cherchait simplement à être découverts. Or, YC s'était bâti une réputation en choisissant des fondateurs, pas des idées. La plupart d'entre eux avaient la vingtaine, pas de famille, ni de responsabilité financière, et rien à perdre. Le contraire de nous. Et je savais que YC recherchait une qualité en particulier, chez les candidats : l'écoute et la capacité à intégrer leurs remarques, comme si elles descendaient du Ciel. Je tentais de me convaincre qu'on serait très faciles à coacher. Mais, au fond de moi, je savais à quel point je chérissais ma capacité à remettre en question tous les conseils, d'où qu'ils viennent. J'avais fortement atténué ce trait lors de mes déplacements car il n'était pas particulièrement bien accueilli dans la Silicon Valley. « Tu n'es pas une visionnaire », m'avait-on ainsi asséné, lorsque j'avais émis des doutes sur l'aspect éthique du grand plan d'évasion des élites vers Mars.

En attendant notre moment clé, j'ai néanmoins ressenti une immense gratitude pour l'éducation que j'avais reçue : quelle chance d'avoir pu faire des études ! Dans un monde où les médias veulent nous vendre l'histoire de la « self-made-woman devenue millionnaire », on en oublie la vérité. Et je pensais aux milliardaires comme Peter Thiel, fondateur de Paypal, membre du conseil d'administration de Facebook et diplômé en droit de Stanford, qui payait des étudiants pour qu'ils abandonnent leurs études et rejoignent son programme de formation alternatif. J'ai regardé de nouveau tous ces start-uppeurs autour de moi. Combien d'entre eux réussiraient, non pas à entrer chez YC, mais à tenir jusqu'au bout de l'aventure start-up ? L'entrepreneuriat, me suis-je rappelé, n'est pas seulement du business. C'est une exploration de la condition humaine. Ce qui avait commencé comme une voix subtile, dans ma tête, s'est intensifié : « Pourquoi fais-tu tout ça ? », « Jusqu'où es-tu prête à aller ? » Mais je vivais enfin ce dont j'avais rêvé. J'ouvrais des portes que je n'aurais jamais cru pouvoir franchir. Pas de plafond de verre à l'horizon. Là, au milieu de Mountain View, Californie, j'étais intensément consciente de mon privilège.

Je me suis demandé ce qui traversait l'esprit de PJ au même moment. Probablement la démo. Oui, assurément la démo. Je connaissais sa capacité à se focaliser sur une seule tâche. Moi, je planais à une autre altitude : mon cerveau réfléchit en arborescence. Je me sentais au sommet du monde, aimant chaque instant de cette expérience et toutes les prises de conscience qui en découlaient.

Une porte s'est ouverte et l'un des associés de YC est apparu :

– Aiden.ai ?

Show time !

Comme un soldat en mission de reconnaissance, formé pour repérer la moindre anomalie sur un territoire inconnu, je suis entrée dans la pièce, les sens en alerte. Chaque détail, chaque geste, chaque regard pouvait nous donner un avantage. Trois personnes étaient assises autour de la table : Jared, Kat et... qui c'était, lui ? Comment pouvais-je ne pas le savoir ? Je les connaissais tous ici. À moins que... merde ! Un associé en visite. Aucun des trois juges ne s'est présenté, bien sûr. Pas le temps.

Tout s'est passé en un éclair. PJ a lancé la démo. Aiden a répondu à quelques questions, même celles qui contenaient des fautes de frappe. Ça avait toujours un effet « waouh ». Puis les questions ont commencé à pleuvoir, une averse intense. L'homme mystère a demandé des informations sur les clients et sur ceux qui pourraient bénéficier de l'outil. J'ai lâché quelques noms. L'un d'eux a éveillé son intérêt. Son employeur actuel : Airbnb. Jackpot ! Airbnb était déjà l'un de nos clients, mais par l'intermédiaire d'une agence. Et on rêvait d'avoir un lien direct. Kat a enchaîné sur l'IA dans le produit. Jared, lui, a voulu creuser la différence entre le système expert et l'apprentissage automatique dans le logiciel. Ça se passait plutôt bien jusqu'à ce que Jared, de manière inattendue, attrape l'ordinateur de PJ. Oh non !

PJ s'est figé. L'air dans la pièce est devenu instantanément épais, irrespirable. Dans ce monde où vous avez à peine quelques minutes pour faire bonne impression, tout est calculé, répété, millimétré. Et, d'un coup, on s'est retrouvés hors-piste, sans carte ni boussole. Jared a tapé quelques questions, dont certaines ont été reconnues – ouf ! – mais pas toutes. Notamment les questions pointues, qui portaient sur Adwords. On n'avait qu'une intégration fonctionnelle avec l'interface publicitaire de Facebook. C'était une démo et on avait bien précisé ce point. Pour moi, ce « raté » n'était pas un problème. À la place de Jared, j'aurais probablement fait pareil, cherché à pousser le système dans ses retranchements. Mais je voyais bien que PJ ne partageait pas ma tranquillité d'esprit. Un coup à la porte a indiqué que notre temps était écoulé.

Deux semaines de préparation pour dix minutes de montagnes russes. Space Mountain sous stéroïdes. Comme chaque candidat, je suis sortie en pensant : « Je commençais tout juste à me chauffer... » Frustrée. Repassant en boucle les scénarios où tout se serait déroulé différemment. Mais c'était le jeu. Peu importait que j'aie eu du mal à comprendre les différents accents des associés, ou qu'ils aient eu du mal à comprendre le mien. On avait eu le même temps que tous les autres et c'était à nous d'en tirer le meilleur parti. En choisissant soigneusement nos mots. En maximisant notre impact. En montrant que si l'on n'avait pas toutes les réponses, on les trouverait.

On est sortis marcher. En titubant. Étourdis par le tourbillon YC. Puis on est allés au restaurant. Je vérifiais mon téléphone de manière obsessionnelle car ils avaient dit qu'on recevrait un appel si l'on était acceptés, ou un mail en cas de rejet. Quand on a regagné notre Airbnb, on n'avait rien reçu, ni l'un ni l'autre. Pas de nouvelles, bonnes nouvelles, ai-je pensé. Si l'on était acceptés, cela aurait des implications énormes sur le plan logistique, car les deux fondateurs devaient être physiquement à Mountain View pendant les trois mois du programme. L'attente était insoutenable. On s'est souhaité une bonne nuit, en sachant que ce ne serait pas vraiment le cas. Il était 20 heures, soit 4 heures du matin pour notre horloge biologique. Dès que j'ai fermé la porte de ma chambre, je me suis effondrée sur le lit.

Je me suis réveillée à 3 heures du matin, heure locale, dans cette chambre à la décoration douteuse de Mountain View. J'ai immédiatement vérifié mon téléphone. Un mail était arrivé : « Bonjour Marie et PJ, malheureusement nous avons décidé de ne pas financer Aiden. » Suivi de quelques phrases, dont l'une m'a interloquée : « Les interfaces conversationnelles sont un défi sans AGI. » J'ai dû googler « AGI » pour en découvrir le sens : intelligence générale artificielle. Encore un signe que le dialecte de la Silicon Valley était d'un autre monde, tout comme ses attentes. J'ignorais que YC avait un accès direct à une petite entreprise encore méconnue, nommée OpenAI, fondée entre autres par le boss de YC, Sam Altman, et Elon Musk. Et qu'ils étaient en train d'écrire l'avenir des modèles de langage, qu'on tentait, nous aussi, d'intégrer à notre produit.

Rien n'est fini tant qu'on ne l'a pas décidé. J'ai donc immédiatement répondu à ce mail, en remerciant les associés de leur retour et en proposant de venir discuter de leurs doutes, avant notre vol de l'après-midi. J'avais l'habitude de réagir de cette manière. Puis je suis retournée dormir une heure.

À mon réveil, j'ai trouvé PJ dans le salon, un café à la main, les jambes croisées, déjà concentré sur notre longue liste de choses à faire à notre retour. Il a levé les yeux de son écran et m'a lancé :

– Au moins, on a essayé...

Il avait déjà tourné la page. La meilleure attitude possible : l'acceptation. Je lui ai demandé s'il avait vu mon mail de relance.

– Oui, a-t-il répondu avec un sourire indulgent.

J'avais encore les sourcils froncés en le regardant, mais j'ai ri intérieurement. J'imaginais ce que ça devait représenter pour lui de me voir foncer sur tout, avec une passion débordante, parfois comme un animal enragé. Pendant que lui observait, empli d'une sagesse qui m'échappait mais qui était essentielle à notre duo.

Le deuxième mail confirmait ce que PJ avait déjà compris : « Hello Marie, nous ne pouvons pas nous revoir ni modifier notre décision pour l'instant – mais je serai ravie de reprendre contact avant la prochaine échéance. Merci encore d'être venue et bonne chance ! Kat » C'était clair.

J'étais consciente de faire partie des candidats « pénibles ». Kat et les autres associés devaient trouver épuisant d'avoir affaire à des gens qui n'acceptent pas qu'on leur dise non. Mais je n'étais pas désolée, pas du tout. J'avais une attitude cohérente. Et la plupart du temps, cette attitude s'avérait payante.

V

Lune de miel

Trop beau pour être vrai

Une notification est apparue sur mon portable. C'était James. Je m'attendais à ce qu'il me dise qu'il regrettait de ne pas avoir rejoint Aiden en tant que responsable des ventes – et qu'il avait enfin compris, grâce à notre levée de fonds, que nous n'étions pas que des rêveurs. Mais non. Il me demandait si je voulais acheter son Audi TT pour qu'il puisse financer son année sabbatique en Asie. Après avoir ravalé ma fierté, j'ai commencé à lui répondre que je n'étais pas la bonne cliente. Puis je me suis arrêtée net.

Et pourquoi pas ?

Je n'avais encore rien fêté depuis le début de l'aventure Aiden.ai. Et, depuis mon adolescence, j'avais toujours rêvé de posséder une voiture de ce genre. Enfin, à vrai dire, à 15 ans, en Normandie, on rêvait plutôt d'une Peugeot 206 CC : notre imagination n'allait pas plus loin que les panneaux d'affichage JC Decaux qui bordaient la route de l'école.

« Combien tu en veux ? » Là, James se trouvait dans son élément le plus naturel. Il s'est lancé dans son argumentaire comme s'il avait construit la voiture de ses propres mains. En tout cas, on aurait pu le croire. Ce qu'il ignorait, c'était que je l'évaluais en même temps. Je voulais savoir s'il était aussi bon que lorsqu'on travaillait ensemble. Ou est-ce que ses nouvelles fonctions managériales avaient tué son don ? J'ai gardé le silence pendant qu'il déroulait, avec confiance, la liste des qualités uniques de son bolide. Le fait qu'elle ait eu très peu de propriétaires et que je n'achetais pas juste un objet, mais une véritable expérience. Il en rajoutait, bien sûr. La voiture avait dix ans, des kilomètres au compteur et ne coûtait en réalité plus grand-chose. Mais une chose était claire : il n'avait rien perdu de sa flamme. James ne portait pas de tatouage mais, s'il en avait eu un, j'aurais bien vu les lettres « ABC » en grand, dans son dos : « *Always Be Closing*[1] ». Je ne lui ai pas coupé la parole une seule fois. J'ai à peine posé quelques questions. Je voulais voir comment il traiterait une cliente inexpérimentée – autrement dit : une proie facile.

Quelques heures plus tard, je l'ai retrouvé sur les hauteurs de Londres, à Hampstead Heath, pour tester la voiture de mes rêves. C'est à cet instant que j'ai réalisé que je ne savais absolument pas conduire une voiture de sport avec le volant à droite. Surtout pas dans les virages tortueux de West Heath Road, avec des voitures garées des deux côtés. Encore une fois, j'avais la confiance, mais pas les compétences.

Scriiich. J'ai lancé un regard à travers la vitre avec un sentiment brûlant d'embarras et constaté qu'il n'y avait plus qu'un seul rétroviseur. James, lui, me fixait comme un gamin de 10 ans à qui je viendrais de dire que le Père Noël est une arnaque. Une femme qui lance une start-up d'IA ET qui conduit une voiture puissante comme une déesse ? Il aurait dû savoir que c'était trop beau pour être vrai. J'ai décidé d'acheter l'Audi. 50 % par culpabilité, 50 % par honte.

1. « Toujours en train de conclure une vente. »

En rentrant à la maison, je suis tombée sur Gabriel sans savoir comment lui avouer ce que je venais de faire. Je ne savais pas ce qui était le pire : le rétro ou le fait que j'ai acheté une telle voiture sur un coup de tête ? Pour sauver la face, j'ai fait comme si ça avait été une décision bien réfléchie. Gabriel était bien trop intelligent pour se faire avoir, mais il était pragmatique. Il m'a regardée dans les yeux et a dit :

– C'est l'idée la plus stupide de tous les temps... Je peux t'emprunter les clés, s'il te plaît ?

Pour la première fois depuis le début de toute cette aventure, je me suis sentie un peu plus légère. Peut-être parce que, dans ce simple échange, il y avait un brin de normalité, de complicité. Peut-être parce que, malgré la folie de ces derniers mois, on pouvait encore rire de nos décisions impulsives, de nos erreurs, de nos moments d'hésitation. Je lui ai tendu les clés avec un sourire en coin.

Deux barres

C'était un matin de mai et le printemps avait envahi Londres. Pour la première fois, on pouvait profiter de notre balcon ; au loin, par cette journée sans nuages, on apercevait le Gherkin – mon bâtiment préféré. Après de nombreux rendez-vous médicaux et la sensation étrange de mener une double vie – à force de me voir filer chez « le dentiste » ou « l'ophtalmo », mes collègues ne doutaient pas que j'étais en parfaite santé (ce qui me faisait penser qu'il fallait que je prenne réellement rendez-vous chez le dentiste) –, j'ai posé le test en forme de stylo sur la table. J'étais anxieuse. Gabriel, lui, essayait de rester calme. Pas facile. On était passés par là des dizaines de fois au cours des deux dernières années.

Et, là, il y avait deux barres. *Quoi ? Vraiment ?* Tout d'un coup, on n'était plus sûrs ! L'une était bien marquée, mais l'autre à peine visible, d'un bleu pâle. On a donc fait appel à l'autorité suprême : la sœur de Gabriel. Sans préambule, ni formule de politesse, on lui a envoyé une photo accompagnée de notre question brûlante : « Est-ce qu'on attend un bébé ? » Le verdict n'a pas tardé. Le Grand Manitou, Nathalie, a aussitôt répondu : « Oui !!! » Je n'arrivais pas à croire en notre chance ! Ce n'était plus le moment des larmes, mais de la joie et des rires. Pas non plus le moment du champagne, hélas. Pour ça, il me faudrait attendre neuf longs mois.

Je n'avais aucune idée de la manière dont j'allais l'annoncer à l'équipe, à nos investisseurs, à nos clients. Je voulais que rien ne pollue ce moment si pur.

Mais je savais que j'allais bientôt devoir me poser la question.

Proposition indécente

« L'homme mystère » de YC avait désormais un nom : Gustaf et, en cherchant, j'étais même parvenue à trouver son adresse mail. L'écart entre possibilité et opportunité pouvait être franchi par une simple action. J'ai donc pris mon courage à deux mains et je lui ai demandé s'il accepterait d'envoyer la présentation d'Aiden au responsable marketing d'Airbnb. Et, pourquoi pas, de me permettre de rencontrer cet homme, à San Francisco. C'était un pari audacieux, de ces audaces qui portent en elles un mélange d'espoir et de crainte. Si bien que j'ai été stupéfaite et ravie quand Gustaf a répondu oui. Après tout, on n'était qu'une des nombreuses start-up qui cherchaient désespérément à attirer l'attention de cette étoile montante du paysage entrepreneurial (dont les fondateurs eux-mêmes étaient issus des premières cohortes de YC). Mais, nous, on se trouvait à des milliers de kilomètres, dans un bureau de la taille de trois placards, et plus important encore : on était marqués par l'absence de ce sceau d'approbation que représentait le financement de YC. Et quand bien même on l'aurait reçu, ce n'était pas non plus la garantie d'une introduction de qualité ! Et pourtant, là, on nous donnait cette chance...

Je savais pertinemment que, si j'avais tenté de contacter Airbnb directement, sans l'entremise de Gustaf, je me serais heurtée à un silence implacable. Gustaf a donc eu un impact significatif sur l'avenir d'Aiden, et je ne l'aurais vu que dix minutes dans ma vie. Merci.

Cette recommandation chaleureuse m'a propulsée vers l'étape suivante : un rendez-vous pour présenter en personne les capacités d'Aiden, au mois de juin 2017. J'ai donc pris un nouvel avion et réservé un Airbnb – clin d'œil ironique à notre quête. Leur *marketplace*[1] avait joué un rôle crucial dans notre aventure entrepreneuriale et ça valait bien la peine de payer pour ça. Pourrait-on, un jour, rendre la pareille avec Aiden ?

Voyager seule n'était jamais une source d'inquiétude pour moi. J'étais indépendante, habituée à me débrouiller, mais cette fois il y avait une variable nouvelle : j'étais enceinte d'un mois et les premières vagues de nausée m'assaillaient sans prévenir. PJ, lui, connaissait San Francisco comme sa poche, chaque rue, chaque recoin et, jusque-là, je n'avais pas réalisé à quel point ça changeait tout. Mais sans lui, dans cette ville étrangère, ces noms – Turk Street, Eddy Street, Pierce Street – n'éveillaient rien en moi. Le studio que j'avais réservé se trouvait à Japantown, je ne l'avais choisi que pour son prix dérisoire, ses bonnes critiques et, surtout, parce qu'il ne se situait pas dans le quartier du Tenderloin, dont le nom portait en lui une promesse de danger, et qu'on m'avait fortement conseillé d'éviter.

Je savais que la semaine à venir serait difficile et je m'y étais préparée. Le vol s'était bien passé, sans turbulences, mais un mal de tête lancinant m'avait frappée à mi-parcours, une douleur qui ne me quittait plus. Je

1. Plateforme d'achat et de vente entre professionnels et particuliers.

réalisais peu à peu que je n'étais plus seule dans ce corps, que mes décisions n'affectaient plus seulement moi, mais une autre vie, fragile, invisible. J'avais l'habitude de repousser mes limites pour mon travail. De sacrifier mon sommeil, mon confort, mais que signifiaient ces sacrifices pour un être à peine formé en moi ? Cette responsabilité me pesait. Une responsabilité nouvelle, effrayante, que je n'osais partager avec personne, à part Gabriel. On n'avait aucune certitude quant à la suite de cette grossesse, juste des histoires d'amies proches qui avaient perdu leur bébé avant même d'avoir pu lui donner un nom. Alors, je continuais comme si de rien n'était, comme si mon monde n'avait pas basculé. Mon quotidien était toujours le même : l'entreprise avant tout, avant moi-même.

Il était 16 heures, un dimanche, quand j'ai atterri. La réunion avec Airbnb était prévue pour le mercredi. Entre-temps, mon agenda était rempli de réunions avec d'autres acteurs de l'écosystème, d'autres clients potentiels. En tant que fondatrice, j'avais appris qu'une semaine de réseautage et de ventes dans un pays étranger demandait une immense réserve d'énergie. C'était un exercice exigeant, épuisant, mais aussi terriblement gratifiant quand tout se déroulait comme prévu. En général, je revenais de ces voyages encore plus enthousiaste qu'à mon départ. Mais, cette fois, quelque chose n'allait pas. Après m'être sentie mal le lundi et le mardi, je me suis réveillée le mercredi, à l'aube, en proie à une forte fièvre. Je n'avais jamais été malade de ma vie, ou si peu, et la violence de cette fièvre me terrassait, me laissant presque délirante. J'ai regretté amèrement de ne pas avoir emporté d'ibuprofène. Puis un doute m'a saisie : étais-je même autorisée à en prendre pendant ma grossesse ? Il fallait que je demande un avis médical. Mais à qui ?

Seule dans mon studio, à 5 heures du matin, en sueur, je cherchais désespérément une solution. Mon rendez-vous était à 13 heures, soit dans quelques heures à peine, sur Brannan Street. Je me suis levée, chancelante, et j'ai commandé un Uber pour me rendre à la pharmacie CVS, ouverte 24 heures sur 24, 7 jours sur 7, d'après Google Maps. J'espérais qu'ils auraient du Wi-Fi afin que je puisse commander un autre Uber, pour rentrer. Je n'avais pas mis à jour mon forfait international : ça m'avait semblé une dépense inutile.

Il n'y avait que quelques mètres à faire pour sortir du studio mais, avec la fièvre, ils m'ont paru aussi longs que l'allée de l'abbaye de Westminster, le jour du mariage de Diana. J'ai finalement atteint le hall et vu mon Uber garé devant. J'ai poussé la porte avec difficulté. Soudain, je voyais flou. J'entendais un sifflement aigu s'amplifier dans mes oreilles. Puis tout est devenu noir. Quand j'ai rouvert les yeux, j'étais allongée de tout mon long, sur le trottoir. Mon Uber avait disparu. Que s'était-il passé ?

Il m'a fallu quelques secondes pour m'asseoir, toucher mon front en sueur et comprendre. J'avais perdu connaissance. Le chauffeur avait probablement pensé que j'étais ivre ou... sous l'emprise d'opiacés (si populaires à SF) et avait annulé la course, me laissant seule dans ce quartier inconnu. Ce que, bouleversée, je refusais de croire.

— Non, impossible. Il n'aurait pas abandonné une femme allongée sur le trottoir quand même ?

Et maintenant je parlais à voix haute, sans réaliser que, si j'avais été à sa place, j'aurais probablement réagi comme lui.

J'espérais avoir tort. Je me suis levée, chancelante, et j'ai demandé à un homme qui passait, d'une quarantaine d'années, en tenue de sport, s'il pouvait partager sa connexion Internet le temps que je commande un taxi. Il a accéléré le pas, en faisant semblant de ne pas m'entendre. Alors, je suis retournée lentement au studio pour accéder au Wi-Fi. Et j'y ai vu la confirmation que la course avait été annulée et qu'on m'avait facturé 5 dollars pour ne pas m'être présentée ! Après le déni, est venue la colère.

D'ordinaire, je savais me débrouiller seule. Prendre soin de moi, de mes problèmes, de mon entreprise. C'était ma ligne de conduite, mon mantra. Mais, ce matin-là, j'avais un besoin urgent d'un peu d'humanité, d'une main tendue. Et personne n'était là. J'étais à la fois furieuse et triste. Une tristesse qui s'est écoulée en larmes amères, en malédictions étouffées. Pas seulement contre ce chauffeur – ignorant tout de ma grossesse et probablement plus préoccupé par sa propre sécurité. Non, ma colère ne manquait pas d'ambition, elle se dirigeait contre l'ensemble du système américain. « Comment peut-on être à ce point individualiste, si obsédé par soi-même qu'on en arrive à abandonner une femme enceinte, vulnérable, allongée seule sur le trottoir ?... De ma vie, je n'ai JAMAIS demandé d'aide à personne [énorme mensonge], et la seule fois où j'en ai besoin, je suis livrée aux loups ?... Ça n'aurait JAMAIS pu arriver en Europe ! Les chauffeurs de Black Cab m'auraient tenu la main, m'auraient chanté des berceuses. Même les taxis parisiens m'auraient giflée pour me réveiller. Pas par gentillesse, non, juste pour se défouler des autres clients qu'ils n'aimaient pas. Mais ils m'auraient dit que c'était pour mon bien. Et je les aurais crus... »

Après ma petite séance de lamentation, je suis montée dans un autre Uber pour aller à CVS, où mes sanglots incontrôlables n'ont pas arraché une seule expression à la caissière, qui me regardait avec la froide indifférence de quelqu'un qui en a vu d'autres. « Une femme enceinte avec de la fièvre ? *Please, girl, get it together*[1] », disaient ses yeux.

Je me suis gorgée de paracétamol, j'ai englouti des litres d'eau, puis je me suis glissée sous les draps. Le réveil était réglé pour 11 heures. Je déciderais alors si j'avais la force de me rendre à mon rendez-vous.

Des heures plus tard, le son strident du réveil m'a tirée du sommeil. Une odeur d'amande flottait dans l'appartement, étrange et persistante. D'une main hésitante, j'ai touché mon front. Pas de sueur. Pas de vertige. J'allais bien !

Je suis restée assise sur le lit, immobile, à écouter le silence. J'allais bien !

J'ai pris une grande respiration, je me suis levée et j'ai attendu... Non, je n'allais pas bien. J'allais SUPER bien !

Je suis allée à la salle de bains et me suis regardée dans le miroir. Casper le gentil fantôme me fixait. J'ai saisi du blush, fait semblant de sourire : mon reflet était presque convaincant ! Pourquoi les gens demandaient-ils toujours s'il était difficile d'être une femme dans le monde des affaires, alors qu'on avait tant de moyens de cacher ce qu'on ressentait ?

Deux heures plus tard, je faisais ma meilleure démo à Artyom, chez Airbnb. Et non seulement il a accepté de faire un bêta-test de trois mois, mais il m'a aussi présentée à son amie Jenna, qui travaillait dans une

1. « Eh ben, ma p'tite dame, c'est pas la fin du monde... »

grande entreprise qu'on avait sur notre liste de prospects.

Afin de fêter ça, j'ai bu un vrai Coca, pour la première fois depuis des années. Et aussi parce que je commençais à sentir le vertige revenir, doucement. J'aimais de nouveau la magie américaine.

Bling bling

On venait d'emménager dans nos tout nouveaux bureaux, à Rocketspace. Et le terme « luxueux » était un euphémisme. Le contraste entre le faste des lieux et l'état embryonnaire de notre développement me mettait d'ailleurs mal à l'aise. Certes, on avait remporté quelques premières victoires : convaincre trois grandes entreprises de travailler directement avec nous, sans passer par leurs agences. Mais on n'avait pas encore affronté les vraies difficultés : atteindre l'adéquation produit-marché – la preuve ultime qu'on n'était pas simplement en train de nous perdre en illusions. Alors, le choix possible entre un latte à l'avoine ou au soja, la table de billard installée dans l'ancien coffre-fort de la RBS[1] et l'odeur de parquet fraîchement posé, tout ça n'était qu'un rappel constant de l'effort supplémentaire que je devais fournir pour être à la hauteur de ce que Rocketspace projetait à nos employés.

Les phases de bêta n'avaient même pas encore commencé. Les choses avançaient bien plus lentement que prévu. En tout cas, bien plus lentement que ce que j'avais prévu. Se frayer un chemin dans les méandres de la bureaucratie des grandes entreprises et obtenir l'accès à des données très convoitées n'était pas une

1. Royal Bank of Scotland.

mince affaire. Il nous fallait prouver, de manière irréfutable, qu'on n'avait aucune intention de mal utiliser ces données ou, pire, de les commercialiser, comme tant de start-up dans le secteur de la publicité mobile l'avaient fait avant nous.

On avait suivi notre première intuition, celle de commencer avec les plus grands – les annonceurs les plus dépensiers du monde. Ceux qui pouvaient s'offrir les meilleures équipes, les meilleurs outils et qui ne nous épargneraient pas si notre technologie se révélait inutile. En d'autres termes, on devait savoir si l'on avait vraiment une entreprise ou si l'on poursuivait un mirage. Et je l'admets : j'en ressentais de la fierté. On avait réussi à convaincre les meilleurs de nous accorder leur temps précieux et ils avaient dit oui. Mais je savais que ce n'était que « la partie facile », celle où l'on vendait les promesses d'un avenir radieux. Maintenant, il était temps pour moi de m'effacer, de mettre quelqu'un d'autre entre les clients et moi. Quelqu'un de plus neutre. Pour éviter « l'effet CEO ». Ce préjugé positif qui peut naître de la relation spécifique que vous avez tissée. De cette politesse qui peut adoucir les critiques, parce que vos clients voient en vous l'audace, le risque que vous prenez et que, d'une certaine manière, ils espèrent que vous réussirez. Mais cela rend leurs commentaires moins tranchants. Soit une mort lente, par mille coupures, pour une équipe qui cherche à perfectionner rapidement son produit.

J'ai formé mon équipe à poser la question : « Qu'est-ce qui ne va pas dans ce produit ? » plutôt que « Qu'en pensez-vous ? » La seconde question n'apporte souvent que des retours timides, une sorte de poison qui ne vous tue pas immédiatement. Au début, il vous donne même l'illusion d'être sur la bonne voie. Mais il finit par vous mener à l'échec car, comme vous ne saviez pas qu'il était mortel, vous n'avez pas cherché d'antidote. En d'autres termes, la priorité est d'améliorer votre produit avant que vos ressources ne s'épuisent. Cependant peu de gens – en dehors des fondateurs – se donnent la peine de critiquer votre travail, à moins que vous ne les y invitiez vraiment. Et une start-up n'a rien d'une grande entreprise, où les erreurs sont diluées dans une vaste machine bien huilée.

Nous devions savoir, et vite, ce qui n'apportait rien à notre produit. Et ne jamais cesser de chercher à le perfectionner.

Y aurait-il plus important que le travail ?

Mai 2017

On allait avoir un bébé ! En sortant du tant attendu contrôle des trois mois, Gabriel et moi étions fous de joie. C'était réel et ce petit être en moi était en bonne santé ! Je pouvais enfin l'annoncer à l'équipe et à nos investisseurs. J'avais décidé de ne pas attendre. D'abord parce que certaines odeurs m'étaient devenues insupportables, comme celle du chou kale rapportée par l'un de nos ingénieurs, qui empestait régulièrement notre bureau étroit. Sur la fin de mon troisième mois, j'aurais aussi pu virer quelqu'un pour avoir porté trop de parfum, ou pour ne pas en avoir mis du tout. À part ce sens de l'odorat exacerbé, ma grossesse n'avait encore rien de pénible. Je continuais de pédaler chaque matin jusqu'au bureau. Aucun kilo en plus. La seule fois où j'avais eu de la fièvre, c'était à San Francisco. Il y avait bien cette fatigue lancinante, mais difficile de dire si elle était vraiment nouvelle ou une simple extension de ma fatigue habituelle.

J'avais lu ce qu'avait enduré Kate Middleton pendant ses grossesses, ses vomissements sévères et autres effets secondaires très gênants. Mais il ne servait à rien de s'inquiéter à l'avance sur la façon dont ma grossesse pourrait se dérouler, alors je n'y avais pas vraiment réfléchi. Sauf qu'il était clair, maintenant, que la vie m'avait offert une main incroyablement favorable, pour ce premier trimestre. Je ne pouvais m'empêcher de penser à mes amies proches, à ma sœur, qui n'avaient pas eu la même chance. Et j'espérais que ma bonne étoile continuerait à briller pendant les six prochains mois.

Comme dans beaucoup de start-up tech, les *stand-up meetings*[1] étaient notre rituel quotidien. Chaque matin, à 9 heures (pas une minute plus tôt, c'était un compromis non négociable avec les ingés), on se retrouvait tous là, dans notre petit bureau, exposant tour à tour nos objectifs de la journée. J'ai décidé que c'était le moment idéal pour partager la nouvelle.

Ce matin-là, je me sentais enthousiaste et sans la moindre inquiétude. Ce n'est pas dans ma nature de me tracasser. Alors j'ai pris la parole, légère, confiante :

– Je suis ravie de vous annoncer que Gabriel et moi attendons un bébé pour le premier trimestre de l'année prochaine. PJ et moi avons déjà commencé à discuter d'un plan de transition et nous vous tiendrons informés en temps voulu.

Comme toujours, chaque mot avait été soigneusement pesé. Les thèmes clés étaient « réassurance, transparence, certitude ». Exactement l'opposé de ce qu'est réellement une grossesse. D'abord, on vous dit de garder le silence pendant trois mois « au cas où quelque chose tournerait mal ». Ensuite, si vous choisissez de connaître le sexe, vous devez attendre la quatorzième semaine. Et, enfin, jusqu'au terme, vous ne savez rien de ce qui vous attend d'un jour à l'autre ! Mais, bien que je sois du style à improviser, j'avais appris à

1. « Réunions debout ».

devenir une planificatrice disciplinée. J'avais compris qu'on ne peut pas toujours faire confiance à l'impulsion du moment, sous peine de finir avec deux Audi TT... Et, après des mois passés à lever des fonds et à perfectionner méticuleusement l'impact de mes mots, je portais encore inconsciemment mon armure spéciale, celle de Wonder Woman. Avec quelques ajustements nécessaires au niveau du ventre, elle m'allait comme un gant. C'était même la meilleure tenue qu'il m'ait été donné de porter et je ne cessais de recevoir des compliments quand je l'endossais. Alors j'en étais devenue accro.

Il ne m'avait pas échappé que j'étais extrêmement privilégiée d'être en position d'autorité, au moment de cette annonce. Je n'avais jamais voulu avoir à m'excuser ou, pire encore, à demander la permission d'avoir un enfant. Mais j'avais entendu d'innombrables histoires d'amies ayant eu des échanges terriblement grinçants avec leurs supérieurs à ce sujet. Et ces récits m'avaient donné la nausée. Vous n'avez pas à dire à qui que ce soit s'il est opportun ou non qu'il ait un enfant. Vous n'avez pas non plus à dire si ça vous arrange, ou non, pour votre lancement produit. Et si vous êtes le leader que vous prétendez être sur LinkedIn, il est de votre responsabilité de gérer tous les changements qui peuvent se produire au sein de votre équipe... Comment le monde de l'entreprise a-t-il pu en arriver à ce que de tels abus de pouvoir soient si courants ?

Debout devant mon équipe, sans voix après avoir reçu la nouvelle, je me suis rendu compte que je n'avais aucune idée de la façon dont ils allaient réagir. Steve, notre stagiaire de 20 ans, qui était solide, confiant, extraverti, a ouvert grand la bouche, mais aucun mot n'en est sorti. Avait-il vraiment les larmes aux yeux ? Il réagissait comme s'il allait avoir un petit frère ou une petite sœur. J'en étais presque gênée. Charles, notre stagiaire en ingénierie, un peu poète, franchement introverti, regardait ses pieds. Yuri, un autre ingénieur semblait perdu dans ses pensées comme s'il se demandait ce qui avait bien pu se passer pour que je sois enceinte. PJ, lui, semblait pressé de changer de sujet (il était très heureux pour moi en privé, mais soucieux de stabiliser l'équipe), tandis que Léa souriait et posait des questions bienveillantes.

On est vite retournés aux nombreux incendies qu'on avait à éteindre. Ma grossesse n'en était pas un. Maintenant, au tour des investisseurs.

Avant toute chose, j'avais besoin des conseils de quelqu'un en qui j'avais confiance. Idéalement, une femme, P-DG de sa start-up, qui avait levé des fonds et était, elle aussi, tombée enceinte pendant son tour de table. Mon enthousiasme est vite retombé : hélas, je n'en connaissais aucune ! Et je n'avais pas le temps de chercher une aiguille dans une botte de foin. Mais, heureusement, je pouvais appeler Sekip. Sur le papier, on n'avait presque rien en commun. Lui, un Turc de 1,90 mètre, sans enfant. Moi, une Française, enceinte, de 1,60 mètre. Mais on était tous les deux entrepreneurs et j'avais confiance en ses conseils. J'aimais aussi sa façon de penser. Il était orienté business et j'avais besoin de savoir, sans filtre politiquement correct, comment la nouvelle serait perçue par ceux qui avaient investi chez nous. Or, il devenait de plus en plus difficile d'avoir des conversations franches avec les hommes – le climat de 2017 ne favorisant pas le « parler vrai ».

D'abord, Sekip a pris un moment pour me féliciter sincèrement, ce qui m'a réchauffé le cœur. Ensuite, on a discuté affaires. Je lui ai expliqué comment je pensais annoncer la nouvelle et quand. A priori, au cours du prochain point aux investisseurs, soit cinq mois avant mon accouchement. Appeler les gens un par un était hors de question. Je n'étais pas Madonna dans « Papa Don't Preach ». Je n'avais (presque) rien fait de mal et je ne ressentais pas le besoin de faire toute une histoire de cet événement très naturel. Mais je voulais communiquer cette information de manière respectueuse, étant donné qu'on était une start-up en phase de démarrage, sans adéquation produit-marché, dont la fondatrice allait s'absenter pendant un moment. Que voudrais-je entendre si j'avais été à leur place ? Ni Sekip ni moi n'avions de réponses définitives. Il y avait très peu d'histoires ou de données sur lesquelles s'appuyer, et tant de risques de basculer dans les extrêmes : donner trop ou trop peu d'informations. Il n'existait pas de « bons exemples ». Tout était très personnel au final, et il fallait que cela me convienne.

J'ai souri en pensant qu'il n'y avait pas d'équivalent masculin à ce que j'étais en train de vivre, en tant que CEO. Je ne pouvais imaginer un homme contraint de discuter de manière officielle du fait qu'il avait eu des relations sexuelles et de faire face aux différentes réactions – allant de l'indifférence totale aux interrogations sur sa capacité à rester performant.

En tant que femme, que ça vous plaise ou non, vous avez d'innombrables occasions d'affiner votre intelligence émotionnelle et votre empathie. Et, là, j'entraînais Sekip dans cette réalité, que ça lui plaise ou non.

L'appel n'a pas duré plus de dix minutes. C'était un de ces moments où on n'a pas besoin que quelqu'un nous trouve une solution. Mais de quelqu'un en qui on a confiance pour nous accompagner, le temps qu'on trouve, nous, la solution. C'est ce qu'un bon investisseur peut faire pour vous.

Mail à tous les investisseurs envoyé. Il contenait un point sur l'entreprise et ces mots à la fin :

> J'attends un bébé ! L'accouchement est prévu en mars. PJ et moi vous partagerons les détails de ma période de congé, une fois que nous les aurons finalisés.
>
> Merci,
>
> Marie

Je n'ai pas terminé par « Si vous avez des questions, faites-le-moi savoir ». Certainement pas ! Si quelqu'un avait des questions, il devait avoir le courage de me les poser. Je n'allais quand même pas ouvrir une hotline à destination des investisseurs, simplement parce que j'étais enceinte.

Je ne me rappelle pas que quelqu'un ait répondu à ce mail. Mais il était assez rare qu'ils le fassent, sauf si on leur demandait quelque chose de spécifique (une introduction à des fonds ou à des clients, par exemple). Ou peut-être que les onze hommes à qui je l'avais envoyé ne savaient pas trop quoi dire, même s'ils voulaient dire quelque chose. Ou peut-être qu'ils ne l'avaient même pas lu. Quoi qu'il en soit, j'étais heureuse d'avoir partagé la nouvelle et d'avoir rayé ça de ma liste de choses à faire.

Génération Y

Fonder une entreprise ou être enceinte vous ouvre les portes d'un monde où l'on vous submerge de conseils que vous n'avez pas demandés : « Fais payer tes clients dès le premier jour », « Ne porte plus de talons jusqu'à l'accouchement », « Pense croissance, pas revenus », « Les péridurales ont un effet dévastateur », « Prends toujours les appels des équipes de fusion-acquisition », « Choisis la péridurale, on n'est plus au Moyen Âge ! », « Seuls les fondateurs désespérés parlent aux équipes de fusion-acquisition »... C'est un flot ininterrompu de recommandations. Certaines valables, d'autres non. En affaires comme pendant ma grossesse, j'ai fini par dire aux gens que, si je ne leur avais pas demandé leur avis, c'était intentionnel. Après ça, les conseils ont considérablement diminué. Mais ma note Uber en a pris un coup lorsque j'ai dit à un chauffeur que je n'étais pas certaine de vouloir entendre les détails de l'accouchement compliqué de sa femme. (Disons que c'était le prix à payer pour préserver ma santé mentale...) Plus encore qu'auparavant, je devais tracer des limites claires, faute de quoi je me retrouvais à passer du temps à répondre à chacun, au lieu de gérer notre entreprise.

Et, chaque jour, une nouvelle remarque me révélait ce que c'était d'être perçue comme une future maman.

Jusque-là, je croyais naïvement que le fait de porter une bague suffisait à signaler que j'étais à la fois indisponible et désintéressée, mais rien n'avait le même effet que « le ventre ». Et, à l'inverse, ce que je projetais en tant que femme dans la trentaine, quand personne ne savait encore que j'étais enceinte, était bien différent. Je l'ai brusquement compris alors qu'on préparait mon quatrième et dernier voyage à San Francisco de l'année. Investisseurs, clients, partenaires – ce serait encore l'une de ces semaines marathons... Et comme si ça ne suffisait pas, on avait décidé d'organiser un événement sur l'IA, pour renforcer notre crédibilité dans la région. Je me suis donc connectée en visioconférence avec Alexandre, le fondateur d'une start-up en IA, Crossing Minds, pour lui proposer d'intervenir lors de cet événement. (Je n'avais pas mentionné que j'étais enceinte. Pourquoi l'aurais-je fait ?) Il avait quelques années de moins que moi et je l'ai tutoyé d'emblée. Mais il m'a interrompue :

– Je préfère qu'on se vouvoie.

La dernière fois que j'avais eu ce genre d'échanges, c'était dix ans plus tôt et les rôles étaient inversés : celui à qui j'avais lancé ça était mon ancien maître de stage, David, après des mois de remarques sexistes. Or, là, c'était la première fois que je parlais à Alexandre et, dans ce cas précis, on était sur un pied d'égalité, sans sous-entendu hiérarchique. Je me suis demandé ce que j'avais bien pu dire ou faire pour qu'il en soit venu à instaurer cette distance. Mais, en même temps, il faut presque un doctorat en « tu et vous » pour en comprendre les nuances et, même en tant que Française, on finit forcément par se tromper ou être offensée, un jour ou l'autre, par un usage inapproprié. J'ai donc obtempéré sans poser de questions. Et ce n'est qu'à l'événement de SF, lorsqu'il m'a vue en chair et en os, qu'il ne s'est plus montré distant, mais amical et souriant. On a échangé des souvenirs de nos enfances en Normandie et les « vous » avaient disparu.

Léa, qui m'accompagnait, a suggéré que son précédent comportement était sans doute lié à son autre travail et à ce qui en découlait. Alexandre avait en effet été choisi pour être le visage du nouveau parfum « Y » d'Yves Saint Laurent – en référence à la génération née après 1994. Et Léa m'a expliqué qu'il devait être lassé d'être harcelé par des femmes qui trouvaient toutes sortes de prétextes pour venir lui parler. Si bien que, quand il m'avait vue, il avait compris qu'il était « en sécurité ». À ces mots, mes yeux se sont écarquillés. Je ne savais pas ce qui me choquait le plus : qu'YSL ait engagé un chercheur en IA comme mannequin, ou que les rôles aient été inversés et que je puisse être perçue comme une... harceleuse ? Ça se passait en octobre 2017, en plein cœur du mouvement #MeToo – ce qui pouvait expliquer la conclusion de Léa –, mais j'ai accepté l'idée à contrecœur.

Que cette hypothèse soit valable ou non, cela restait troublant parce que cela révélait quelque chose. J'allais devoir faire évoluer la façon dont je me percevais, ce à quoi je n'avais jamais vraiment réfléchi... Et j'allais aussi devoir m'habituer à l'idée que je prenais de l'âge. Alors que je pensais qu'Alexandre et moi étions « égaux », il voyait probablement les choses différemment. Je n'étais plus la stagiaire de 20 ans, ni la commerciale de 27 ans qui riait au nez de son patron. J'avais 32 ans. J'étais la « boss ». Et ça impliquait une dynamique de pouvoir que je n'avais jamais expérimentée de ce point de vue. *OK. Super...* J'aurais bien aimé pouvoir me servir un verre de vin pour y réfléchir, mais ce n'était pas une option. Du moins, pas d'après le dernier chauffeur Uber avec qui j'avais roulé.

De pom-pom girl à coach

Novembre 2017

Les gouttes de pluie formaient des lignes symétriques sur mon hublot mais, en dépit du temps, un immense sentiment de soulagement m'a envahie lorsque l'avion a atterri à Londres. L'idée de ne plus avoir à faire de longs trajets en étant enceinte était une petite victoire en soi. Ce dernier voyage avait été pour le moins mouvementé. PJ avait eu un léger accident de voiture en se rendant à notre événement. Avant l'arrivée de Léa, PJ et moi avions logé dans un Airbnb qui, à notre grande surprise, se trouvait au-dessus d'une ferme de serveurs. Il y faisait tellement chaud que je saignais du nez toutes les nuits. Et PJ avait fini par dormir dans « la deuxième chambre » – en fait, un couloir sur le palier, où le propriétaire avait mis une cloison en papier pour mieux rentabiliser son bien. L'épuisement était devenu mon compagnon constant, une ombre qui me suivait de l'Europe aux États-Unis, rendant chaque kilomètre plus lourd.

Dans le Heathrow Express, filant vers la gare de Paddington, je tentais de dissiper le brouillard dans mon esprit en faisant l'inventaire de notre situation : il nous restait neuf mois de trésorerie. Mon accouchement était prévu dans trois mois. Je prendrais deux mois de congé. On avait trois preuves de concept solides, avec trois clients de renommée mondiale. Notre équipe était passée à six – non, à sept. (Un nouvel ingénieur nous rejoignait lundi.) Et on devait commencer à lever des fonds dès maintenant et boucler le tour avant Noël.

Si tout se passait comme prévu, PJ et moi pourrions faire l'essentiel du boulot avant que je n'entre dans mon troisième trimestre. Ce qui nous permettrait de prolonger notre trésorerie de dix-huit mois et, idéalement, d'atteindre un point où l'on pourrait compter sur nos revenus pour croître, sans nous reposer uniquement sur des financements externes.

En y réfléchissant, j'étais fière du travail accompli. Nous avions posé des bases solides, construit une équipe robuste et convaincu des experts chevronnés de nous rejoindre. Depuis six mois, ma motivation était à son apogée, me portant à travers chaque défi. Mais, alors que le paysage gris de Londres défilait sous mes yeux, j'ai su que ça ne durerait pas éternellement. La motivation est capricieuse, une euphorie qui finit par s'épuiser – d'autant plus avec la grossesse, qui dépensait une bonne partie de mon énergie. J'avais lu quelque part que « la discipline dévore la motivation au petit déjeuner », un mantra des grands performeurs et des athlètes.

Or, je restais dépendante de ma capacité à générer de la motivation, pour moi-même et pour les autres. C'était mon super-pouvoir. J'alimentais en énergie l'équipe, les investisseurs, les clients. Mais, comme une dose de dopamine, les effets s'estompaient rapidement et il fallait sans cesse renouveler les « injections », mettre l'équipe sous une perfusion continue de bonnes nouvelles. À l'époque, je ne le réalisais pas mais j'avais bâti des fondations fragiles. Au mieux, je n'avais pas encouragé la résilience ; au pire, j'avais créé une dépendance – et ses inévitables effets de manque. Que se passerait-il si ma propre motivation disparaissait ? PJ pourrait prendre le relais, mais ce ne serait pas juste – il portait déjà tant de poids sur le plan opérationnel et tech.

Notre start-up était un seau qui fuyait. On y déversait des tonnes de bonnes nouvelles – investisseurs de qualité, talents recrutés, conseillers inspirants, nouveaux bureaux, clients prestigieux, nouvelles fonctionnalités – mais les failles dans le produit vidaient toujours le seau. Tant qu'elles ne seraient pas colmatées, on ne pourrait jamais le remplir de clients payants, ni rassurer nos employés sur le fait qu'ils avaient fait le bon choix. Chaque année, ils se demanderaient : « Dois-je partir ? » S'ils ne l'avaient pas déjà fait, ça n'allait pas tarder.

Et l'adéquation produit-marché ? L'atteindrait-on avant mon congé maternité ? La concurrence, pour les ingénieurs en apprentissage automatique, était féroce et nous n'étions pas les seuls à promettre un avenir meilleur. Je ne pouvais donc rien laisser au hasard et j'assumais mon rôle de CEO-pom-pom girl, galvanisant l'équipe, soulignant les efforts de chacun. Mais motiver ne suffisait pas. Il me fallait aussi rester cohérente avec ce que je pensais au fond de moi, même si ça n'était pas toujours bien perçu. Je le disais clairement lors des entretiens : « On n'est pas une famille. Aiden est une équipe de football où seuls les meilleurs jouent. Si vous n'obtenez pas de résultats, vous serez envoyé sur le banc, puis exclu de l'équipe... Est-ce que cette conception du travail vous motive ? » Ce discours polarisait. Les gens l'aimaient ou le détestaient, ce qui était l'objectif. Il permettait une sélection naturelle, n'attirant que ceux dont on avait besoin.

Mais de pom-pom girl, il fallait que je passe coach. PJ et moi devions faire en sorte que l'énergie qui circulait dans l'entreprise ne dépende plus uniquement de nous, les fondateurs, surtout en raison des congés parentaux qui se profilaient.

À mon arrivée au bureau, PJ m'avait en effet annoncé une bonne nouvelle : lui et sa compagne attendaient également un enfant ! Et une mauvaise : il prendrait son congé parental juste après le mien. Oh, merde.

VI

Start-up et bébé : est-ce compatible ?

Un sujet tabou

Les organisateurs de TechCrunch Disrupt nous avaient invités à venir présenter notre produit sur scène, à Berlin, le 5 décembre 2017. Une véritable aubaine puisqu'on avait besoin du moindre indicateur de dynamisme. Le produit était déjà entre les mains de clients, mais ce n'était pas suffisant. Il fallait prouver sa valeur de façon évidente et ce n'était pas encore le cas. L'écart entre la réalité de notre développement technique et l'urgence de collecter des fonds supplémentaires se creusait chaque jour davantage. Les fonds d'investissement pouvaient et allaient probablement exiger de voir des revenus, avant de nous accorder plus d'argent. Ils en avaient parfaitement le droit. Mais, après tout, des entreprises comme Uber, Airbnb, Twitter ou Facebook n'avaient fait aucun chiffre d'affaires pendant des années. En fait, tout dépendait du modèle économique des fonds et de leur localisation, pas de ce qui était acceptable en termes absolus. Je trouvais, pour ma part, beaucoup plus intéressant de créer nos propres règles que de jouer selon les leurs. Contrairement à d'autres entrepreneurs à qui l'on pouvait dire « Revenez plus tard », j'avais une échéance très claire. Mon ventre rond racontait sa propre histoire. Et je le portais comme un honneur, non comme un fardeau.

Gabriel et moi venions d'apprendre qu'on allait avoir une petite fille. On était aux anges et ma grossesse se passait toujours bien. Je réalisais, avec soulagement, à quel point elle était sans histoire comparée à celle de mes amies françaises, qui semblaient être chez le médecin tous les mois, pour des analyses de sang et autres examens. J'ai même fini par me demander si je n'avais pas manqué certains rendez-vous. Mais non. Le NHS (National Health Service) avait une approche moins interventionniste. On aurait pu dire qu'elle était plus adaptée aux entrepreneures, ce qui m'arrangeait. Je n'avais même pas suivi de cours de préparation à la naissance. Je n'osais pas l'avouer mais j'étais terrifiée à l'idée de côtoyer un groupe de gens « normaux » et d'entendre : « Oh mais, comment vas-tu gérer un bébé et une start-up ? » Je ne le savais pas moi-même et n'avais pas assez de recul pour me dire que j'aurais aussi pu tomber sur des parents bienveillants. J'avais donc évité ce que j'imaginais être de nouveaux juges sur ma route.

Convaincre les investisseurs de financer notre prochain tour ne serait pas simple. On avait accompli beaucoup de choses en six mois. On était déterminés, compétents et on pouvait défendre notre vision avec passion. Mais on était sur un terrain glissant. En privé, PJ et moi, on se tapait même la tête contre les murs. On n'avait aucun problème à vendre à des clients de premier ordre mais, une fois qu'ils avaient signé, leurs équipes n'adoptaient pas spontanément le produit. Ce qui suscitait chez nous beaucoup d'introspection, voire d'angoisse existentielle. Notre produit était-il indispensable ou juste agréable à utiliser ? On était même devenus experts dans l'art de choisir quels doutes partager – certains étaient nécessaires pour apporter de la clarté aux équipes, mais d'autres pouvaient faire fuir les investisseurs.

On ne pouvait pas non plus prédire comment les marchés financiers allaient nous accueillir. L'IA appliquée au marketing était-elle encore en vogue auprès des VC ? Peut-être, ou peut-être pas. Et j'avais une petite fenêtre de tir pour convertir cet intérêt en investissement. L'urgence était palpable. Si l'on ne bouclait pas le tour de table dans les délais que je m'étais fixés, la dynamique de pouvoir changerait et je me retrouverais à mendier de l'argent. Rien qu'à cette idée, j'en avais la nausée. Alors, comment relever le défi ?

Je devais être totalement détendue pour projeter assurance, confiance et dynamisme. Je l'avais déjà fait mais, cette fois, j'avais une dizaine de kilos en plus et plein de doutes. Lorsque je franchirais la porte du prochain fonds qui nous recevrait, je serais littéralement l'éléphant dans la pièce (« *The elephant in the room* » est une expression anglaise qui désigne un problème évident mais tabou).

Pourtant, alors que mon esprit tournoyait sans cesse, chaque cellule de mon corps était désormais concentrée sur une mission primordiale : donner vie à un être humain ! Extraordinaire. Et ça me dépassait totalement. Je repensais à la dernière échographie. Le son des battements du cœur de notre bébé résonnait en moi – la musique de la vie même. Puis je l'avais vue, si petite, recroquevillée sur elle-même. Et là, j'avais remarqué... *Quoi ?* Est-ce qu'elle était vraiment en train de jouer avec son cordon ombilical ? La scène était si inattendue, si étrangement comique que même la sage-femme n'avait pu s'empêcher de rire avec nous. C'était le genre de moment qu'aucune anticipation, aucune intellectualisation ne pouvait saisir. Ce jour-là, j'avais compris que je n'étais plus dans le faire, mais dans l'être. Et l'être venait de prendre un sens nouveau, double, avec ma petite protégée à bord.

Mais comment concilier cette réalité nouvelle avec les attentes de ce monde implacable des start-up ? Et avec celles des investisseurs ? Comment concilier la Marie et le PJ que les investisseurs voulaient voir – ces exécutants inlassables prêts à conquérir un marché – avec la Marie et le PJ apaisés, sensibles, qui attendaient tous deux un enfant ? Une partie de moi se sentait incroyablement reconnaissante : on avait des talents rares (PJ avait fait un travail remarquable en recrutant les meilleurs ingénieurs), des clients prestigieux, de l'argent en réserve, une culture d'entreprise saine et, avec PJ, une relation de respect mutuel et de complémentarité. J'étais pleinement consciente que cette situation n'était pas le lot de toutes les start-up, à ce stade. Et pour couronner le tout, Gabriel et moi étions en train de fonder une famille ! Quelle satisfaction, me disais-je. Mais cette satisfaction n'était pas complète. Il me manquait quelque chose : l'adéquation produit-marché. Les retours produits tardaient, même lorsque les investisseurs pensaient qu'ils se dépêchaient. Après maintes ruminations stériles, j'en ai conclu que ma frustration ne produirait rien de bon en elle-même. Je repensais à cette phrase : « Si vous n'aimez pas la tournure de la conversation, changez-la. » J'ai donc pris la décision de changer de vitesse. Et de passer d'un modèle gratuit à un modèle payant, en plein milieu de la préparation de notre levée de fonds. Je voulais montrer à l'équipe qu'on pouvait surmonter les obstacles, forcer le retour d'expérience. Il n'y a rien de tel que de faire payer pour obtenir un avis plus honnête.

Je m'étais fixé un objectif : boucler le tour de table avant Noël. Et j'étais persuadée qu'on allait y arriver.

Sans pitié, ni excuse

Rien ne prédit mieux le déroulement d'une levée de fonds que les cinq premières réunions. Tous ceux à qui on a présenté le projet ont été unanimement impressionnés par le fait qu'on ait réussi à obtenir de si grands noms comme premiers clients. *Bien.* Certains s'inquiétaient de la concurrence sur ce marché. *Prévisible.* Personne ne semblait se soucier de l'absence de revenus. *Vraiment ?* Il nous fallait maintenant transformer cet enthousiasme en virements bancaires.

J'étais bien plus impitoyable que lors de notre première levée. La proximité de l'accouchement me donnait des super-pouvoirs et aucune possibilité de me mentir à moi-même. Je pouvais déceler des investisseurs tièdes à des kilomètres à la ronde.

Mon modèle d'exécution était très simple : je savais que notre pitch était infaillible (on l'avait testé sur des investisseurs américains et on l'avait considérablement amélioré avec l'aide de conseillers de confiance), je demandais des introductions auprès des associés et je visais une réponse (autre réunion ou un « non ») dans les cinq jours.

Je pensais comme un poisson rouge : si ça ne fonctionnait pas, j'oubliais et je passais à autre chose. Je m'imposais également une règle (un contrat que j'avais signé avec moi-même, sans en parler à PJ) : ne jamais utiliser ma grossesse comme excuse en cas d'échec. Prendre les choses personnellement était trop risqué et je devais cultiver l'impassibilité, dans les bons comme dans les mauvais moments.

J'avais clairement dit aux fonds que je ne leur donnerais pas accès à nos clients avant d'avoir obtenu un accord de principe. La *due diligence*[1] pourrait commencer ensuite. Et, les *term sheets* n'étant pas contraignants, s'ils découvraient qu'on leur avait donné une fausse idée de quoi que ce soit (ce dont j'étais certaine que non), ils pourraient se retirer. Beaucoup ont contesté ma position. Je m'en fichais. Ma priorité était de protéger mes clients. Pour tout ce que j'en savais, les investisseurs pouvaient simplement les utiliser pour s'informer et ensuite financer une autre start-up, plus avancée que la nôtre. Que se passerait-il si je demandais à mes clients, déjà occupés par leur travail quotidien, de participer à des appels avec des dizaines de sociétés de capital-risque, pour qu'au bout du compte aucune d'elles n'investisse ? Non seulement on perdrait notre financement, mais je perdrais aussi ma crédibilité durement acquise. Je devais trouver un fragile équilibre entre minimiser nos risques et fournir les garanties nécessaires aux investisseurs sérieux.

1. « Vérifications nécessaires », en anglais. Pratique spécifique de l'acquisition d'une société permettant à l'acheteur de s'en faire une opinion objective.

Meurs un autre jour

J'ai envoyé un texto à PJ : « On a neuf réunions de fixées pour la semaine prochaine, dont six à l'étranger. » Londres, Paris et Berlin. Je ne me souviens que de fragments. Comme cette réunion à Paris où l'ensemble des associés nous avait accueillis : six hommes, qui semblaient porter exactement la même tenue. C'était sûrement une illusion, mais l'« esprit de corps » était si frappant que j'aurais juré qu'ils parlaient d'une seule voix. Aucune diversité, ni de style ni d'esprit. Puis il y avait eu celle de Londres où l'ascenseur était en panne et où je m'étais retrouvée haletante dans les escaliers, mon ventre énorme réduisant ma capacité respiratoire. En arrivant dans la salle, j'avais cherché désespérément un verre d'eau, mais il n'y en avait pas et j'avais dû attendre de reprendre mon souffle pour me lancer. J'avais bien fini par en trouver, de l'eau, mais dans la rue et en quantités énormes, tombée des nuages sur ma tête – alors que le fonds d'investissement venait de m'annoncer qu'il allait passer son tour. Encore une autre réunion, cette fois à Paris où les bureaux ressemblaient à l'appartement d'Austin Power – psychédélique et groovy. Venaient-ils de nous « claquer la bise » ou étais-je en plein délire ? Et, enfin, une dernière à Londres, où le marbre grandiose et la vue sur la rue commerçante la plus animée de la capitale m'avaient là aussi coupé le souffle, mais d'une manière différente. Je m'étais demandé combien coûtait ce marbre, à l'entrée, et si quelques plaques de celui-ci pourraient suffire à financer ma levée ? C'est le genre de moments où, si vous êtes quelqu'un de naturellement adaptable, qui essaie de s'intégrer et d'adopter les codes de ceux que vous rencontrez, vous finissez par exploser en plein vol. C'est trop intense. Trop divers. Et épuisant de ne plus être soi-même pendant si longtemps.

On avait beaucoup avancé auprès de deux fonds de capital-risque. Un français et un allemand. On ne cherchait qu'un seul investisseur principal, mais tout semblait bien se dérouler. Peut-être qu'au lieu de lever 2 millions, je pourrais suggérer de viser 3 millions et d'avoir deux co-*leads investors* ? Cependant, ces accords ne sont jamais faciles à structurer et je devais être pragmatique, tout en évitant de devenir trop gourmande.

Potsdamer Platz. Je regardais distraitement les monuments berlinois sous mes yeux quand, soudain, une accélération brutale suivie d'un coup de klaxon assourdissant m'ont ramenée à la réalité. Le chauffeur a freiné sec, en sueur. Mon allemand était un peu rouillé, mais j'ai compris qu'il était lui aussi en train de rêvasser devant les merveilles de Berlin et que l'arrivée d'un tramway l'avait brutalement réveillé ! On l'avait échappé belle... J'ai posé une main sur mon ventre, soulagée de n'avoir pas vu le danger venir et de n'avoir pas transmis cette anxiété à mon bébé. J'ai payé la course et je suis partie avec mon sac à dos, à mon rendez-vous avec Ricardo, de Cherry Ventures. Je devais me concentrer sur une seule chose : notre présence à TechCrunch Disrupt, le lendemain.

J'avais été invitée à un panel sur l'intelligence artificielle, animé par le journaliste Josh Constine. Je devais y prendre la parole aux côtés de Suranga Chandratillake, un *general partner* de chez Balderton, et de William Tunstall-Pedoe, le fondateur d'Evi, la start-up qui a développé une grande partie de la technologie derrière l'Alexa d'Amazon. Juste après, je devais « courir », ou plutôt marcher lentement, vers la scène principale, où PJ et moi aurions précisément quatre minutes pour présenter une mise à jour de notre produit et inviter les gens à participer à notre version bêta.

Malgré les répétitions, je ne pouvais m'empêcher de m'inquiéter : et si je perdais de nouveau mon souffle au milieu d'une phrase ? Ma fille donnait des coups, se retournait et le manque d'air m'asphyxiait sans prévenir – bref mais intense. PJ et moi avions élaboré des stratégies pour gérer ces moments lors des réunions de collecte de fonds. Je le pointais simplement du doigt, comme s'il avait un commentaire particulièrement pertinent à faire, et il prenait la parole avec entrain. Le truc était insoupçonnable. Comme tous ces combats que les fondateurs doivent mener dans l'ombre.

Wir sind helden[1]

5 décembre 2017

J'ai été réveillée en sursaut, dans mon hôtel à Berlin, par la notification de l'arrivée d'un mail de Paul, du fonds d'investissement allemand. Ils voulaient nous rencontrer aujourd'hui et proposaient de venir à nous, dans un café proche de l'événement, pour qu'on ne manque pas notre présentation. Ça ressemblait à une bonne nouvelle... ou à de la FOMO ? Ou à une mauvaise nouvelle à délivrer en personne ? Si ça pouvait ne pas être la dernière option... Kendrick Lamar résonnait dans mes écouteurs pendant que je descendais rejoindre PJ. Et je me sentais plus dans la musique que dans la vie réelle. « *Bitch don't kill my vibe, bitch don't kill my vibe...* »

Après avoir rencontré l'ensemble des partenaires, à Berlin, quelques semaines plus tôt, on n'attendait plus que leur décision finale. Jusque-là, je n'avais pas eu beaucoup de contacts avec des sociétés de capital-risque allemandes, si bien que je les avais vus sans attentes, ni a priori. Mais il y avait quelque chose, en eux, qui m'avait vraiment plu. Ils étaient sympathiques, certes, mais ils respiraient aussi le professionnalisme, la

1. « Nous sommes des héros. »

compétence. Je me voyais bien à un conseil d'administration avec eux, dans six mois, échangeant des « trucs » de parents, tout en développant ensemble notre entreprise. Alors j'avais tout donné. Ma force, c'était que j'étais devenue experte dans l'art d'entraîner les gens dans l'irrationalité. Je n'ai jamais menti, et PJ non plus, mais l'énergie qui circulait entre nous était magnétique. Dans un secteur empli de gens terriblement intelligents, capables de vous rendre riche sans jamais vous faire ressentir la moindre émotion positive, être « sympathique » était un gros avantage concurrentiel.

Ces Allemands s'étaient forgé une réputation en menant des tours de croissance, des séries A et plus, et ils n'étaient pas connus pour investir en phase d'amorçage, mais il leur arrivait de s'y intéresser. La vérité derrière ces mots, c'est qu'ils gardaient une petite poche de cash pour les entrepreneurs chevronnés, ceux qui avaient déjà fait leurs preuves et dont les projets étaient les moins exposés à des risques. On jouait donc dans une catégorie supérieure à la nôtre et on avait très peu de chances qu'ils investissent chez nous. Le garder en tête cassait, bien sûr, l'ambiance, mais j'avais besoin de rester réaliste sur l'issue probable de cette réunion.

On s'est assis à la table d'un petit café et, à notre grande surprise, ils nous ont dit être très impressionnés et vouloir miser sur nous – pour 1 à 2 millions de dollars ! Ils m'ont remis une impression papier d'un modèle de *term sheet* et ont ajouté qu'ils auraient besoin d'en discuter les détails, après TechCrunch Disrupt. C'était comme dans un rêve. On les a remerciés chaleureusement et on a filé à l'événement.

J'ai passé les dix jours suivants à échanger des mails avec eux et à les mettre en contact avec l'autre fonds d'investissement pour qu'ils puissent discuter du co-leadership (chacun d'eux partageant la responsabilité du financement). On avait désormais une chance de lever 3 millions de dollars, s'ils parvenaient à régler leurs exigences en matière de participation... Mais quelle frustration d'être écartée de ces discussions ! Alors que c'est moi qui étais au volant, on m'avait brusquement demandé de descendre et d'aller faire un petit tour, pendant que d'autres prenaient le relais. Sauf que, moi, la marche, ça ne me plaisait pas. Ce que j'aimais, c'était conduire. Vite. Et je me serais sentie beaucoup plus à l'aise si j'avais eu l'assurance qu'un jour ou l'autre, la voiture reviendrait nous chercher...

(Un)happy end

15 décembre 2017

Le silence peut être assourdissant. Surtout quand on attend un appel qui pourrait changer toute une vie. Mais, au moins, je n'étais pas seule dans cette salle de réunion froide. Ma fille m'accompagnait, bien au chaud, mais pas immobile. Elle me donnait des coups de pied, comme pour me rappeler qu'elle non plus n'aimait pas attendre.

Je faisais tourner entre mes doigts mon porte-cartes Oyster. Un souvenir de Take Eat Easy, une start-up belge de livraison de repas, qui avait levé 16 millions d'euros et en avait dépensé une partie pour des choses... douteuses, comme ce porte-cartes. L'entreprise avait disparu du jour au lendemain. Et moi, je gardais cette piqûre de rappel à portée de main. Tout en me demandant si eux aussi avaient trouvé difficile de lever des fonds.

Le nom de Paul est apparu sur l'écran de mon téléphone. J'ai décroché, le cœur battant, et j'ai su instantanément, à sa voix solennelle, que les nouvelles n'allaient pas être bonnes. J'ai ressenti sa déception. C'était un moment difficile pour lui aussi. En se penchant sur le dossier, rationnellement, le charme s'était dissipé. Et le doute s'était insinué, sournois. Ils croyaient en nous et au potentiel du marché, mais pour l'instant... Bla-bla-bla. Les mots n'avaient plus de sens. Ils avaient eu peur et la voiture avait fait demi-tour.

Merci, au suivant.

J'ai pris mon stylo. J'en ai lentement retiré le capuchon et, sur le *term sheet* que Paul m'avait donné, j'ai écrit : « Leçon apprise. »

Le Père Noël est une ordure

« Last Christmas, I gave you my heart
But the very next day you gave it away
This year, to save me from tears
I'll give it to someone special... »

Wham!, « Last Christmas »

La semaine avant Noël, on était dans une situation que beaucoup auraient qualifiée de foutue. Il n'y aurait pas de *term sheet* sous le sapin. Le Père Noël était en congé paternité. Il nous restait huit mois de trésorerie mais, si on ne levait pas de fonds dans les six semaines, on était morts. Personne n'allait parier sur une boîte d'IA sans revenus – une machine à brûler du cash pour entraîner des modèles – dont la fondatrice était en train d'accoucher, mais « reviendrait bientôt, promis ». Les fonds d'investissement ne sont pas des organisations caritatives. J'avais toujours été débrouillarde, mais peut-être avais-je atteint ma limite ?

Je détestais le fait qu'on n'ait pas pu progresser plus vite vers l'adéquation produit-marché. Mais je savais aussi qu'on n'aurait pas pu faire mieux. On avait déjà fait avancer tous nos clients à une vitesse vertigineuse, compte tenu de leur taille. On ne reproduisait pas une formule éprouvée. On innovait, on explorait un territoire inconnu : les tout premiers logiciels « copilotes » qui utilisaient le langage naturel. Et on était sur le point de conclure notre premier contrat payant ! Mais, même ça, c'était trop peu pour rassurer les investisseurs face aux risques qu'ils percevaient en nous. La perception du risque et les raisons pour lesquelles on le perçoit dépendent de tellement de biais inconscients. Y avait-il vraiment quelque chose que je pouvais faire pour atténuer le déficit systémique de confiance auquel on était confrontés ? Le même pitch aurait-il suffi pour obtenir des fonds si je n'avais pas été enceinte de sept mois ? Et si j'avais été un homme ? Je n'aimais pas penser de cette façon, mais c'était difficile de ne pas le faire.

Ce qui me rongeait, c'était que les investisseurs ne nous laissaient même pas la chance de prouver qu'on pouvait réussir. Alors qu'ils le faisaient, encore et encore, pour d'autres. Je voyais tant d'entreprises obtenir des financements, avec si peu. J'ai donc demandé à des fondateurs américains, dans le même domaine que nous, de m'expliquer leur processus de collecte de fonds. L'un d'eux m'a répondu : « Heureux de t'aider, même si, aussi fou que ça puisse paraître, on n'avait même pas de présentation pour lever notre série A ! » Absence de perception du risque. Cercles fermés. Pour qu'on croie en notre succès, il fallait – ce qui était rarissime dans le monde du capital-risque – un « état d'esprit contrariant[1] ».

Je me voyais glisser dangereusement vers l'obscurité. Le stress et l'anxiété sont deux carburants très différents. Je brillais sous l'effet du stress mais, si je le laissais se transformer en anxiété, je deviendrais inutile, je m'aliénerais

1. Qui recherche des entreprises sous-évaluées ou mal comprises par le marché.

mon équipe et, pire encore, je risquerais de mettre en danger la santé de mon bébé.

On avait beau tourner ça dans tous les sens, on était assis sur une bombe à retardement. Et ça me mettait hors de moi. Mais de là à abandonner ? Non. Je ne le voulais pas. Je ne le pouvais pas.

Mais alors, que faire d'autre ?

Dirty Dancing

Lever des fonds est comme une danse. Il y a un meneur et un suiveur. Mais quand vous ne menez pas la danse, vous restez seule sur la piste, à attendre que quelqu'un vienne vous inviter. Vous devez alors feindre l'indifférence, prétendre que cette pause, vous l'avez choisie. Ce n'est pas que vous êtes seule, non, vous prenez simplement un moment pour respirer. Vous restez une partenaire de choix, digne de cette danse. Mais les autres finissent par se demander pourquoi vous êtes depuis si longtemps sur la piste, sans qu'aucun autre danseur soit venu à votre rencontre. Peut-être y a-t-il quelque chose qui ne va pas chez vous ? Peu importe, de nouveaux danseurs arrivent et, déjà, on vous a oubliée.

Et puis, en l'espace de cinq jours, avant le 20 décembre, on a arraché un engagement préliminaire du fonds d'investissement français Partech. Un million d'euros, soit la moitié de notre tour de table. On avait réussi à renverser la situation, mais l'épuisement m'avait volé toute impression de victoire. On ne lèverait pas 3 millions de dollars et on était revenus à notre objectif initial de 2 millions. On avait jusqu'à la naissance de mon enfant pour compléter le financement.

Je n'arrivais pas à en éprouver de la fierté, mais j'étais satisfaite qu'on ait réussi à protéger l'équipe de ces montagnes russes émotionnelles. Pour eux, tout continuait comme d'habitude : mises à jour quotidiennes, discussions sur le code, les feuilles de route, les retours clients. Afin de compléter l'illusion, on a même fait une photo d'équipe en pulls de Noël, puis un tour à Winter Wonderland, à Hyde Park. Dans l'odeur de cannelle du vin chaud, les sourires de l'équipe me confirmaient qu'elle ne ressentait pas la pression que je voulais tellement lui épargner.

Décision prématurée

Les fêtes à peine achevées, j'étais déjà replongée dans une frénésie d'appels et de réunions avec des *business angels*, des *family offices* et des fonds d'investissement. Chaque rendez-vous, chaque appel était une tentative désespérée de raccrocher le dernier wagon pour que le train puisse continuer sa route. Comme je ne pouvais plus prendre l'avion, PJ s'était envolé pour San Francisco afin d'y rencontrer quelques clients. Là-bas, j'avais réussi à le glisser dans les bureaux de fonds d'investissement de « niveau NBA », mais... 1 million de dollars ? Pour eux, c'étaient des miettes. Ils ne mettraient pas un centime. De l'extérieur, ça semble absurde mais, dans cet univers, c'est parfaitement logique. Pourquoi prendre le risque d'investir 1 million de dollars dans une équipe européenne qui peine déjà à lever des fonds chez elle ? Pourquoi choisir l'incertitude quand on peut se battre pour entrer dans des deals déjà validés, recommandés par tout le monde ? Si une start-up sur laquelle ils ont misé finit par ne pas tenir ses promesses, ou pire, s'il s'avère que son équipe fondatrice est toxique, ils ont toujours un tour de passe-passe en réserve pour vendre la boîte ou remplacer les fondateurs, afin de les laisser « poursuivre d'autres intérêts ». Comme à Hollywood, les VC de premier plan produisent des happy ends à la chaîne. Ils ne prennent pas de risques, surtout avec leur réputation.

Chaque jour, ma compréhension des subtilités du monde du capital-risque grandissait. Quand PJ et moi nous étions engagés dans cette spécialisation, on était loin d'imaginer qu'elle durerait si longtemps et, après tout ça, on mériterait bien un master en dynamique des fonds d'investissement...

Le fantôme de la comparaison me hantait, de jour comme de nuit. Et, bien sûr, je ne nous comparais pas à la pléthore de fondateurs qui luttaient tout autant que nous. Non, je nous comparais à ceux pour qui lever des fonds semblait aussi simple que respirer. « S'ils peuvent le faire, alors moi aussi, non ? » Mais la réalité était que je n'avais pas (encore) rencontré beaucoup de ceux qui galéraient, et que j'étais obsédée par ceux qui réussissaient. Je comparais des pommes et des oranges, mais je ne le savais pas. Chaque start-up a son propre ensemble de circonstances, de forces invisibles qui jouent pour elle et contre elle, à tout moment. Pourtant, rien de ce que je vivais dans le monde extérieur n'était aussi cruel que la voix intérieure qui murmurait sans cesse à mon oreille.

Nos *business angels* étaient formidables. Beaucoup avaient remis au pot et ceux qui n'avaient pas pu le faire nous avaient fourni des introductions de qualité. Reza, le partenaire de Partech qui allait rejoindre notre conseil d'administration, se battait pour nous aider à boucler le tour de table. À la fin du mois de janvier, on avait obtenu 400 000 dollars supplémentaires, soit 70 % du montant total. Il ne nous manquait plus que 600 000 dollars et on serait enfin tirés d'affaire.

*

En parallèle, je me rendais à l'hôpital toutes les semaines pour un suivi, car la dernière échographie avait décelé un problème : une résistance anormale du cordon ombilical. Résultat : le NHS m'avait classée en « grossesse à risque ». L'hôpital n'était qu'à dix minutes à pied de chez moi, mais ce trajet était devenu mon moyen de me relaxer. Chaque rendez-vous était aussi une bouffée d'informations précieuses dans un océan d'incertitudes. J'ai fini par demander aux sages-femmes si je pouvais prendre des appels depuis l'hôpital : ça ne les dérangeait pas (« leur était égal » était plus juste). Alors, avec un Wi-Fi parfait, pourquoi s'en priver ? Je continuais donc à travailler, comme si de rien n'était. Et ma fille, cette petite présence apaisante, semblait me murmurer : « Tu n'es pas toute seule, tu sais ? » Le contraste entre la bataille acharnée, à l'extérieur, pour lever des fonds et la paix intérieure qu'elle m'apportait était saisissant.

Mon accouchement était prévu pour le 21 février. Soit, dans le meilleur des cas, quatre ou cinq semaines pour boucler notre tour de table. Sur ce, Gabriel est rentré en France pour l'anniversaire de sa sœur et je suis passée à l'hôpital pour un autre contrôle de routine. C'est là qu'on m'a annoncé que l'accouchement serait déclenché dans quatre jours : avec trois semaines d'avance ! Notre bébé serait donc prématuré. Quand j'ai demandé s'il y avait une alternative, le médecin m'a regardée comme si j'étais une idiote risquant la vie de son enfant pour avoir osé réclamer plus d'informations. J'ai accepté, sous pression, et je suis sortie, bouleversée.

J'ai immédiatement appelé Gabriel, qui m'a dit de prendre un deuxième avis. Très vite, un obstétricien expérimenté m'a répondu que je n'étais en aucun cas obligée d'accoucher aussi tôt. Ensuite, j'ai appelé une amie en qui j'avais une confiance absolue en matière de grossesse (elle avait accouché deux fois à domicile, à Londres, et était la personne la plus rationnelle que je connaisse) et celle-ci m'a conseillé de rencontrer l'un de ses amis, auteur de best-sellers sur les accouchements naturels.

À ma grande surprise, il s'est avéré qu'il vivait dans la rue juste derrière chez nous ! Voilà comment je me suis retrouvée à sonner à la porte de Michel Odent, ce gourou mondial de l'accouchement, âgé de 88 ans. Et comment j'ai obtenu une heure de son temps. Lui et sa femme ont été d'une générosité et d'un charisme incroyables. Pendant soixante minutes, j'ai eu le sentiment de m'évader dans un autre monde. Mon travail, mes soucis, tout devenait insignifiant face aux récits de cet homme qui avait aidé des milliers de femmes à donner la vie. J'étais particulièrement frappée par la différence d'ambiance entre l'hôpital, où l'on m'avait fait sentir toute petite, et ces deux personnalités qui me donnaient l'impression que les femmes peuvent tout faire.

Ma start-up ? Elle n'était plus qu'un détail presque insignifiant dans l'immense fresque de l'existence.

Dr No

Confortés par le deuxième avis qu'on avait reçu, Gabriel et moi avons franchi les portes de l'hôpital, déterminés à ce que l'accouchement n'ait pas lieu avant le terme. Il suffirait que je passe chaque jour pour vérifier que tout allait bien. Mais, dès qu'on a osé exprimer cette opinion, qui allait apparemment à l'encontre de l'avis médical dominant, on a ressenti toute la force du système. Comme si l'on était soudain devenus des parias, jugés irresponsables et inconscients. La réprobation a été aussi rapide que brutale. Et on ne nous a pas permis d'annuler l'accouchement prévu. Ils se renvoyaient la balle, d'un service à l'autre, aucun d'eux ne voulant porter la responsabilité de notre décision. J'étais à bout de souffle, littéralement et métaphoriquement. Enceinte jusqu'aux yeux, je me retrouvais à parcourir des couloirs sans fin, chaque pas alourdissant le poids de l'angoisse. Pour la première fois, je ressentais véritablement le stress lié à la grossesse. Chaque médecin que l'on rencontrait semblait sourd à nos préoccupations et, après avoir été baladés d'une équipe à l'autre, j'ai craqué. Les larmes ont coulé, chaudes et incontrôlables.

– STOP ! Arrêtez tout, maintenant.

Je me suis redressée, le ventre tendu, épuisée.

– Je suis enceinte de huit mois et vous nous faites parcourir un marathon pour valider une décision qui nous appartient. Je refuse d'être traitée comme ça !

En apparence, j'étais furieuse. Mais, sous cette colère brûlante, il y avait une tristesse profonde, que je n'avais pas ressentie depuis longtemps. Voir à quel point le système était dysfonctionnel et impitoyable me remplissait d'une anxiété nouvelle. Contrairement à beaucoup, je ne m'étais jamais sentie en sécurité dans un hôpital. Et maintenant je comprenais pourquoi. Les hôpitaux ne sont pas des start-up. Ils ne sont pas « agiles », flexibles, capables de générer une culture d'entreprise productive et bienveillante à partir de rien. Ici, le personnel était épuisé, travaillant sans relâche dans des conditions difficiles, pris au piège d'un système qui les dépassait. Ils préféraient la certitude d'un accouchement programmé à l'incertitude d'une naissance naturelle (que n'importe quel nombre de femmes puisse venir accoucher n'importe quel jour). Je comprenais leurs raisons, mais j'avais l'impression de n'être qu'un rouage dans une machine immense et impersonnelle. Gabriel et moi avions brusquement découvert ce que c'était que d'être traités comme un simple dérangement, une épine dans le pied...

On a finalement obtenu gain de cause, mais seulement après avoir signé une décharge légale, contenant des termes profondément troublants, de ceux qu'on ne souhaite pas voir avant d'accoucher. Et je suis retournée au bureau pour dire au revoir à l'équipe.

Télétravail

Mardi 6 février

Dans une chambre où il y avait trois autres lits, au 6e étage du Royal Free Hospital, le monitoring du cœur de mon bébé rythmait chaque instant, tandis que mes doigts couraient sur le clavier. Je répondais à une énième introduction, mais celle-ci était du type que j'aimais : une recommandation chaleureuse de Reza à un entrepreneur qui avait vécu au Royaume-Uni et aux États-Unis, mené sa start-up jusqu'à une introduction en Bourse, et qui revenait maintenant en France. Oui, bien sûr, j'adorerais que tu parles d'Aiden à Cédric ! Ma signature électronique mentionnait « WFH » (pour *Work From Home*). Mais, cette fois, le « H » de l'acronyme signifiait *Hospital.* Ce qui ne me semblait même pas bizarre ou pénible. J'avais déjà travaillé dans tant d'endroits improbables. Il suffisait de faire abstraction du cadre et de se concentrer sur l'objectif. Les exercices de préparation mentale ne sont pas seulement utiles pour l'accouchement, elles le sont aussi pour les affaires.

J'avais arrêté de compter. Depuis qu'on avait entamé les discussions en novembre, on avait dû dépasser les... soixante-dix réunions ? Et encore trois fois plus de mails pour coordonner, relancer, répondre à des questions sur le produit, le marché, l'ambition. Même si on était passé aux appels vidéo, au moins quarante réunions s'étaient faites de visu, dans quatre pays différents. On avait l'impression de s'être inscrits à une course de 10 km qui, à mi-parcours, s'était transformée en marathon, avec moi portant un sac de randonnée de plus en plus lourd sur le ventre. Le problème n'était pas que les fonds ne voulaient pas investir. C'était qu'ils prenaient leur temps pour se décider, en nous entraînant dans une valse interminable de questions-réponses. Et l'effort déployé était rarement récompensé. Tout ça paraissait aussi inutile qu'épuisant.

Reza a rapidement écrit le mail d'introduction promis.

14 h 37 : Mail à Cédric envoyé.

14 h 41 : Ce dernier venait encore de marquer des points. Il avait déjà répondu et proposé une visio deux jours plus tard, à 15 h. Parfait !

14 h 42 : On a tiré mon rideau et une femme médecin, grande et sévère, s'est approchée de mon lit. J'étais tout sourires. Elle, pas du tout.

– Les mesures ne sont pas bonnes. Le bébé perd du poids dans votre ventre. On va vous faire accoucher aujourd'hui.

J'ai accueilli l'information avec calme, le temps de la digérer. Demain, j'aurais atteint les 37 semaines, ce qui était mon objectif pour éviter les complications d'un accouchement prématuré. J'étais déjà en train de réfléchir à ce que j'allais répondre à Cédric. Mes mains étaient encore sur le clavier. Elle l'a remarqué. Son expression s'est durcie. Elle a lâché :

– Posez votre ordinateur maintenant. Vous avez autre chose à faire.

Elle n'avait pas tort. Et c'était presque risible que je me sente attaquée, compte tenu de ce que je traversais dans le monde des affaires. Mais la différence, c'est que, dans les start-up, je savais exactement à quoi m'attendre. J'y étais préparée. Jamais je ne m'étais sentie jugée par nos investisseurs. Il y avait un grand respect mutuel (sinon, je ne manquais pas de le souligner). Et si, à leurs yeux, je n'étais pas digne d'un investissement, c'était le jeu.

À cet instant, je me suis dit que je devais consacrer toute mon énergie à mon nouveau but : passer le moins de temps possible à l'hôpital. Couper le flux des attentes et de l'empathie. Et rentrer à la maison avec notre petite fille en pleine forme.

Gabriel est arrivé quelques minutes plus tard, essoufflé et excité. On a été transférés dans une autre aile de l'immense bâtiment, qui donnait sur le Roebuck's, un pub dont on adorait les burgers. Après plusieurs heures d'attente sans qu'on ait vu qui que ce soit, j'ai débranché le monitoring, mis mon manteau et on est descendus prendre un burger, pour notre dernier dîner à deux. J'ai promis au staff – qui en avait les yeux écarquillés, mais ne pouvait qu'admettre que le changement d'équipe prendrait encore une heure – qu'on serait de retour avant les douze coups de minuit.

Ah, et j'avais encore un dernier mail à envoyer :

> Hello Cédric,
>
> Je te mets en contact avec PJ, le cofondateur/CTO d'Aiden, pour confirmer le call, car j'ai un changement de programme : je dois aller accoucher plus tôt que prévu.
>
> À bientôt,
>
> Marie

Sienna est née deux jours plus tard et c'était, bien sûr, le plus beau des bébés. Notre joie était immense, presque irréelle. Mais ce qui était troublant, c'était à quel point elle nous était familière. Comme si elle avait toujours été là, avec nous.

Quarante-huit heures plus tard, on a obtenu une décharge de l'hôpital et on est rentrées à la maison. Un énorme bouquet de fleurs nous y attendait, de la part de l'équipe. Les deux premières semaines, je n'ai rien fait, complètement K.O. Gabriel, lui, gérait tout. Absolument tout. Sienna était si petite qu'elle tenait dans l'une de ses mains ; de l'autre, il versait de l'eau sur sa peau encore couverte de lanugo, ce fin duvet de naissance. L'accouchement avait duré plus de 36 heures et j'avais puisé dans mes dernières réserves pour éviter une césarienne, bien que le personnel médical n'ait cessé de me la proposer, comme on offre une glace en pleine canicule. Une césarienne, c'était six semaines de récupération – soit 75 % de mon congé de maternité. Impossible. Mon objectif était clair : profiter de chaque moment passé avec notre bébé et récupérer au plus vite. Si Gabriel n'avait pas été là pour me soutenir dans cette décision, j'aurais dû subir, en plus de tout le reste, des injections quotidiennes pendant deux semaines (pour éviter que le sang ne coagule après la césarienne). Je peux encaisser beaucoup de choses mais, les aiguilles, ce n'est pas mon truc. Surtout quand on vous les remet dans un sac en disant : « Débrouillez-vous. » Contrairement à la France où une infirmière viendrait chez vous, au Royaume-Uni, vous êtes livrés à vous-même. Vous vous souvenez de ces gros titres sur les coupes budgétaires dans le secteur de la santé ? Voilà ce que ça donne. Et n'abordons même pas la question du post-partum. Les financements publics sont réduits à peau de chagrin. Des miettes sont allouées pour aider les femmes à se remettre sur pied après un accouchement.

Fin de permission

Dix jours après l'arrivée de Sienna, j'ai appelé PJ pour faire le point sur les affaires. Ce dernier, avec cette bienveillance qui m'était désormais familière, m'a dit qu'on n'avait pas à parler de tout ça si je ne me sentais pas prête. Et ce n'était pas seulement de la politesse. Il savait ce que c'était, il était lui-même père et connaissait les exigences des premières semaines après une naissance. Comme j'allais bientôt le découvrir, le manque d'empathie à l'égard des jeunes parents peut s'avérer un problème – souvent résolu par de simples questions. Je l'ai rassuré : oui, je me sentais prête.

– Tant mieux. Parce qu'il faut l'être pour ce que je vais te dire.

PJ m'a alors expliqué, avec gravité, que nous n'allions pas obtenir de financement supplémentaire, à moins que je ne sois présente. Les fonds d'investissement n'ignoraient pas que PJ était le cofondateur et que je venais d'accoucher. Ils s'étaient montrés très compréhensifs lors des premières réunions mais, maintenant, ils voulaient me voir en chair et en os. Et leur envoyer une vidéo de TechCrunch Disrupt ne suffirait pas. À ce stade précoce, il y a peu de choses sur lesquelles les investisseurs peuvent se baser, en dehors des fondateurs eux-mêmes.

Après un long moment de silence, je lui ai répondu que je comprenais et que je ferais le nécessaire pour boucler notre levée de fonds.

Le lendemain, j'ai remis du maquillage pour la première fois depuis l'accouchement et fouillé dans mon placard à la recherche de mon trench-coat, espérant qu'il dissimulerait autant que possible ma silhouette. Je portais encore mon jean de grossesse et j'avais l'air d'être enceinte de quelques mois. Mais, malheureusement, je n'avais plus cette petite présence silencieuse qui m'avait accompagnée lors des réunions. C'était comme retourner à une version antérieure de moi-même. Où je n'avais plus deux, mais un seul cofondateur.

Quand je n'étais pas en réunion, ma vie ressemblait à celle de n'importe quelle nouvelle maman. Gabriel et moi immortalisions chaque sourire, chaque mouvement de Sienna avec une avalanche de photos. Notre maison était remplie de la chaleur de notre famille, venue partager notre bonheur. Sienna, dans ce monde tout neuf, était entourée d'un cocon d'adoration et de dévotion. Et la diffusion des épreuves des jeux Olympiques d'hiver, qui se déroulaient en Corée du Sud, rendait les biberons nocturnes presque plaisants pour Gabriel.

Il ne faisait aucun doute que, si je n'avais pas mené cette double vie, je n'aurais pas trouvé la force de continuer. Mes deux vies, celle de CEO (en congé de maternité) et de nouvelle maman, s'excluaient l'une l'autre à ce moment-là. Personne ne pouvait savoir à quel point je vivais intensément les deux, à part Gabriel et, de temps en temps, Sienna. Une seule fois, j'ai dû l'emmener avec moi à une réunion, faute d'aide à la maison. Dans cette pièce bondée, les investisseurs feignaient l'indifférence face à la présence d'un bébé sous la table, pendant qu'on discutait valorisation et *cap tables*. Mais je savais que ça les déstabilisait. Je pouvais le concevoir. Ça ne me dérangeait pas parce que j'étais la maman. Sienna faisait encore tellement partie de moi – ce lien, ce cordon invisible ne se dissipe pas en un instant. Pour moi, sa présence était naturelle, presque nécessaire. Mais je comprenais que, pour ces jeunes investisseurs, qui n'avaient peut-être jamais eu à côtoyer ce genre de situations, entendre une vibration sonore sous la table pouvait sembler pour le moins... inhabituel. Je les ai rassurés : ce n'était pas moi.

La faute de personne

En tant qu'entrepreneures, nous traversons des épreuves qui n'ont pas d'équivalent masculin. Des histoires difficiles à vivre, et presque impossibles à raconter. J'ai hésité à partager celle-ci parce qu'elle est brutale, mais je le fais dans le but de contribuer à la construction de l'empathie. On ne sait jamais ce qu'endurent les autres.

*

Il n'y a pas de bon moment pour perdre des litres de sang, surtout de manière inattendue. Mais c'est encore pire quand vous êtes sur le quai de High Street Kensington, à des kilomètres de chez vous, en sortant d'un rendez-vous avec un fonds d'investissement, en plein après-midi.

Parfois, après un accouchement, un morceau de placenta reste coincé dans l'utérus. C'est rare, mais ça arrive dans 2 à 3 % des cas. Les hémorragies sont la première cause de décès maternel après la naissance et, plus vite elles sont traitées, plus les chances de survie sont élevées.

Ça faisait cinq semaines que j'avais accouché. Une éternité. Et c'était la troisième fois que ça m'arrivait. J'avais signalé les deux premières au corps médical.

Mais, cette fois, j'avais peur que ce ne soit la dernière – à jamais. *Merde.*

Un peu de contexte : après une première hémorragie sévère, j'étais retournée à l'hôpital. Ça avait été étrange de marcher dans les couloirs déserts du 8e étage et de sonner à la porte du service prénatal. Même odeur médicalisée, même chaleur excessive. Assise dans la salle d'attente, où j'étais entourée de futures mamans dont le travail avait commencé, je m'étais sentie comme une intruse. J'étais la seule à ne pas être enceinte. Les deux sages-femmes, épuisées, semblaient ailleurs. C'est là que j'ai réalisé que la « vente » se faisait au même endroit que le service « après-vente » ! Pas le moment de poser trop de questions devant les nouvelles clientes. Quand mon tour est venu, je suis donc restée calme. Trop calme, peut-être. On m'a renvoyée chez moi avec des antibiotiques (pourquoi ? Je ne l'ai même pas demandé). J'étais juste heureuse que ça ne m'empêche pas de profiter de mon bébé.

Une semaine plus tard, même scénario. Cette fois, j'étais à la maison et j'ai pu gérer. Mais je commençais à douter. Était-ce vraiment normal ? Je suis retournée à l'hôpital, la tête ailleurs, concentrée sur la levée de fonds. Encore une fois, j'étais calme, demandant simplement si tout allait bien. Peut-être qu'une partie de moi espérait qu'ils me renvoient chez moi. Encore une fois, ils m'ont donné des antibiotiques, sans même me faire une échographie. J'ai dit merci et je suis partie.

Mais, à High Street Kensington, c'était différent. Le train arrivait et je sentais le sang s'écouler de mon corps à une vitesse alarmante. Mon cofondateur était en train de monter dans le train et tout ce que j'ai trouvé à lui dire, c'est : « J'ai un truc à faire », alors que les portes se fermaient sur son visage, surpris. Je me suis figée pendant une seconde. Pour la première fois, je n'avais pas de plan. Le mécanisme de lutte ou de fuite s'est enclenché. J'ai paniqué. Mes mains tremblaient, le sang continuait de couler. Puis, en un instant, j'ai basculé en mode « combat ». Je me suis précipitée hors du quai pour trouver un endroit où arranger le problème. Un restaurant se trouvait à l'intérieur de la gare. J'ai couru aux toilettes et appelé Gabriel en pleurant, ne sachant pas quoi faire. Mais ça n'a duré qu'une seconde – mon cerveau refusait ce genre de réaction. « Pleurer, ça sert à quoi ? Fais quelque chose ! », m'ordonnait la petite voix intérieure.

Gabriel m'a exhortée à appeler une ambulance. Le saignement s'était arrêté. J'ai dit que je le rappellerais. Puis j'ai rapidement évalué la situation : l'épisode était terminé. J'étais encore consciente. Je n'avais pas mal. Appeler une ambulance ? Combien de temps cela prendrait-il ? Et je ne voulais pas être emmenée dans un hôpital à l'autre bout de la ville.

Je me suis ressaisie. J'ai calmé ma respiration, nettoyé ce que je pouvais et utilisé mon trench pour masquer la réalité, puis j'ai appelé un Uber. Et je me suis assise sur la housse de mon ordinateur afin d'éviter de transformer sa banquette arrière en scène de crime.

Cette fois, à l'hôpital, ils ont accepté de faire une échographie. De toute façon, je leur avais dit que je ne partirais pas avant d'avoir une réponse. Immédiatement, ils ont repéré le morceau de placenta, non sans pâlir.

J'ai passé la nuit à l'hôpital et Gabriel m'a envoyé des photos amusantes de Sienna, pour me distraire. Une sage-femme semblait horrifiée quand je lui ai dit que les hémorragies duraient depuis cinq semaines.

— Ce n'est pas normal, m'a-t-elle répondu.

Et ses mots m'ont apporté un peu de réconfort. C'était la première fois que j'entendais quelque chose qui s'approchait d'une reconnaissance de ce que j'avais vécu.

Le lendemain matin, après l'intervention, je me suis réveillée entourée de nouveau-nés et de mères épuisées. J'étais anxieuse pour elles. Je détestais éprouver ça à un moment censé être si beau, mais je m'étais sentie tellement abandonnée quand j'avais eu le plus besoin de soutien.

Juste avant midi, j'ai pris mon sac à dos (je n'avais pas eu le temps de passer chez moi, alors j'avais encore mon ordinateur et les vêtements de la veille) et j'ai signé les papiers de sortie.

Sur le chemin du retour, j'ai réfléchi à l'ampleur du traumatisme que certaines nouvelles mamans doivent subir, en raison de ce qu'on leur fait ou de ce qu'on leur dit – souvent involontairement. Je ne savais pas comment décrire ce que je ressentais. Du vide, peut-être ? La procédure médicale avait emporté un petit bout de mon âme.

Rêve lucide

Le sifflement de la cafetière à vapeur du barista couvrait la musique et le bourdonnement des conversations, quand j'ai baissé les yeux vers le landau. Sienna, bercée par ce fond sonore, dormait paisiblement. L'arôme puissant du café fraîchement moulu et l'agitation matinale étaient devenus, pour moi, un rituel. Un moment de clarté bienvenu après des nuits hachées, où le sommeil n'était qu'un rêve. De l'extérieur, on aurait pu croire que j'étais juste une jeune maman commandant un latte et songeant qu'il fallait passer acheter des couches. Mais, ce matin de mars 2018, mes pensées étaient ailleurs, bien loin.

Quelle que soit la manière dont je tournais les choses, j'avais échoué. Échoué à boucler notre levée de fonds avant la naissance. Échoué à la boucler après. C'était indéniable. Je n'en éprouvais pas de honte, mais une lucidité crue. J'avais tout donné. Ça n'avait pas suffi.

Les sacrifices font partie de la vie des start-up – je le savais, je les avais acceptés. Mais il était temps de tracer une ligne dans le sable, de définir des limites. Je n'en avais aucune. Et la vie avait décidé de me montrer, sans détour, à quel point c'était dangereux.

Sienna avait six semaines. La notion du temps avait radicalement changé depuis qu'elle était entrée dans notre vie. En six semaines, elle avait vécu des milliers de premières fois – rencontrer la famille, esquisser son premier sourire, découvrir les formes, distinguer les couleurs. Et moi ? Dans le monde des affaires, rien n'avait bougé. On était toujours à 70 % du montant requis pour avoir le droit de clôturer.

D'innombrables réunions. Chaque fois, la conviction que ce serait la bonne. Ils savaient nous faire croire que tout allait se concrétiser. Et puis, rien. L'espoir, ce sel sur mes plaies... Deux citations résonnaient dans ma tête : « La folie, c'est de faire la même chose encore et encore et d'en attendre des résultats différents » – une phrase souvent attribuée à Einstein. Et « C'est la persévérance qui sépare les entrepreneurs qui réussissent des autres », de Steve Jobs. Alors, quelle était la vérité ? Étais-je lâche si j'abandonnais ? Ou bien folle de continuer à m'accrocher comme ça ?

Heureusement pour moi, mon intuition parlait plus fort que jamais. Pour la première fois depuis longtemps, elle réussissait à étouffer cette voix intérieure qui me répétait que je ne valais rien si je n'avançais pas, coûte que coûte, dans cette levée de fonds. La clarté de cette vision me surprenait.

PJ m'envoyait des messages, listant les quelques VC à relancer : White Star, Finch Capital, DN Capital, Local Globe, Hoxton Capital. J'ai regardé mon téléphone. Et j'ai su, avec une certitude absolue, que ce serait une perte totale de temps et d'énergie. Changement de perspective que seule une expérience critique pouvait provoquer. Comme si quelqu'un avait claqué des doigts et fait tomber le voile de l'illusion.

Il ne me restait que deux semaines avant de retourner au bureau. Et il était hors de question de le faire sans avoir d'abord apaisé les choses, en plus de tout le reste. Léa m'avait contactée pour me demander des conseils sur la manière de gérer nos clients payants. Et avait mentionné en passant que nos ingénieurs se chamaillaient sans cesse sur des choix techniques. Les disputes éclataient sur les canaux publics de Slack, sous les yeux de tous. Ce qui minait le moral de l'équipe. Toute la start-up ressemblait à un château de cartes. Construit sur des sables mouvants.

De retour à la maison, j'ai fait les cent pas dans notre appartement, explorant toutes les options pour sauver l'entreprise. En tenant compte de la politique interne, des sensibilités de nos employés ou de nos investisseurs. Ce « je-ne-sais-quoi » qui rendait chaque décision simple inextricablement complexe. Comment projeter de la stabilité dans le chaos ? De la clarté dans l'obscurité ? Le Rubik's Cube n'était toujours pas résolu.

Au bout d'une heure, j'avais un plan. Je l'ai soumis à PJ par téléphone. Puis à Gabriel, au cours du dîner. C'était risqué, mais ça valait la peine d'essayer. Le lendemain, je devais passer deux appels décisifs à nos investisseurs. Deux appels pour tout changer.

Arracher le sparadrap

Premier appel : Sekip. Derrière lui, il y avait un *family office*, Grand Ries. Je devais lui fournir les arguments pour convaincre Mehmet et Mehmet (les propriétaires) de doubler leur investissement : d'ajouter 200k dollars. Pas une mince affaire. Je ne me rappelle plus exactement ce que j'ai dit, mais je me rappelle en avoir préparé chaque mot. Mes mains tremblaient avant de composer le numéro. Parce que je savais que, s'ils disaient non, ce serait la fin de l'aventure pour notre start-up. Je n'avais tout simplement plus la force de continuer deux mois de plus dans ce cirque des investisseurs, avec une boîte dont le dynamisme commençait à décliner.

En raccrochant, je me suis sentie profondément reconnaissante envers ce groupe discret d'entrepreneurs, qui avaient sué sang et eau pendant des années pour bâtir leur succès et qui, maintenant, discrètement, permettaient le nôtre.

Ensuite : Partech. Ils avaient investi en partant du principe qu'on lèverait 2 millions de dollars. Je leur ai dit franchement : on clôture à 1,6 million, si vous êtes d'accord. Mon travail, ce n'est pas de passer des heures à faire le tour des fonds d'investissement, à brasser du vent. Mon travail, c'est de retourner sur le terrain, de concentrer toute mon énergie sur la commercialisation, la gestion de l'équipe et l'évolution du produit. Transformer votre million en bien plus. Voilà ce que c'est, l'entrepreneuriat. Pas cette interminable danse de salon. Soutenir les fondateurs, c'est trouver cet équilibre délicat entre défendre le modèle économique du fonds et donner aux créateurs d'argent les moyens d'en créer réellement. Et ça, Partech l'a compris. Ils ont donné leur feu vert.

Enfin. Ce chapitre beaucoup trop long pouvait, enfin, être refermé. Sans gloire, mais avec soulagement.

Devinez qui est de retour ?

Le lundi 8 avril, j'ai repris le chemin du bureau, comme prévu. Le même jour, est né le bébé de PJ. Notre duo avait fonctionné comme par magie.

L'équipe avait réservé chez Bill's, à Angel, pour un petit déjeuner de bienvenue. J'étais touchée qu'ils aient pensé à organiser ça (je savais que c'était l'initiative de Léa, qui avait ce don d'empathie). Mais, à la fin du repas, j'ai senti une légère gêne dans l'air, que je ne m'expliquais pas. Puis j'ai compris : l'addition était arrivée et, PJ étant absent, c'était à moi de sortir ma carte de crédit professionnelle pour payer ma propre fête. Voilà, j'étais bel et bien de retour en tant que « boss ». Sauf que, à Rocketspace, mon badge ne fonctionnait plus. La réceptionniste, étant nouvelle et ne m'ayant jamais rencontrée, m'a expliqué qu'elle devait appeler les fondateurs d'Aiden pour vérifier mon identité. Je lui ai répondu, d'un ton amusé, que c'était moi, la CEO. Enfin, a priori.

Je n'avais été absente que huit semaines, mais le monde, à bien des égards, avait évolué. Et d'un autre côté, tout semblait figé dans le temps. Les mêmes désaccords techniques, les mêmes individualités à gérer et, toujours, cette quête sans fin de l'adéquation produit-marché.

Il m'a fallu plusieurs semaines pour me réadapter aux codes du bureau et au fait que j'étais la seule, ici, à avoir un enfant. À part PJ, bien sûr, qui était à des kilomètres de là, en congé paternité, mais toujours en ligne pour éteindre les incendies... Personne au bureau ne pouvait vraiment comprendre les multiples réalités avec lesquelles je jonglais. Sienna ne quittait jamais mes pensées et le fait de revenir au bureau était bien moins difficile que celui de ne pas avoir quelqu'un à qui partager ma joie de l'avoir dans nos vies. Ce n'était pas de la malveillance de la part de l'équipe. C'était simplement que notre équipe de huit personnes était composée de six hommes, tous ingénieurs, dont cinq d'une vingtaine d'années. Et aucun n'avait d'enfant.

Je me suis dit qu'il fallait que je me crée un cercle de soutien en dehors du travail, pour m'adapter à ma nouvelle vie de parents et éviter de me sentir isolée. Il n'était plus raisonnable d'imaginer que le travail à lui seul me comblerait. Il était temps de grandir.

Obrigada

Juin 2018

On a attendu que l'argent soit enfin sur le compte et que PJ soit de retour au bureau pour annoncer la nouvelle. On avait bouclé un financement supplémentaire avec des investisseurs solides et 18 mois pour percer le marché. C'était passé à un cheveu : il ne nous restait que deux mois de trésorerie. L'équipe n'avait pas vraiment grossi, le nombre de salariés à temps plein restait le même, mais il y avait eu du mouvement parmi les stagiaires, et PJ et moi étions rarement au bureau. Quand on n'était pas en congé parental, on se trouvait sur la route, à lever des fonds. L'équipe ne nous avait pas vus ensemble depuis des mois. Le besoin de stabilité et de cohésion était pressant.

J'ai insisté pour leur annoncer la nouvelle hors de notre habituel refuge. Et on a choisi Lisbonne. Moins de 400 dollars par employé pour trois jours à l'étranger. Car j'étais obsédée par l'idée de ne pas gaspiller un centime : on avait tellement sué pour lever ces fonds... Et hors de question de fêter ça avec du champagne et du surf, alors qu'on n'avait encore rien prouvé sur le produit. La frontière entre créer un esprit d'équipe propice à l'innovation et devenir une caricature de start-up est mince. Je savais que notre équipe était là pour les bonnes raisons, mais je commençais à réaliser à quel point les fondateurs et les employés vivaient dans des réalités parallèles. PJ et moi sortions de ce qui avait été les mois les plus difficiles de nos vies de start-uppeurs. Un parcours du combattant. Et chaque fois que j'en parlais à l'équipe, je minimisais cet enfer, le transformant en un défi « un peu difficile » mais surmontable. Et je souriais comme si tout roulait.

Je me sentais coupable de mentir. Mais j'en étais fière, aussi. Sous la pression immense d'un accouchement prématuré, de complications post-partum et d'une crise existentielle pour la boîte, j'avais au moins réussi à lui trouver un avenir. J'étais bien sûr désolée de donner l'impression que ça avait été facile, mais quelle aurait été l'alternative ? Leur dire la vérité aurait au mieux créé un malaise, au pire planté la graine du doute et de l'autodestruction.

Notre voyage a été un mélange de discours motivants et de discussions sur notre stratégie. Le tout s'est terminé par une leçon de surf à Cascais, un spot que j'avais découvert lors de mon enterrement de vie de jeune fille. En voyant les vagues, des souvenirs hilares me sont revenus en plein visage. Mais, cette fois, l'ambiance était très différente, notamment parce que l'alcool ne coulait pas à flots. J'ai fait semblant de courir sur la plage avec les autres mais, quatre mois après avoir accouché, mon corps n'était pas prêt pour ce genre d'efforts. J'étais déjà contente d'avoir réussi à entrer dans ma combinaison, et encore plus qu'elle maintienne tout en place.

Faire semblant jusqu'à y arriver... Mission accomplie. L'équipe semblait gonflée à bloc, prête pour un nouveau tour de montagnes russes.

Ciel ombragé

Gabriel avait été la force invisible qui était à la base de ma « réussite » (ou, du moins, de mon refus obstiné de jeter l'éponge), ces derniers mois. Non content de jongler avec son propre boulot de premier employé non technique d'une start-up fintech, il avait assumé toutes les responsabilités parentales à un moment où, accaparée par les complications médicales et le travail, je n'étais tout simplement pas en mesure d'être la mère que je voulais être. Il n'était pas du genre à se plaindre, mais supporter les montagnes russes émotionnelles de la start-up de sa femme, ce n'était pas une balade de santé. Comme tous les expatriés, on vivait loin de nos familles, sans cette bouée de secours qu'on lance aux parents débordés quand tout menace de s'effondrer. Alors, d'un commun accord, PJ et moi avions décidé d'augmenter nos salaires à 50 000 £ par an, pour contribuer aux frais de garde de nos enfants. Sienna passait ses journées chez une assistante maternelle – une des options les plus abordables à Londres, mais tout de même à 1 200 £ par mois. On se relayait pour la récupérer à 17 heures. Puis, une fois qu'elle était couchée, on retournait au boulot, quand on ne tombait pas de sommeil.

Gabrielle et Édouard, nos amis proches, témoins de notre épuisement, ont eu la gentillesse de nous inviter à les rejoindre en Corse. Ils avaient une petite fille qui avait quelques mois de plus que Sienna, et on savait qu'ils comprendraient ce qu'on traversait. Ni vraiment éveillés, ni vraiment endormis. Un regard, un verre de rosé et tout était dit.

Il m'a fallu un voyage sur « l'Île de beauté », l'un des lieux les plus magnifiques au monde, pour réaliser que quelque chose clochait. D'un côté, je ne pouvais pas être plus comblée : entourée de mes amis, de ma famille et du meilleur saucisson qui soit. Mais, au fond, je me sentais engourdie. Vide. Qu'est-ce qui n'allait pas chez moi ?

Je savais qu'avoir une start-up était dur. Je savais que devenir parent l'était aussi. Pas besoin d'en faire tout un plat. C'était le prix à payer, me disais-je. Et puis, beaucoup avaient une vie bien plus pénible que la nôtre. Je connaissais des gens qui auraient donné n'importe quoi pour avoir des enfants, mais qui n'y arrivaient pas. Je n'avais donc pas le droit d'éprouver ces sentiments ambigus, alors qu'on était si privilégiés.

Bien sûr, j'avais entendu parler de ce que certains parents vivaient, de démarrages difficiles. Mais je ne faisais pas le lien. J'avais une image de moi-même qui ne laissait pas de place à ce type de réalité. Les mots « dépression post-partum » existaient dans mon esprit, mais seulement pour les autres. Ils ne pouvaient pas vraiment m'habiter, moi.

Paint it black

«Je ne suis pas ce que je pense être.
Je ne suis pas ce que tu penses que je suis.
Je suis ce que je pense que tu penses que je suis.»

Charles Horton Cooley

Le problème de l'énergie, c'est qu'elle existe en quantités limitées. Et plus on la partage – avec les collègues, les clients, les investisseurs, les amis, la famille proche, la famille éloignée –, plus elle s'épuise. Même si l'on m'a souvent dit que j'avais plus d'énergie qu'une centrale nucléaire, est arrivé le moment où il n'y avait plus de stocks.

Un matin, on se réveille et le verre est à moitié vide. Le chant des oiseaux qui nous faisait sourire hier nous énerve. L'odeur du charbon sur le canal, si authentique, nous dégoûte. Et ce chiot que quelqu'un a amené dans l'immeuble ? Tout ce qu'on voit, c'est la saleté qu'il va laisser derrière lui. On se surprend à porter le cynisme comme un vieux parfum oublié dans la chambre de notre enfance. C'est répugnant, mais étrangement familier et réconfortant. Au moins, ça nous fait rire, même si ce n'est que dans notre tête.

Et puis, tout devient clair. Cet investisseur qui n'a même pas accepté de nous rencontrer parce qu'on n'a pas fait la bonne école. Lui aurait bien voulu être à notre place, fondateur d'une start-up d'IA, mais il n'a jamais eu le courage de renoncer à son salaire confortable d'analyste junior. Il passe donc ses journées avec des fondateurs inspirants, des clones sortis de Cambridge, pas avec une fondatrice non technique, qui gâcherait son fantasme de financeur de stars. Il ne veut pas être vu en train de rabaisser cette barre qu'il croit haute, après des années à répéter son modèle d'investissement non prouvé. Dans sept ou dix ans, il saura peut-être s'il est un génie du capital-risque. En attendant, il espère juste figurer sur la liste Midas des meilleurs investisseurs pour se garantir une bonne réputation, en vue des années creuses.

Et nous, les entrepreneurs ? Combien sommes-nous à nourrir ces mêmes rêves de grandeur ? Ou est-ce juste du narcissisme, déguisé en altruisme ? On écrit nos propres pages Wikipédia, on fait semblant jusqu'à ce que ça nous tue. On espère être découverts, sans être démasqués. Seuls au milieu de la foule, sourire figé, même quand on encaisse des coups qui en auraient assommé d'autres. Dissociant notre corps de notre esprit. On ne dit pas qu'on procrastine, on appelle ça du perfectionnisme. Pas irascibles, mais passionnés. Déçus que nos employés sous-payés ne « fassent pas d'effort supplémentaire », pour une récompense dont ils ne verront peut-être jamais la couleur. Convaincus qu'on court vers la lumière pour le bien commun, alors qu'en réalité, on fuit quelque chose de bien plus sombre et de bien plus personnel : l'échec.

Et qui étais-je vraiment ? Les années passées à essayer de m'intégrer avaient laissé en suspens mon identité. J'avais l'air britannique pour les Britanniques, française pour les Français, australienne pour les Américains. Mon accent même était-il réel ? J'avais l'impression qu'il changeait chaque fois que je rencontrais quelqu'un d'influent. J'étais un kaléidoscope de personnages. Qu'est-ce qui était authentique ? Et qu'est-ce qui était acquis ? Je ne le savais plus.

Pour ceux qui me connaissaient, rien n'avait changé en surface. Mon corps semblait identique. À vrai dire, j'étais même un peu plus mince qu'avant la grossesse. La dépression est perverse : elle rend sexy. Mais, à l'intérieur, c'était une autre histoire. Mon esprit avait développé une vie propre. Et cette voix méprisante et sarcastique, qu'avant j'entendais rarement, ne voulait plus se taire. Comment pouvais-je être à la fois si confiante et si autodestructrice ? C'était comme regarder mon cerveau jouer au ping-pong entre mes pires doutes et un faux sentiment de supériorité.

Je savais que tout ça n'était que des pensées, inoffensives tant que je n'y croyais pas. Mais il devenait de plus en plus difficile de ne pas céder à cette marée noire, même pour quelques secondes. Je cherchais le bouton Reset. Je voulais retrouver cet état d'esprit de « gagnante » que j'avais autrefois.

Et, quand je me disais à quel point c'était dur de ressentir tout ça, je n'avais pas encore réalisé que l'exprimer ne serait ni encouragé ni applaudi. Personne ne voulait voir l'humain. Ils voulaient le mythe. La ligne d'arrivée. Alors, j'ai remis le masque et je me suis préparée pour un autre tour de manège.

L'interminable quête

L'été était passé et, avec lui, une grande partie de notre naïveté. Le produit avait évolué, tout comme nous. Les chatbots ? Relégués aux oubliettes de 2017. Parce que, soyons honnêtes, oui, c'était amusant de taper une question comme si l'ordinateur était notre ami imaginaire, mais ça restait une interaction un peu trop extraterrestre. Parfois, un simple clic sur un bouton est tout ce dont on a besoin pour obtenir ce foutu rapport.

On était en pleine expérimentation, jonglant avec différentes tailles de contrats et différents types de clients. Fini le temps où l'on servait exclusivement les grandes entreprises. On cherchait notre place dans un marché en constante évolution.

Rocketspace étant devenu trop petit pour nous, on avait trouvé refuge près du canal. Un petit coin de paradis, abordable. Le genre d'endroit où l'on pouvait enfin respirer. Et, bonus supplémentaire, on restait dans le même quartier, ce qui arrangeait tout le monde.

Les mois suivants allaient être consacrés à une seule mission : comprendre comment notre logiciel pouvait être utilisé par les spécialistes du marketing du monde entier mais, surtout, comment il pouvait prendre à leurs yeux une valeur indiscutable. On avait réussi à élargir notre base de clients, gravissant péniblement les marches pour atteindre le sommet de la pyramide des fournisseurs.

Mais, alors que nos clients étaient bombardés de propositions alléchantes pour améliorer l'extraction des données de leurs campagnes, se démarquer dans cet océan de promesses relevait du défi. Et se faire payer pour ça ? Encore plus. On avait franchi la porte d'entrée, mais on n'était pas encore invité à rester pour le week-end.

Un schéma se dessinait : on persuadait le décideur de payer pour un essai de trois mois. C'était souvent le directeur marketing, le responsable des acquisitions ou le CEO. Le logiciel était ensuite confié à leur équipe de marketeurs, qui l'utilisait d'abord avec enthousiasme, puis l'abandonnait tout aussi vite. Quand on leur demandait leur avis sur le produit, ils nous répondaient qu'ils utilisaient les rapports automatisés pour leurs réunions hebdomadaires, qu'ils trouvaient l'interface intuitive et que la détection des anomalies était précise. Tout ça sonnait bien, mais ça restait tiède. Je n'entendais jamais « Je ne peux pas vivre sans les rapports hebdomadaires d'Aiden » ou « Les détections d'anomalies nous ont fait économiser des milliers d'euros ». Ce qui manquait, c'était ce petit quelque chose qui ferait du produit un indispensable. Pas seulement un accessoire.

Obtenir une réponse claire était aussi compliqué que de demander à un enfant pourquoi il préfère tel jouet plutôt qu'un autre. Parce que personne ne détestait le produit. Et tout le monde adorait la cheffe de produit. Mais comment ne pas aimer Léa ? Elle était bosseuse, consciencieuse, extrêmement intelligente et jamais satisfaite. Le genre de personnes qui a besoin d'être constamment mise au défi pour ne pas s'ennuyer. Et, croyez-moi, je n'avais pas besoin de lui en inventer. C'était comme si l'on avait placé une souris dans un labyrinthe terriblement tortueux, en sachant qu'elle finirait par en trouver la sortie. (À condition, bien sûr, qu'elle ne meure pas de faim avant.)

Un caillou dans la chaussure

L'excitation de signer de nouveaux contrats était inévitablement éclipsée par la déception de constater la faible utilisation du produit. C'était comme voir la pluie éteindre en quelques secondes un feu qu'on avait mis des heures à allumer. Et Léa n'était pas la seule à ressentir ça, c'était un coup dur pour tout le monde.

Après avoir réalisé que les grosses équipes n'étaient pas notre marché (elles disposaient d'armées de *data scientists* qui souhaitaient eux aussi créer des solutions personnalisées en interne), on s'est recentrés sur les petites et moyennes entreprises. Ce qui a nécessité quelques modifications du produit. Un travail titanesque pour exécuter une idée en apparence simple : détecter les anomalies en temps réel. Mais on a réussi à faire en sorte que chacun, dans l'équipe, considère Aiden comme sa propre start-up. Parce que c'était le cas : tout le monde avait des parts dans l'entreprise et tout le monde voulait réussir.

Mais créer une équipe impliquée et dévouée a un effet secondaire : l'échec est aussi pris à cœur. Et on ne gère pas tous le rejet de la même manière. Ma stratégie avait toujours été d'exposer ceux qui pouvaient encaisser et de protéger ceux qui le vivaient plus mal. Mais mon évaluation était souvent faussée. Et je finissais par stresser les gens en les exposant trop. Ça n'avait rien à voir avec le fait d'être faible ou fort, plutôt avec ce que chacun vivait à ce moment-là. L'un de nos employés était sous visa (et sa femme sur le même visa). Un client qui payait pour nos services mais se plaignait auprès de l'équipe représentait donc, pour au moins l'un d'entre nous, le risque de devoir quitter le Royaume-Uni et de rentrer en Chine.

Et même pour ceux qui n'avaient de responsabilités qu'envers eux-mêmes (ce qui était déjà beaucoup), le fait que les clients ne fassent jamais l'éloge du produit finissait par miner leur confiance. Et c'est là que commençait la valse des reproches. Les ingénieurs reprochaient à l'équipe produit de prioriser l'intégration de fonctionnalités que les clients n'aimaient pas. L'équipe produit reprochait, elle, aux ingés de ne pas suivre les spécifications techniques qu'elle lui fournissait et de prendre des raccourcis qui diminuaient la valeur des fonctionnalités. Les commerciaux reprochaient à leur tour aux ingés de ne pas livrer assez vite. Ces derniers reprochaient aux commerciaux d'avoir survendu des fonctionnalités qui n'étaient jamais réalisables. Et chacun, à un moment ou à un autre, avait l'impression d'être entouré d'idiots. J'étais d'avis que, quand on a des problèmes avec tout le monde, c'est que le problème vient de soi.

On a fini par résoudre cet état d'esprit toxique en encourageant le travail d'équipe et en créant une culture de responsabilité et de transparence. Je partageais les mises à jour des investisseurs, le solde du compte en banque, combien de mois de trésorerie il nous restait et les détails du pipeline commercial. Nos ingénieurs s'engageaient sur des sprints et fournissaient des topos quotidiens à l'ensemble de la boîte, tout comme l'équipe produit. Mais, parmi toutes les techniques tirées des livres et des innombrables articles de blog que j'avais consultés, ma préférée était la mesure de notre « esprit de corps ». « Sur une échelle de 0 à 10, comment va le moral ? » La voie idéale pour exprimer ses doutes, ses préoccupations ou, au contraire, sa satisfaction et ses victoires. En posant cette simple question à voix haute, lors de notre réunion d'équipe, nous avons réalisé à quel point on réagissait différemment face aux mêmes événements. Et que certains d'entre nous étaient confrontés à des choses que personne d'autre ne vivait. Le véritable changement est venu du fait que, quoi qu'il soit dit, ça ne faisait pas l'objet d'un débat. On respectait tous le chiffre donné, parfois avec son contexte, parfois sans. Et rien n'était remis en question. On s'écoutait les uns les autres. Au bout de quelques semaines, les réponses sont devenues plus personnelles. Quelqu'un a dit : « J'ai déménagé et je me suis disputé avec mon nouveau colocataire. » Ça peut sembler très élémentaire mais, dans une culture où tout tourne autour de la « performance » et de « comment réussir », il ne reste pas beaucoup de place pour la banale réalité de nos vies. C'était devenu, pour moi, une évidence : il était de la responsabilité des fondateurs de faire plus de place à l'humain. Le business pour le business n'avait pas de sens.

L'insoutenable altérité de l'être

Près de neuf mois après la naissance de Sienna, je voulais absolument retrouver la forme. Le sport m'avait toujours aidée à gérer le stress et je venais de recevoir le feu vert pour reprendre l'entraînement, ce qui était une excellente nouvelle. Je détestais courir mais mon aversion pour la complaisance était encore plus grande. Alors, je l'ai inclus dans ma routine, deux fois par semaine. La distance entre la maison et le bureau était d'un peu moins de 7 km. Environ quarante-cinq minutes à mon rythme lent. Un jour, je pédalais jusqu'au bureau, je laissais le vélo là-bas et je courais pour rentrer chez moi, puis, le lendemain, je courais pour aller au travail. J'y arrivais le visage rouge et en sueur. Je saluais un ou deux lève-tôt (le temps de passer chez la nourrice, je n'étais jamais la première sur place), je prenais des vêtements propres dans le placard, je filais à la douche et revenais beaucoup plus fraîche. Le bureau se remplissait peu à peu. On n'entendait que mes talons claquer sur le parquet. J'étais l'une des seules à en porter et probablement la seule à faire autant de bruit. Parfois, j'avais l'impression d'être dans une église. Ou dans une bibliothèque. Disons une bibliothèque à l'intérieur d'une église. Je n'avais jamais vraiment prêté attention à l'expression « On pourrait entendre une mouche voler », jusqu'au jour où j'en ai vraiment entendu une. On pouvait aussi entendre les ventres gargouiller, trahissant ceux qui avaient pris un petit déjeuner et ceux qui s'étaient réveillés en retard. Parfois, on ouvrait les fenêtres et on entendait aussi les canards ricaner sur le canal. Au moins, quelqu'un se marrait... Un vrai soulagement pour les rares extravertis du bureau – en fait, pour la seule extravertie : moi. Les introvertis, eux, se délectaient de cette atmosphère. C'est ce qu'il leur fallait pour être productifs. On touchait là à l'intérêt de diriger une start-up : offrir le meilleur environnement possible pour que des gens brillants résolvent une équation complexe.

Mais, pour moi, le silence et l'ambiance générale étaient nouveaux. Et le poids de « l'altérité » me pesait de plus en plus. D'autant que cette tendance profondément enracinée à m'ennuyer facilement n'était pas un trait dont j'étais particulièrement fière. Mes parents en avaient déjà assez souffert, alors je n'allais pas maintenant imposer ça à mon équipe. Mais à l'intérieur, je bouillais. Personne ne vous dit vraiment à quel point la diversité peut être inconfortable. Et ça englobe les capacités cognitives, la résolution de problèmes, les goûts musicaux, l'humour... Au fil du temps, j'ai pu constater à quel point cela devenait difficile, aussi, pour Léa. Comme moi, elle venait du monde des affaires, pas d'un milieu d'ingénieurs. Mais on ne représentait que 25 % de l'équipe, et ça se voyait.

Il y avait aussi des biais idiots et des attentes liées au genre. Je tenais à souhaiter les anniversaires, mais je constatais que seules les femmes semblaient prendre l'initiative de tout ce qui touchait au « bien-être de l'équipe ». Quand je l'ai fait remarquer, l'un de nos ingénieurs a commenté, sans malveillance :

– Oh, vous, les filles, vous êtes meilleures que nous pour ça.

Son sourire s'est évanoui quand il a vu mon regard. J'avais emprunté celui, perçant, d'Ahmed et il se révélait particulièrement efficace. J'ai ajouté :

– Meilleures que vous pour cliquer sur Google Calendar et créer un événement ? J'ai brusquement un doute sur la valeur réelle des diplômes d'ingé...

Le film que je m'étais imaginé, où l'on finirait toutes les phrases les uns des autres, où l'on rirait de nos expériences passées et des obstacles de la vie quotidienne, était en effet une fiction. Chacun avait grandi dans un pays et une culture différents. À ce moment-là, il n'y avait pas un seul Britannique dans l'équipe, mais des Kiwis (Néo-Zed), Français, Espagnol, Irlandais-Polonais-Danois. Bref, le style Benetton. On nous avait vendu ça comme quelque chose d'absolument génial, mais ça ne l'est vraiment qu'une fois qu'on a réussi à créer une sorte de référence commune. Avant, c'est l'opposé de la tour de Babel. Pas une cacophonie de cultures, plutôt un cimetière de plaisanteries.

Permis de tuer, pas de rire

Un mois plus tard, Hector, un ingénieur logiciel prodige, doté d'un ego de la taille du Brésil, est arrivé au bureau à 10 heures du matin. C'était sans doute le plus excentrique de l'équipe et il le savait. Ce jour-là, il portait un sac de golf, un polo orange vif et arborait un large sourire.

– Mec, t'as tiré ton coup ce matin, ou quoi ? a lancé d'une voix forte Michael, un ingénieur logiciel irlandais d'une vingtaine d'années.

Tout le monde s'est arrêté de taper et a retenu son souffle. Si j'avais eu du pop-corn dans mon tiroir, je l'aurais sorti et me serais adossée à ma chaise. PJ a fait comme s'il n'avait rien entendu. Léa et moi, on trouvait ça, au contraire, extrêmement divertissant. Comme une éclipse solaire totale, c'était à la fois rare et un privilège d'assister à une telle situation chez Aiden.

– Qu'est-ce que t'as dit ? a rétorqué Hector avec son fort accent français. Visiblement mal à l'aise.

Michael et lui partageaient beaucoup de choses et se confiaient l'un à l'autre en privé – y compris sur leurs relations amoureuses, un sujet tabou au bureau.

– J'ai dit : t'as tiré ton coup ce matin ou quoi ? a insisté l'Irlandais.

Il s'est ensuivi un petit débat et beaucoup de gêne. Pour détendre l'atmosphère et parce que je pensais avoir compris la référence de Michael, je lui ai envoyé le lien vers la vidéo virale « I just had sex », avec Akon, en message privé sur le système de chat de l'entreprise. Mon téléphone a sonné, je me suis levée et j'ai quitté la pièce. Lorsque je suis revenue à mon ordinateur, un point rouge sur mon écran indiquait un nouveau message de Michael, qui disait simplement : « Perturbant. » La beauté de l'asynchronicité. Il n'avait aucune idée de la raison pour laquelle je lui avais envoyé cette vidéo, qu'il n'avait jamais vue ou entendue (il était trop jeune), et je pouvais maintenant voir, dans ses yeux inquiets, toutes les alarmes que ça avait déclenchées. D'après son sourire crispé, j'aurais parié qu'une voix dans sa tête disait : « P..., est-ce que la CEO est en train de me draguer ? »

J'ai tenté de dissiper le malaise en expliquant la référence. Sauf que je restais la CEO. Et que je continuais à parler de sexe à un homme de huit ans mon cadet, qui travaillait pour moi. Ça n'arrangeait rien ; je creusais même ma propre tombe. J'avais déjà vu ces dynamiques de pouvoir se jouer, quelques années plus tôt, lorsque j'étais à la place de Michael, et je n'avais ni apprécié ni su comment gérer l'ambiguïté de la situation. Et pourtant, aujourd'hui, alors que les rôles s'étaient inversés, je n'avais pensé qu'à mon envie de m'intégrer et de m'amuser, au lieu de repérer la zone grise qui entourait cet échange. Quand j'aurais dû être prudente, j'avais été inconsciente.

Il se trouve que sa blague tournait en réalité autour de Tiger Woods et de la façon dont il utilisait le fait de « jouer au golf » comme excuse pour couvrir un autre de ses passe-temps. J'étais donc complètement à côté de la plaque. Et je me suis rappelé que je n'avais jamais été invitée à plaisanter avec eux. Je m'étais incrustée dans cette fête sans y être la bienvenue. La seule raison pour laquelle j'étais là, c'était pour remplir mon rôle : décrocher des clients, motiver l'équipe, lever des fonds, parler de stratégie, déplacer des montagnes.

Le lundi suivant, lors de la réunion d'équipe, j'ai passé quelques minutes à parler de la manière dont je réfléchissais, depuis un certain temps, à nos différences. Et que je n'avais pas été très douée pour les gérer. J'ai aussi expliqué que, si je me lançais dans une conversation qui mettait quelqu'un mal à l'aise, il devait me le dire. Je n'étais au-dessus de personne. Ni mon assurance ni mon titre ne me conféraient de droits particuliers. J'ai reconnu que certains pouvaient se sentir plus à l'aise que d'autres pour discuter de tel ou tel sujet, mais que ça ne signifiait pas que c'était acceptable.

– En effet, a soufflé Michael avec un grand sourire.

Ouf... Drame évité !

Quarante sacrifices

Lorsque j'avais une vingtaine d'années, j'avais l'impression de pouvoir choisir ce que je voulais apprendre de la vie. Mais depuis que j'étais entrée dans la trentaine et que j'avais un bébé, c'était la vie elle-même qui décidait des leçons qu'elle voulait nous imposer, à Gabriel et à moi.

Je repensais à la fameuse liste des « *Forbes 30 under 30* » et à la façon dont elle m'avait fait me sentir si médiocre. Surtout lorsque je l'avais examinée quelques années plus tôt, bien installée dans la sécurité de mon emploi et à l'abri de toute réelle responsabilité. Mais aujourd'hui, avec le recul, je réalisais que tout ça n'était qu'une illusion bien marketée. Comme ma sœur me l'avait fait si bien remarquer, juste avant que je quitte mon poste dans la start-up de Boston :

— C'est sûrement bien plus facile de faire partie des « trente de moins de 30 ans » que des « quarante de moins de 40 » ! Imagine réaliser tout ça, mais avec une famille, peut-être plusieurs enfants et 50 % de chances d'être parent célibataire ?

Ses mots m'avaient laissée sans voix. Elle avait probablement voulu que je les prenne comme un compliment, un hommage à ceux qui affrontent des épreuves encore plus grandes pour obtenir le même résultat. Mais ça n'avait fait que renforcer mon besoin de prouver ma valeur. J'ai toujours su que je voulais faire les choses différemment. Mais, désormais, je sentais aussi cette urgence de devoir accélérer, coûte que coûte.

Elle a conclu en riant :

– On devrait renommer ça « Les trois sacrifices que j'ai faits pour être sur cette liste avant 30 ans ». Et « Les quarante sacrifices... » pour celles des moins de 40. Ha, ha !

Seule Alexia pouvait être aussi lucide sur une vérité que personne ne voulait vraiment entendre, mais dont tout le monde avait conscience. J'aurais aimé pouvoir en rire avec elle. Mais, au fond, ça ne faisait qu'augmenter la pression que je m'infligeais déjà.

Harder, better, faster, stronger

Novembre 2018

L'hiver a apporté avec lui une joie de la petite enfance : la bronchiolite. Ça faisait un moment qu'on n'avait pas mis les pieds aux urgences, alors ils ont insisté pour qu'on reste un peu. Chaque visite à l'hôpital était une nouvelle occasion de rencontrer des professionnels de la santé qui travaillaient d'arrache-pied pour accomplir leur mission. Sous-payés et surmenés. Tenus de garder leur sang-froid quand des parents angoissés perdaient le leur. On attendait d'eux qu'ils plient, sans jamais se casser.

Ça me déchirait de pénétrer dans un système à la fois si dysfonctionnel et pourtant si performant. J'avais envie de tout réparer. Envie d'interviewer le personnel. De leur demander comment ils se sentaient, de rédiger un rapport et d'obliger les décideurs à améliorer les choses. Mais personne ne m'avait demandé de le faire. Et tant que Sienna n'avait pas retrouvé la force nécessaire pour sortir, je devais me concentrer sur elle.

Ce n'est qu'au matin du sixième jour qu'elle a enfin été autorisée à rentrer à la maison. On a offert, en partant, une boîte de chocolats aux infirmières. Je ne sais pas si envoyer les gens chez le dentiste est le meilleur moyen de les remercier. Mais, en temps de crise, le chocolat semble être le langage universel de l'amour.

Go big or go home

26 décembre 2018, Fuerteventura

C'était un autre monde. Pas étonnant que cette île ait servi de décor pour *Star Wars*. La planète Savareen. Un paysage si étrange, si déroutant, surtout après les paysages familiers de la Normandie où l'on avait passé Noël.

On avait choisi de fuir les plages bondées pour explorer l'intérieur des terres. Un désert aride, chaud et rouge, à l'opposé du Londres froid, gris et saturé de monde qu'on avait quitté une semaine plus tôt.

Le lendemain, on avançait péniblement à travers cet océan de dunes, avec notre bande d'amis et une tribu de gamins tout aussi intrépides. On s'était dit qu'un peu d'air frais et d'exercice physique nous ferait du bien, autre chose que de courir après nos jeunes enfants et nos carrières. C'était certainement notre intention. Mais l'ambiance et ces nuages qui filaient au-dessus de nous semblaient nous inviter à une réflexion plus profonde.

Dans ce lieu improbable, je ne pouvais m'empêcher de voir des parallèles avec notre parcours entrepreneurial. Le vent effaçait nos traces à mesure qu'on progressait vers le sommet, nous faisant perdre de vue l'endroit dont on venait. Parfois, on ne savait même plus si l'on montait ou si l'on descendait. Les montagnes de sable glissaient avec un murmure presque imperceptible, comme si le désert lui-même chuchotait une vérité universelle : tu n'es qu'un grain parmi des milliards. Même le plus terre à terre d'entre nous aurait été forcé de s'incliner devant une telle beauté.

Ce changement de décor, le fait de retrouver nos amis, qui avaient quitté le Royaume-Uni depuis quelques années, et l'esprit des résolutions du Nouvel An m'ont donné une énergie nouvelle. J'étais déterminée à avoir un plan solide pour 2019.

Toutes mes idées, mes réflexions, mes projets prenaient vie dans mes carnets. J'en avais rempli des dizaines de pages depuis les débuts d'Aiden. C'était sans aucun doute l'outil le plus puissant à ma disposition : toujours là, ne nécessitant pas la moindre technologie, parfait pour allumer un feu. Et l'une des rares habitudes que j'avais réussi à garder pendant plus d'une décennie. J'ai pris mon stylo, planifié ma semaine (envisagé de courir quatre fois, ce que je ne suis parvenue à faire qu'une fois) et commencé à répondre à des questions simples : qu'est-ce qu'Aiden apporte à ses utilisateurs, d'après eux ? Qu'est-ce qui rend Aiden unique sur le marché ? Quels objectifs se fixer pour l'année à venir ? J'ai griffonné quelques mots et écrit en gros : « Faire d'Aiden un outil indispensable », « Atteindre 100k $ MRR ou faire un exit. »

Depuis le premier jour, « *Go big or go home* » avait été notre mantra, en privé comme en public. Mais, derrière ces mots galvanisants, se cachait une vérité plus personnelle : je n'avais pas le temps de faire semblant de réussir. J'avais 33 ans et je devais savoir – vraiment savoir – si toute l'énergie que j'avais investie dans cette start-up en valait la peine. Non seulement je le devais à moi-même, mais aussi à notre équipe, à mon mari et à notre fille. Rien ne te fait ressentir le passage du temps qu'un enfant. Impossible d'ignorer que Sienna allait avoir 1 an dans à peine plus d'un mois. Et nous, qu'avait-on accompli en douze mois ? Et où voulait-on en être lorsqu'elle aurait 2 ans ?

Les jours qui ont suivi ont été une parenthèse enchantée. Je me sentais profondément reconnaissante d'être en si bonne compagnie, mais aussi coupable de ne pas être entièrement là. Je ne serais jamais vraiment présente tant que je n'aurais pas trouvé comment faire d'Aiden un succès incontestable.

2019 allait être l'année du cochon, pour les Chinois. Je n'y connaissais rien en astrologie, j'ai donc décidé que l'année du taureau serait plus appropriée. Il fallait foncer.

VII

Casse-tête chinois

Colère saine

Janvier 2019, Londres

J'ai récupéré nos commandes, celle de Léa et la mienne, au stand de café, et nous nous sommes installées dehors, près du bassin de Wenlock, pour une conversation sérieuse. Il faisait froid et la vapeur qui s'échappait de nos narines pouvait aussi bien être due au temps humide qu'à notre humeur. Notre produit n'avait pas trouvé son marché. Ou, du moins, pas au point que les gens fassent la queue pour l'avoir. Et Léa et moi partagions la même conclusion : c'était inacceptable.

Aiden.ai avait démarré en tant qu'analyste marketing virtuel, avec lequel on pouvait interagir en langage naturel. Deux ans plus tard, la promesse de base du produit n'avait pas changé ; ce qui avait énormément évolué, c'était la plomberie derrière. On utilisait au départ des systèmes basés sur des règles, puis on avait intégré des modèles d'apprentissage automatique. On avait également ajouté de nouvelles sources de données : il ne s'agissait plus seulement de campagnes Facebook, mais aussi Adwords et, bientôt, Twitter et Snapchat. On avait également modifié la « vitrine » à plusieurs reprises : d'un chatbot Slack, on était passés à une application web. Aucun de ces changements n'était anodin sur le plan technique. Et, comme toutes les équipes d'ingénierie, on accumulait des dettes techniques qu'il fallait régulièrement « nettoyer ». C'était la partie invisible de l'iceberg. Les fondations sur lesquelles le produit était construit. Une entreprise qui accumule des dettes techniques n'en paie pas immédiatement les conséquences. Du point de vue du client, tout semble fonctionner correctement, jusqu'à ce que ça ne soit plus le cas. On consacrait donc régulièrement du temps à investir dans ces fondations invisibles, au détriment de la création de nouvelles fonctionnalités. Les nôtres incluaient déjà la détection d'opportunités et de menaces (par exemple, lorsque le coût d'une campagne augmentait ou diminuait brusquement), des recommandations d'optimisation et des rapports mensuels. Mais, aux yeux des clients, ce n'était jamais assez. Mon travail et celui de Léa consistaient à prendre en compte ces retours, à analyser l'utilisation du produit et à décider s'il fallait développer une nouvelle fonctionnalité. Ou s'il s'agissait d'autre chose. Quelque chose qu'ils ne disaient pas. Notre pire crainte était de leur servir une succession infinie des viandes les plus savoureuses, en ajustant chaque condiment de chaque sauce, pour finalement découvrir que nos clients étaient végétariens. Mais trop polis pour le dire.

On écoutait chaque commentaire avec une attention obsessionnelle. À l'affût du moindre petit mensonge. On facturait le produit de 250 à 3 000 dollars par mois. Aussi puissant qu'un sérum de vérité, pensait-on. Mais je cherchais une réaction forte, du style « J'adore » ou « Je déteste ». Pas celles, mitigées, qu'on obtenait sans cesse.

« J'aime beaucoup le produit, mais je l'utiliserais davantage si je pouvais ajouter cette intégration. » On l'avait ajoutée. « J'aimerais pouvoir partager les rapports directement depuis l'interface, pour en discuter avec l'équipe. » C'était désormais possible. « J'utilise un calcul différent pour mon seuil de saturation. » Le calcul avait été modifié. On n'avait laissé aucune pierre non retournée. On avait insisté, remis en question, interrogé et codé. On détestait demander à nos ingénieurs une énième fonctionnalité. Mais ce qu'on ne supportait pas, c'était de ne pas comprendre la raison réelle qui empêchait notre produit d'être, pour nos clients, d'une valeur inestimable.

Après beaucoup de recherches et d'analyses, on est arrivés à la conclusion qu'on avait remplacé et retiré la partie du travail que les marketeurs aimaient faire : l'analyse. (Ce dont ils ne voulaient pas, c'était l'implémentation de l'analyse, fastidieuse et peu gratifiante.) On s'est donc lancés dans un voyage de trois mois pour ajuster, une fois de plus, le produit : il ne se contenterait pas de fournir des recommandations, il les exécuterait également. Ainsi, on économiserait du temps, des maux de tête et des heures passées à sauter d'une interface à l'autre.

Maman travaille

Février 2019

J'ai été mentionnée dans un post LinkedIn qui proclamait haut et fort : « Il est impossible d'avoir une carrière et une famille ! » Être étiquetée dans un discours sans nuance m'a immédiatement mise mal à l'aise et un flot de sentiments contradictoires m'a envahie. Certes, mener les deux de front n'était pas facile, mais bien sûr que c'était possible. Tant de gens y arrivaient. Le problème, c'était l'absence de modèles. Je pensais à toutes ces femmes qui, en silence, réussissaient, mais étaient trop occupées à jongler avec leurs responsabilités pour inspirer les autres.

Depuis la naissance de Sienna, mon point de vue avait beaucoup évolué. Quand on avait bouclé notre premier tour de table, j'avais été invitée à participer à un panel de CEO, lors d'un événement tech. Et l'animateur m'avait posé une question qui m'avait déstabilisée :

– Est-ce que, en tant que femme, ça a été difficile de lever des fonds ?

J'en étais restée figée. Puis j'avais fini par répondre quelque chose du genre :

– Eh bien, je ne pense pas qu'être un homme ou une femme change quelque chose dans ce processus... Quand vous êtes CEO, votre genre n'est pas un critère.

LOL... Deux ans plus tard, je devais faire un effort pour ne pas critiquer cette version plus jeune de moi-même, qui ne pouvait tout simplement pas savoir. J'avais eu la chance de grandir dans une famille progressiste et je n'avais jamais vraiment été confrontée à la discrimination ou aux biais inconscients. Mais à 33 ans, en tant que CEO d'une start-up, avec une petite fille de 1 an à la maison et après avoir levé 2,4 millions de dollars en surmontant d'énormes obstacles, j'aurais pu désormais apporter une réponse bien plus nuancée si le journaliste m'avait de nouveau posé la question.

La Journée internationale des droits de la femme approchait et je sentais qu'il était temps d'agir. J'ai passé quelques coups de fil. Suranga, un associé chez Balderton, a gentiment proposé de parrainer l'événement. Je ne voulais pas en être l'organisatrice principale car, même si ce sujet me tenait profondément à cœur, il ne correspondait pas à l'image de marque d'Aiden. Si bien que j'ai appelé Caroline Ramade, la fondatrice de 50inTech, que l'idée de rendre le monde de la tech plus équitable passionnait. Elle s'est montrée ravie de prendre les rênes. Une investisseuse exceptionnellement brillante de Balderton, Laura Connell, devenue notre complice, a suggéré quelques noms. En l'espace d'une semaine, on a envoyé des invitations pour l'événement intitulé « Jeunes familles et jeunes start-up, est-ce conciliable ? » Sur scène, cinq fondateurs. Comme je tenais à faire entendre des pères CEO, Laura a invité Matthew Wiggins et Chris Morton, les fondateurs de Mojiworks, une société de jeux, et de Lyst, une entreprise de mode (fashiontech). Tous deux étaient devenus parents au cours de leur aventure entrepreneuriale. Il y avait également Hélène Guillaume, fondatrice de la start-up healthtech Wild.ai, qui n'avait pas encore d'enfants mais y pensait, tout en développant sa boîte qui était en phase de démarrage. Et enfin Pip Jamieson, la « solo-founder » de l'application de réseautage social The Dots, qui a courageusement expliqué son point de vue sur la question : « Ce n'est PAS faisable. » J'étais le cinquième mousquetaire et on a demandé à Mike Butcher, de TechCrunch, d'animer la discussion. Ce ne serait pas un débat pour savoir qui avait raison ou tort. Je déteste ces discussions polarisantes qui ne font qu'ajouter du traumatisme là où il faudrait guérir. On s'est donc mis d'accord sur l'angle : offrir des perspectives multiples et concrètes sur un sujet compliqué et profondément personnel.

L'événement a été un succès. Plus de cinquante personnes y ont assisté, dont un père célibataire qui est venu nous voir après la discussion, les yeux humides, et nous a dit à quel point c'était dur, pour lui, d'élever seul son fils tout en dirigeant son entreprise. Il avait fait le trajet spécialement depuis Brighton. Bien qu'aucun des intervenants n'ait été dans sa situation extrêmement difficile, il s'était senti moins seul. Une femme aux cheveux roux bouclés s'est approchée de moi et m'a dit :

– Je ne peux pas décrire à quel point ça m'a fait du bien d'entendre que vous y êtes arrivée.

Elle venait de fonder Greyparrot AI, qui est ensuite devenue la principale plateforme d'analyse des déchets pour l'économie circulaire. Mikela Druckman a levé 17 millions de dollars et a eu un enfant dans les deux années qui ont suivi notre conversation. C'était l'un de ces moments où les frontières de nos histoires individuelles s'effacent. Malgré nos différences de points de vue et d'expériences, on ne faisait qu'un.

La grande majorité du public était composée de femmes. Et certaines ont demandé pourquoi aucun des associés ou employés masculins de Balderton n'était là. Disons qu'ils avaient été assez généreux pour payer les boissons et nous prêter la salle afin qu'on puisse avoir cette discussion – pas si mal, non ? Je leur en étais reconnaissante.

Sur les réseaux sociaux, quelqu'un nous a fait un reproche : « Je ne peux pas être présente parce que, à cette heure-là, je couche mes enfants... N'est-ce pas ironique que vous ayez choisi ce créneau pour organiser un tel événement ? » Difficile de plaire à tout le monde.

Gabriel et Sienna étaient là, eux, ce qui me remplissait de joie. Toutes mes amies aussi étaient dans la salle. J'étais tellement contente d'apercevoir leurs sourires parmi la foule. Et de partager avec elles un peu de mon aventure, que je gardais la plupart du temps pour moi. L'une d'elles m'a avoué que son mari – que j'adore – s'était demandé pourquoi j'avais passé autant de temps à mettre cette soirée sur pied, au lieu d'apporter au monde la preuve concrète que famille et start-up étaient conciliables. En d'autres termes : $$$ – le langage universel, selon lui. PJ pensait la même chose, ce qu'il a fini par admettre après que je lui ai demandé pourquoi il ne viendrait pas.

– Agir plutôt que parler, a-t-il répondu.

Comme le chat de Schrödinger, les fondatrices étaient perçues à la fois comme des modèles et des non-modèles. Mais la physique quantique était le cadet de mes soucis. Il était temps de casser ce schéma qui laissait les femmes sur le bord de la route. À devoir supporter des injonctions contradictoires : être mère, être indépendante financièrement mais, surtout, sans se mettre sur le devant de la scène. « Les gens peuvent penser ce qu'ils veulent », en ai-je conclu. J'étais déjà contente d'avoir fait quelque chose et de l'avoir mis sur pied en quelques semaines.

Ego Trip

Avril 2019, San Francisco

De retour dans la Baie, après dix-huit mois d'absence. L'ambiance restait la même, imprégnée de cette sensation que tout est possible. Ouf. Certaines choses résistent au temps. Partech avait organisé un forum pour fondateurs, étalé sur deux jours. Les créateurs de licornes y ont parlé en toute confidentialité des obstacles qu'ils avaient rencontrés à leurs débuts. Embaucher, licencier, trouver l'adéquation produit-marché, gérer les investisseurs, dompter le stress. Résilience, ténacité et une dose de folie pour prendre un vol vers la Californie, tels semblaient être les trois points communs de tous les Européens qui avaient réussi à percer aux États-Unis. J'ai griffonné des notes dans mon carnet, comme si chaque mot était une clé qui me permettrait d'ouvrir une porte verrouillée.

Comme la plupart des fondateurs présents, je ressentais une immense frustration. On avait presque tous quelque chose à prouver. Pour nous qui, avec plus ou moins de succès, avions donné le meilleur de nous-mêmes à nos start-up, c'était une bouffée d'air frais de rencontrer des gens qui, eux aussi, admettaient leurs difficultés. Contrairement à d'autres événements où les masques semblaient presque collés à notre peau, cette fois ils tombaient, laissant apparaître des visages marqués par les combats. Pendant les pauses, on échangeait, on se nourrissait de l'énergie des autres et on comparait nos réussites et nos échecs. J'en étais à me dire que ces sessions n'étaient qu'un prétexte pour nous permettre de nous confier. Une sorte de thérapie pour fondateurs, financée en douce par Partech. Je passais un moment formidable, savourant ce moment où les vérités pouvaient enfin être dites sans détour jusqu'à ce que je regarde PJ. Quelque chose n'allait pas. Il avait même l'air consterné, ce qui était rare chez lui. Je me suis approchée juste à temps pour l'entendre murmurer, furieux :

– Quel con !

PJ, qui ne jurait jamais ! L'entendre lâcher ce mot était comme voir la reine d'Angleterre cracher au visage d'un journaliste...

– Qui donc ? lui ai-je demandé, tout aussi surprise que curieuse.

PJ, fidèle à lui-même, s'est immédiatement excusé pour son langage. Puis il m'a expliqué qu'il venait d'échanger avec un fondateur particulièrement doué pour s'autocongratuler, tout en rejetant la faute sur son équipe à chaque échec. Un sourire m'a échappé. PJ perdait rarement son sang-froid, sauf quand il s'agissait de ressources humaines (qu'il méprisait) ou de boss déloyaux envers leur équipe. Toute injustice, qu'elle fût réelle ou simplement ressentie, allumait en lui un feu qu'il avait du mal à éteindre. C'est l'une des choses que j'aimais chez lui. Amusée, j'ai glissé qu'on pouvait se demander si ce fondateur était le pire qu'il ait croisé au cours de sa longue carrière, y compris pendant ses dix ans chez Apple... Les ego surdimensionnés sont partout et personne n'est à l'abri du champ magnétique créé par un succès fulgurant. Peut-être PJ avait-il simplement rencontré ce gars au mauvais moment. Il ne l'a pas contesté. Et on a continué à être l'« autre voix », l'un pour l'autre. C'était comme un jeu qu'on pratiquait sans jamais en avoir discuté. Quand mon esprit commençait à s'emballer, PJ était celui qui l'apaisait en changeant de perspective, et vice versa. On était les deux pièces maîtresses d'un moteur complexe, et il était impensable de laisser une de ces pièces se détériorer.

J'ai quand même regretté de ne pas avoir enregistré son insulte : de retour au bureau, personne ne me croirait.

Une dernière fois

Il y avait des jours où je craignais qu'on ne sorte jamais de cette phase de « débutants expérimentés ». C'était comme être sur le banc de touche, les baskets lacées, en pleine montée d'adrénaline, et ne jamais être appelé par le coach.

À San Francisco, PJ avait organisé une rencontre avec Pierre Betouin, le fondateur d'une start-up nommée Sqreen. Pierre avait lancé son entreprise à Paris et réussi à intégrer Y Combinator, ce qui avait bouleversé sa vie et l'avenir de sa boîte, devenue un poids lourd dans le domaine de la cybersécurité. « Oh non, pas encore un fanatique de YC », m'étais-je dit. J'aimais ces success stories, vraiment. Mais ce n'était pas notre histoire. On avait tenté notre chance et ça n'avait pas fonctionné. Il était peut-être temps de tourner la page.

Une volonté herculéenne. Une sympathie désarmante. Une positivité à toute épreuve. Pierre et moi, on ne s'était jamais rencontrés. Pourtant, dès les premières minutes, c'était comme si on se connaissait depuis toujours. On terminait presque les phrases de l'autre.

Il nous a conseillé de postuler une nouvelle fois à YC. On a répondu qu'on avait tous deux de jeunes enfants et que ce ne serait pas idéal pour nous.

— Ça peut s'arranger, a-t-il assuré, sans hésiter.

On a alors précisé qu'on venait de boucler une nouvelle levée de fonds et que ça compliquerait sérieusement les choses, si l'on devait transférer la société au Delaware, en cas d'acceptation par YC.

– Ça peut s'arranger, a-t-il répété, imperturbable.

On a souligné qu'il ne restait que quelques heures pour déposer une candidature avant la date limite et que les entretiens avaient lieu la semaine suivante. Or, on repartait à Londres dans moins de 24 heures.

– Ça aussi, ça peut s'arranger, a-t-il répondu, avec une assurance tranquille.

Après quelques bières et une dose de conviction dans son regard et dans sa voix, on est rentrés à notre appartement, on a ouvert nos ordinateurs portables et, pour la dernière fois, on a décidé de retenter notre chance.

La toute dernière fois.

Le reflet qu'on ne veut pas voir

Tout s'est déroulé très vite. On a postulé. J'ai passé quelques coups de fil et un nombre impressionnant de nos soutiens, amis, investisseurs ont pris le temps de nous recommander personnellement dans le cadre du processus de candidature de YC (après que je l'ai demandé gentiment). Tous étaient soit passés par YC, soit avaient un rôle clé dans l'écosystème start-up. Leurs recommandations étaient si touchantes que j'ai été tenté de les imprimer et de les accrocher à nos murs, pour les jours de pluie. Ils croyaient en nous plus que nous-mêmes, parfois. J'ai envoyé un message à Jared, le partenaire qu'on avait rencontré la dernière fois, en lui fournissant des références de nos clients s'il avait besoin d'évaluer leurs retours. Et on a proposé de revenir en personne à San Francisco, deux semaines plus tard (j'avais prévu d'assister à un salon à Las Vegas à ce moment-là).

Et voilà, on était de retour dans le préfabriqué de YC. Moins impressionnés que la première fois, mais bien mieux préparés. Deux années s'étaient écoulées entre ces deux entretiens de dix minutes. Mais ça nous semblait avoir duré une décennie. PJ a plaisanté en disant qu'on avait l'air beaucoup plus jeunes sur la vidéo de candidature de 2017, que j'avais recyclée (je n'avais pas eu le temps d'en faire une nouvelle).

À ce moment-là, le bureau était en pleine effervescence. Un client nous avait quittés, tandis que deux autres étaient en cours d'intégration. Notre première commerciale, Tori, commençait cette semaine. L'un de nos meilleurs ingénieurs menaçait de partir. Et on se préparait pour un grand événement à Vegas, en mai, ce qui demandait beaucoup de boulot. Pour caser l'entretien avec YC dans notre emploi du temps surchargé, j'avais simplement réservé un aller simple pour SF et un autre de SF à Vegas. Et je n'avais pas pris la peine de changer mon vol aller initial, de Londres à Vegas.

On était d'accord sur le fait que rejoindre YC serait un plus, mais la dilution que ça entraînerait serait significative et c'était bien plus risqué de rejoindre le programme maintenant que deux ans plus tôt. En d'autres termes, ça nous « coûterait » 600 000 dollars, soit 7 % de l'entreprise. Ce qui signifiait qu'il faudrait absolument faire partie du top 5 % de la promo pour que ça en vaille la peine. Et même dans ce cas, c'était risqué. On n'en avait pas parlé à l'équipe restée à Londres. Ce n'était pas utile.

On a passé un entretien. On nous a demandé de revenir pour un deuxième, avec un jury différent. Quand le premier jury hésite, il demande un deuxième avis. Quelques heures plus tard, on a reçu un mail disant qu'ils croyaient en la problématique qu'on abordait, mais que notre modèle économique ne fonctionnait pas. Nos plus gros clients mettaient trop de temps à signer, ce qui nous empêchait de nous développer. C'était une gifle, mais une gifle nécessaire.

J'étais déjà dans l'avion pour Vegas lorsqu'on a reçu la nouvelle. PJ et moi n'avons pas pu en discuter en face à face. À mon atterrissage, on en a parlé au téléphone et PJ y est allé franco :

– Bon. Qu'est-ce qu'on fait maintenant ?

– Eh bien, ils ont raison. Ils ont juste vu ce qu'on ne voulait pas admettre nous-mêmes : les cycles de vente pour les gros clients sont trop longs... Si l'on veut survivre, il va falloir qu'on devienne un outil en self-service.

– Bien sûr. On en a déjà parlé. Mais, d'un autre côté, ça aurait été une bonne occasion de redonner un peu d'élan à l'équipe. Elle en a besoin. On a failli perdre deux ingés ces deux dernières semaines... Ils n'ont plus confiance...

PJ n'avait pas tort. En tant qu'entrepreneur, garder sa propre motivation est gérable. On était assez fous pour avoir choisi de créer une start-up. « Réussir » était le seul programme qui tournait en boucle dans nos têtes, jour après jour. Quand on est fondateur, on a un certain pouvoir sur le résultat. Quand on est employé, en revanche, il vaut mieux avoir confiance en sa direction ! Et cette croyance a tendance à s'effriter, d'après mon expérience, au bout de six semaines. Toutes les six semaines, il faut remettre une pièce dans la machine. Quelque chose d'excitant, quelque chose de jamais-vu. Un nouveau client, une nouvelle recrue, un nouvel investisseur, une nouvelle fonctionnalité, une mention dans la presse ou un classement dans les dix start-up européennes les plus en vogue dans l'IA. Sinon, vos employés commencent à regarder ailleurs.

– J'aimerais être comme toi : mon propre patron !

Combien de fois ai-je entendu cette remarque quand je parlais de l'aventure start-up à des inconnus, lors de dîners. Je répondais invariablement par une variation sur le thème de :

– Tu crois ? Pourtant, je n'ai jamais eu autant de patrons de ma vie qu'aujourd'hui ! Mes employés sont mes patrons, mes clients sont mes patrons, mes investisseurs sont mes patrons...

Vegas

Des kilomètres de tapis. Des machines à sous clignotantes. Des affiches criardes pour des clubs de strip-tease. Et cette rumeur improbable selon laquelle Joe Jonas allait se marier lors d'une cérémonie surprise dans notre hôtel... Vegas, c'était mon cauchemar. Je m'étonnais même d'être si révulsée car tant de mes amis proches voyaient ce lieu autrement. Ils parlaient d'amusement, d'une façon de s'évader de la réalité, d'une excentricité exaltante. Moi, je n'y arrivais pas. Tout ce qui me sautait aux yeux, c'étaient ces foules d'âmes perdues, injectant l'argent qu'elles n'avaient pas dans les poches insatiables des hôtels.

Mais peu importait ce que je ressentais. Je devais faire bonne figure et accueillir Tori pour sa première semaine de travail. Elle, la Britannique par excellence, me trouvait bien sûr typiquement française. On partageait l'une de ces gigantesques chambres à plusieurs lits. Elle a fait un commentaire sur mon parfum, du Chanel. « Évidemment », s'est-elle dit. Moi, je n'ai pas pu m'empêcher de remarquer sa capacité à se lier d'amitié avec n'importe qui, en moins de temps qu'il ne faut pour le dire. « Évidemment », me suis-je dit. Tout le monde voulait toujours être ami avec les Britanniques, surtout aux États-Unis.

Tori m'avait été chaudement recommandée par Tim, celui qui m'avait dénichée et emmenée dans l'aventure start-up. Elle venait du même village que lui et James, dans l'Oxfordshire. Aucun d'entre eux n'avait obtenu de diplôme à Oxford, mais ils appartenaient au cercle très influent des anciens élèves du pub The Red Lion. Une société secrète à l'influence soupçonnée dans le monde des affaires, créée à Cows Lane, Steeple Aston.

Après une journée entière à la conférence de Vegas, à travailler dans la salle, à présenter Aiden, à répondre aux mails et à promettre des démos, je me suis excusée pour l'after-party et me suis écroulée sur mon lit. Quand je me suis réveillée à 5 heures du matin (ce qui, avec le décalage horaire, équivalait à 13 heures à Londres), Tori n'était pas dans la chambre. Mon cœur a fait un bond. Trop habituée à travailler avec des ingénieurs, qui auraient tout bonnement ignoré la soirée et la conférence, j'ai saisi mon téléphone, paniquée. Quand j'ai appelé, une voix joyeuse m'a répondu :

– Hello, boss ! Ça va ?

– Oui, mais toi ?

– Je prends juste un dernier verre avec... Chris, c'est bien ça ? Ici, au bar.

– Tu as besoin que je vienne te sauver ?

– Non. Chris est plutôt sympa !

J'ai entendu Chris demander à Tori pourquoi son boss l'appelait à l'aube pour savoir où elle se trouvait. *Bonne question, Chris !* Tori a répondu :

– Parce qu'on partage une chambre.

Je n'ai pas entendu sa réaction. Les haussements de sourcils sont plutôt silencieux, en général.

Notre budget étant serré, j'ai raccroché après l'avoir encouragée à s'amuser (mais sans payer les verres avec la carte de crédit de l'entreprise).

Le salon a duré deux longues journées et, bien qu'il ait été crucial pour nous d'entrer en contact avec des centaines de clients potentiels, j'aurais vraiment préféré que ce genre de salons n'existe pas. C'était tout ce que j'avais toujours fui dans ma vie professionnelle précédente. Après une autre after-party où des hôtesses se promenaient seins nus, j'ai même envoyé un mail au P-DG de l'entreprise adtech qui avait organisé la soirée. Je ne le connaissais pas bien, mais on s'était déjà croisé. Et je lui ai écrit quelque chose du style : « Est-il encore vraiment nécessaire de vendre vos produits de cette manière ? On est en 2019, et vous avez un rôle à jouer en ne participant pas à la sexualisation à outrance des femmes pour conclure des contrats. » Je refusais de continuer à faire semblant d'être aveugle. Il a répondu en mettant en copie sa responsable des relations publiques et en disant qu'il était aussi choqué que moi que ces femmes aient participé à la fête. Elles avaient dû être imposées par l'hôtel... On sait qu'on est en train d'avoir une conversation honnête quand un professionnel de la communication est en copie. En fin de compte, j'aurais peut-être préféré être aveugle.

Il y a une différence énorme, difficile à expliquer, entre la technologie publicitaire (*alias* adtech) et la vraie tech. Un peu comme entre la mousse de foie gras et le foie gras. De loin, ça se ressemble mais, de près, ça n'a rien à voir. PJ et moi, on en parlait souvent et on s'était délibérément éloignés de l'étiquette adtech.

En me dirigeant vers l'aéroport, je me suis promis que ce serait ma première et dernière participation à ce cirque. Je préférerais changer complètement notre base de clients, voire fermer Aiden, plutôt que de continuer à évoluer dans un tel milieu. L'aspect IA de notre produit m'intéressait bien plus que le marketing. Je tolérais beaucoup de choses, mais la vulgarité et la misogynie me révulsaient profondément. Et ces deux éléments étaient au cœur du modèle économique de Vegas et de l'adtech. J'ai soudain regretté de m'être plainte du manque de plaisanteries à notre bureau, quelques mois plus tôt. Je me suis même sentie infiniment reconnaissante envers mes collègues, qui n'étaient jamais lourds ni dégradants.

Pourtant, ça n'allait pas être ma dernière nuit à Vegas. Juste au moment où je pensais avoir touché le fond, on m'a informée que mon billet avait été annulé parce que je n'avais pas pris le vol Londres-Vegas. Les vagues d'indignation que j'avais ressenties se sont transformées en tsunami de larmes. J'ai supplié, j'ai imploré. Mais l'agent de la compagnie aérienne est resté impassible. Je pouvais soit payer 10 000 dollars pour un siège en classe affaires sur le vol que j'avais réservé pour 500 dollars, soit réserver de nouveau en classe économique pour la somme exorbitante de 2 000 dollars. Et le prochain vol n'était pas avant le lendemain. Sinon, je devais attendre une semaine pour obtenir un prix raisonnable. Je l'ai terriblement mal vécu. Je me sentais coupable de dépenser l'argent de la boîte et profondément abattue par la chute d'adrénaline qui avait suivi l'intensité de ces derniers jours. On avait encore été rejetés par YC. Il nous faudrait six mois pour mesurer le retour sur investissement du salon. Et je n'avais pas vu Gabriel et notre fille depuis presque une semaine.

Pour couronner le tout, j'avais appris, en quittant Londres pour San Francisco, qu'un membre de la famille de Gabriel était décédé. Et ma seule excuse pour ne pas assister aux funérailles était : « Je suis à

Vegas. » Répugnant. Gabriel et Sienna y étaient allés sans moi et je détestais ne pas pouvoir être là pour les choses qui comptaient vraiment. À regret, j'ai réservé le vol pour le lendemain, puis je suis retournée à l'hôtel où j'avais séjourné, le cœur lourd.

No YC, no problem

Ça faisait six jours qu'on avait reçu la réponse de YC et on n'avait encore rien dit à l'équipe. Pendant mon vol de retour vers Londres, j'ai préparé quelques slides pour notre réunion du lundi matin, mais mon esprit était ailleurs, perdu dans les possibilités, les risques et ces décisions qui façonnent une vie.

Une idée complètement folle avait émergé lors d'une discussion animée avec PJ et Pierre Betouin, quelque part entre une blague et une illumination soudaine : si l'on n'était pas acceptés par YC, alors pourquoi ne pas créer notre propre programme « *No YC* » ? C'était si simple, si absurde que ça en devenait génial. On irait à San Francisco pendant trois mois, on travaillerait d'arrache-pied, on demanderait à se faire bousculer tous les jours, tout en s'imprégnant des meilleures pratiques du B2B Saas. Mais, et c'était là tout le sel, sans céder 7 % de l'entreprise ! Ça semblait pas mal du tout. Surtout après quelques verres.

Alors, on y va ! Je me suis donné un coup de fouet mental et j'ai tapé en grosses lettres sur la première slide : « On déménage à SF ! » Puis, dans un moment de doute, je l'ai effacée.

PJ et moi savions que ce serait un pari risqué, peut-être même insensé, mais ça pouvait fonctionner. Si, et c'était un « Si » immense, on pouvait régler tous les détails logistiques, ça pourrait motiver l'équipe, la galvaniser comme jamais. Pousser chacun d'entre nous à se surpasser pour enfin trouver cette fichue adéquation produit-marché. Et nous permettre d'être mille fois plus productif que de chercher le Saint Graal dans le confort de l'été européen.

Mais, bien sûr, il y avait le revers de la médaille. On augmenterait nos coûts fixes, on mettrait l'entreprise dans une situation de tout ou rien, avec un délai de trois mois. Et, si l'on échouait à trouver l'adéquation produit-marché dans ce laps de temps, ce serait LA FIN. Ce plan était soit un coup de génie, soit du suicide entrepreneurial.

Je dois l'avouer : j'adorais cette idée. Pas parce que j'étais une joueuse invétérée, mais parce que l'énergie qui émanait du risque me donnait des ailes. Et je voulais que toute l'équipe ressente cette intensité. Il s'agirait de voler ou de mourir. N'était-ce pas là l'essence même de ce qu'est une start-up ? Beaucoup, autour de nous, étaient devenues des zombies, ni mortes, ni vivantes. Elles se maintenaient, confortablement installées dans leur misère grâce aux fonds encore disponibles. Mais pour combien de temps ? Une start-up, par nature, doit être à haut risque. Nos investisseurs le savaient. Alors, pourquoi ne pas aller jusqu'au bout ?

Contrôle Z. J'ai fait réapparaître la slide sur l'écran. Mais je me suis sentie de nouveau mal à l'aise. DELETE.

L'idée de laisser ma fille de 14 mois derrière moi, ne serait-ce que pour un trimestre, me tordait les entrailles. Je ne pouvais pas faire ça. Et Gabriel ? Il devrait redoubler d'efforts, encore plus qu'il ne le faisait déjà (était-ce seulement possible ?). Avec son boulot à temps plein et sans aucun soutien, je ne devais pas lui demander ça. Et puis, la petite voix dans ma tête me répétait en boucle : « Tu es une mauvaise épouse... Tu es une mauvaise mère... Les gens te jugeront pour avoir choisi le travail plutôt que ta famille. » Je pouvais entendre cette voix très distinctement, comme une bande-son impossible à arrêter.

Alors, j'ai tenté un exercice de visualisation rapide. Me projeter dans l'avenir pour voir comment ça résonnerait, des années plus tard. Disons, dans douze ans. Je raconterais l'une de ces deux histoires à ma fille adolescente : « Quand tu étais bébé, je dirigeais une start-up et j'ai eu l'occasion de partir aux États-Unis pendant trois mois, mais j'ai choisi de rester avec toi. L'entreprise a ensuite fait faillite. » Ou : « Quand tu étais bébé, je dirigeais une start-up. Je suis partie aux États-Unis pendant trois mois et ça a été un tournant qui a conduit l'entreprise sur la voie du succès. » Et ma fille, en écoutant ces histoires, que dirait-elle ? Probablement quelque chose comme : « Maman, tu sais bien qu'un enfant n'a pas de souvenirs avant 5 ans, non ? Et puis, tu as été bête de ne pas y aller. Maintenant tu ne sauras jamais si ça aurait marché ou non... Au fait, tu peux me prêter 10 euros pour acheter des bonbons ? »

Une fois de plus, j'ai remis la slide sur l'écran.

Château de cartes

Gabriel était partagé. D'un côté, il savait à quel point il serait compliqué de s'occuper seul de notre fille, tout en travaillant. De l'autre, il ne voulait pas s'immiscer dans la résolution du Rubik's Cube, ni être vu comme la cause de l'échec d'Aiden. Ou de mon malheur. Il admirait aussi le fait que je ne négligeais aucune option pour faire de l'entreprise un succès. Malgré mes propres sentiments mitigés à l'égard de ce stratagème, il m'a soutenue.

PJ a eu la même conversation de son côté. Il fallait envisager une aide supplémentaire pour la garde des enfants, et lui et sa conjointe ont fini par trouver une solution. On en plaisantait en disant que, au moins, PJ ne risquait pas de divorcer : il ne s'était jamais marié ! Mais, au fond, on ne riait pas du tout. On était déterminés à faire de cette période un moment clé. Convaincus que ça ne servirait à rien si l'on ne se fixait pas, à nous comme à l'équipe, des objectifs aussi ambitieux que ceux des start-up de YC.

Le lendemain, j'ai fait l'annonce à l'équipe, au bureau (PJ était coincé à l'étranger, par un problème familial). J'avais répété mon discours, pour que l'enthousiasme soit au bon niveau, sans désespoir mais sans faire fuir les ingénieurs. Deux d'entre eux étaient à risque : l'un cherchait à acheter une maison et ne pouvait pas prendre le risque de s'embarquer dans un prêt hypothécaire sans une stabilité de ses futurs revenus. Et l'autre se sentait frustré de ne pas prendre plus de décisions. Si je m'y prenais mal, il n'y aurait pas de voyage à SF et aucune possibilité d'happy end.

J'avais laissé telle quelle la première slide : « On déménage à SF ! » À sa vue, silence total. Mais inclinaison instinctive des têtes vers l'avant, comme pour mieux capter chaque mot à venir. L'air s'est chargé d'impatience. Et j'ai déroulé le plan : trois mois pour faire la différence. N'importe qui pouvait venir, s'il le souhaitait, mais on devait le savoir dans les 48 heures afin de mettre au point la logistique. PJ et moi partirions à tour de rôle pour que l'un de nous soit toujours au bureau de Londres. Ceux qui viendraient devaient savoir que ce ne serait pas comme dans les films. Ça pourrait être étrange de travailler et de vivre avec ses collègues. Ou plus étrange encore : avec ses employeurs. Mais il ne s'agirait pas non plus d'un trimestre Erasmus à l'étranger, où l'on s'amuse plus qu'on ne bosse. On établirait des objectifs de croissance clairs qu'on utiliserait, au bout des trois mois, pour lever notre série A, avec un investisseur principal américain. Grande responsabilité, grande pression. Opportunités uniques d'apprendre des meilleurs. Quand j'ai fini mon discours, j'ai marqué une pause.

Dix paires d'yeux ronds me regardaient. C'était beaucoup à digérer. Je me suis efforcée de ne pas combler les blancs et, pour une fois, de laisser les choses se faire. Si j'y allais trop fort, on perdrait notre équipe aujourd'hui. Si j'étais trop subtile quant à l'importance cruciale de cette démarche, on les perdrait dans un mois. À ce moment précis, pour la seconde fois de son histoire, la start-up que PJ et moi avions construite ressemblait à un château de cartes. Cette fois, bâti sur une couche de gelée et monté sur des patins à roulettes.

J'ai vu se dessiner un sourire, puis deux. L'équipe a commencé à poser des questions. Ça devenait plus qu'un simple projet lointain. Ouf... Ça prenait ! On était vraiment en train de le faire !

À la fin de la réunion, PJ m'a envoyé un message pour me demander quelles avaient été les réactions au bureau, difficiles à évaluer, pour lui, à partir d'un appel vidéo. J'ai répondu sagement : « 51 % d'enthousiasme, 49 % de prudence. Enfin, je pense... C'est étrange. Je crois n'avoir jamais travaillé dans une entreprise où les gens gardaient à ce point leurs émotions pour eux. » PJ a éclaté de rire : « Bienvenue dans le monde de l'ingénierie ! »

Quitte-moi si tu peux

« Si c'était si facile tout le monde le ferait
Qui tu serais pour réussir là
où tous les autres ont échoué ?
Oublie tes rêves prétentieux,
Redescends sur terre
Ou tu n'en reviendras jamais. »

Orelsan, « Si facile »

9 mai 2019

Hector a démissionné. L'un des deux piliers du code qu'on produisait a claqué la porte. Et, bien sûr, il l'a fait par mail et, évidemment, PJ, son manager direct, n'était pas en Angleterre. PJ m'a envoyé un message sur Slack : « T'as vu son mail ? » J'ai levé les yeux de mon écran et regardé Hector, assis en face de moi dans l'open space, qui était en train de mettre ses affaires dans son sac pour partir. « Oui, je l'ai vu. Je vais lui parler. »

Par écrit, Hector expliquait qu'il ne se sentait plus en phase avec son poste et voulait explorer d'autres horizons. Il proposait même d'aider à la transition et d'en parler à PJ à son retour. Quelques minutes plus tard, nous étions au pub. Moi essayant de comprendre sa décision. Lui impassible, un verre à la main. Je l'ai regardé droit dans les yeux et lui ai dit le fond de ma pensée : il était unique. Jamais je n'avais rencontré quelqu'un d'aussi brillant et d'aussi crétin en même temps. Je n'ai pas pris de gants. Et bien que nous partagions un verre, il était clair que cette conversation n'avait rien d'amical. Quiconque doté d'un peu de sens des affaires m'aurait sans doute conseillé d'y aller plus doucement, d'utiliser davantage de flatteries pour retenir cet employé clé. PJ, en m'entendant, aurait probablement fait un malaise. Mais je m'en fichais. Hector était un génie et, comme tous les génies, il se sentait incompris et sous-estimé. À vrai dire, au début, je n'avais pas vraiment cru qu'il était aussi bon qu'il le prétendait. Il me semblait surtout arrogant et je soupçonnais qu'il pensait la même chose de moi. Au moins, on avait ça en commun.

Dans ses meilleurs jours, Hector avait une mémoire photographique et une capacité unique à simplifier des concepts complexes. Mais derrière cette assurance, il cachait des insécurités profondes. Et ce que je voyais, c'était un potentiel immense, gaspillé par des humeurs changeantes. Sa créativité, comme un geyser, surgissait par moments, éclaboussant tout le monde par sa grandeur. Puis, plus rien. Le silence après la tempête. Je savais comment coacher des équipes. J'aimais ça plus que tout. Mais je ne savais pas comment coacher quelqu'un qui se comportait comme s'il jouait au tennis dans un match de rugby. Hector, brillant, mais souvent décalé, en conflit perpétuel avec ceux qui l'entouraient. « L'enfer, c'est les autres » aurait été parfait, tatoué sur son front.

Alors, j'ai changé de tactique. J'ai sorti le grand jeu en pensant à James qui m'avait vendu l'Audi. Et aux couches que je devrais changer en rentrant. Je lui ai parlé de son importance pour l'équipe, de notre détermination à faire de ce voyage à SF un succès. De l'opportunité unique que ça représentait pour chacun d'entre nous. Tout ce que je disais, je le croyais sincèrement. Il s'en est rendu compte et semblait apaisé. Mais peut-être était-ce la bière ?

Un de nos nouveaux clients, qui passait par là, est venu se joindre à nous et la conversation a pris une autre tournure (impossible de continuer sur le même ton). J'avais déjà manqué le coucher de Sienna et je devais rentrer. Hector paraissait encore pensif, mais il a dit qu'il y réfléchirait.

Mission accomplie.

Changement de plan

10 mai 2019

Hector a démissionné. Je n'étais pas si convaincante que ça, après tout !

Léa, elle, avec son efficacité redoutable et son talent inné pour dénouer les solutions complexes, nous a déniché quelque chose à San Francisco, dans un quartier appelé Cow Hollow, tout près de la marina. Tori était déjà sur place. Elle était venue directement de Vegas et devait y passer quelques semaines pour capitaliser sur l'élan que nous avions créé. J'ai pris mon téléphone pour lui demander de visiter l'appartement. Et puis, pour économiser un déplacement en avion, j'ai ajouté :

– Tori, je sais qu'on avait prévu que tu restes un mois à SF. Mais changement de plan. Qu'est-ce que tu dirais d'y passer quatre mois ?

Tori a marqué un temps d'arrêt. Tous ces projets qu'elle avait faits... Mais l'hésitation n'a duré qu'une fraction de seconde.

– Je pensais que tu ne me poserais jamais la question !

À peine quelques semaines plus tôt, Tori se demandait pourquoi elle se coltinait chaque jour des heures de trajet jusqu'à Canary Wharf pour un travail qu'elle n'aimait pas, dans une boîte où elle ne voyait pas l'ombre d'un impact de ses efforts. Et voilà qu'elle vivait un bouleversement total de ses responsabilités. Elle travaillait dur, avec un impact réel, mais à l'autre bout du monde. Elle a été la plus facile à convaincre. Non pas qu'elle n'avait pas ses propres préoccupations ou une vie à retrouver, mais elle nous faisait confiance. Elle voyait ce qui était en jeu pour nous et à quel point on était déterminés. Et elle savait aussi que ce ne sont pas les gens raisonnables qui marquent l'histoire.

On avait prévu un budget pour cette maison-bureau tout-en-un, et Léa avait négocié une affaire en or parce que le propriétaire (qui venait de vendre sa start-up à Microsoft) attendait les permis pour tout raser et reconstruire. PJ et moi avons été légèrement gênés en découvrant que cette maison de quatre chambres offrait une vue imprenable et une terrasse surplombant le Golden Gate Bridge. Ça semblait trop luxueux pour correspondre à l'état actuel de notre entreprise. Mais, d'un autre côté, on aurait probablement payé plus cher si l'on avait opté pour un garage perdu au milieu de la Silicon Valley. Et PJ n'avait pas tort : on ne pouvait pas s'attendre à ce que nos employés tolèrent l'inconfort total. Leurs motivations et les nôtres n'étaient pas les mêmes. On continuait d'avancer sur cette ligne fine et délicate entre risque et récompense, en veillant à ce qu'elle convienne à chaque membre de l'équipe.

Droit dans le mur ?

20 mai, Paris

Vivatech. Une marée humaine se pressait pour entrer. Les files d'attente s'étiraient à n'en plus finir. Et, contrairement aux Britanniques, les Français ont une étrange aversion pour les files bien ordonnées. Chacun semblait convaincu d'avoir un passe-droit. Alors, quand j'ai découvert que c'était exactement ce que mon badge de conférencière me permettait de faire, je n'ai pas résisté. Et, dans un élan typiquement français, j'ai même embarqué avec moi une amie, pour qu'elle puisse, elle aussi, esquiver cette attente interminable.

Quelques minutes plus tard, j'étais une nouvelle fois sur scène, aux côtés de Mike Butcher, l'incontournable rédacteur en chef de TechCrunch, pour discuter intelligence artificielle devant une trentaine de personnes à moitié intéressées. Ce qui n'avait pas vraiment d'importance. J'ai saisi l'occasion pour annoncer notre départ imminent pour San Francisco. Un petit coup de buzz sur les réseaux sociaux a suivi et ça a attiré un peu l'attention : pile ce qu'il fallait. Quelques clients potentiels, des investisseurs et des start-up françaises basées à SF ont répondu avec des messages de soutien ou d'intérêt.

J'ai quitté précipitamment la porte de Versailles pour retrouver Léa près des Champs-Élysées. On venait de signer un nouveau client à Paris et on avait rendez-vous dans leurs bureaux, pour la réunion de lancement. Puis Léa est retournée seule à Londres, car j'avais un dîner avec des amis. Cette soirée a été une bouffée d'oxygène. Leur enthousiasme et leur soutien m'ont redonné une énergie que je croyais perdue. J'avais toujours pensé que je pouvais tout accomplir parce que je ne cherchais pas l'approbation des autres. Mais ces derniers temps, un doute s'était insinué en moi. J'avais besoin de gens qui me connaissaient vraiment, qui se souciaient de moi, pour me dire que tous ces sacrifices en valaient la peine. Que je n'étais pas folle. L'élan qu'on avait créé était devenu une force irrésistible, impossible à freiner. Mais je ne savais plus où il nous emmenait. Était-on, sans s'en rendre compte, en train de foncer droit dans un mur ?

Au bureau, personne ne pouvait me donner ce recul dont je manquais désespérément. J'étais celle qui leur vendait ce mouvement perpétuel, comme si mouvement = sens. Je me rappelais ce passage du livre de Ben Horrowitz, *The Hard Things About The Hard Things*, où il parle de la différence entre un CEO en temps de paix et un CEO en temps de guerre. Ce n'était pas du tout le même métier. Un peu comme comparer un médecin urgentiste à un chirurgien. L'un doit improviser, trouver la solution la moins dommageable en un minimum de temps et agir. L'autre a le luxe de planifier, de réfléchir, de demander l'avis de collègues, de prendre un café, puis de recommander la solution la plus adaptée.

Je m'interrogeais : étais-je vraiment faite pour ça ? Ou étais-je simplement accro aux montées d'adrénaline, passant d'une crise à l'autre, sans jamais atteindre un état de calme et de sérénité ? Certes, en situation de crise, je savais réagir vite et bien. C'était même devenu une seconde nature. Sauf qu'un bon « CEO en temps de guerre » ne s'évalue pas seulement sur sa capacité à réagir rapidement, mais aussi sur son endurance. Et je commençais à sentir une fatigue sous-jacente, subtile mais bien réelle.

Ce qui me permettait de tenir le coup, c'était mon cercle d'amis proches. Avec eux, je pouvais parler franchement de mes difficultés. Et, surtout, je pouvais rire de tous ces aspects parfois absurdes de la vie d'une fondatrice en galère, sans risquer de ternir ma réputation. Ils s'en fichaient de savoir si j'étais Marie la CEO ou non. Une heure avec eux valait tous les spas du monde.

De retour à Londres, j'ai fait ma valise pour la première étape du programme. Je resterais un peu moins de trois semaines, puis je rentrerais quatre jours afin de voir Sienna et Gabriel, et de passer au bureau de Londres.

Gabriel se préparait sans grand enthousiasme aux mois à venir. Il allait devoir jouer au parent solo la plus grande partie du temps. Les adieux ont été difficiles. Je n'avais jamais été séparée de Sienna plus d'une semaine. Mais Gabriel et moi on s'est promis d'échanger quotidiennement des photos et des vidéos, en faisant des plans pour mon retour prochain. On a simplement appliqué la même technique qu'on utilisait pour se motiver à faire un long jogging : on peut supporter presque n'importe quelle douleur, tant qu'il y a un burger à la fin.

Trois mois pour réussir (bis)

Léa et moi avons atterri en Caroline du Nord pour une escale. J'ai désactivé le mode avion et la première notification qui est apparue sur l'écran m'a coupé le souffle : Justin, l'un de nos ingénieurs les plus expérimentés, venait de démissionner. Un vrai coup de massue.

Il avait peur de perdre son visa et avait accepté un poste dans une autre entreprise. Son dernier jour de travail chez nous serait en août. Tout ça tombait comme une pluie froide sur ce que je croyais être un ciel sans nuages.

Le lendemain, le décalage horaire me fracassait encore le crâne quand j'ai débarqué à un petit événement pour start-up. Eric Ries, l'auteur de *Lean Startup*, parlait devant une vingtaine de personnes. Pour les entrepreneurs, son livre, c'était un peu comme la Bible pour les chrétiens. Mon exemplaire, que j'avais apporté, était tellement annoté qu'il ressemblait à un cahier d'étudiante. Écartant mon envie de fan de lui demander une dédicace, je suis allée lui parler et lui ai pitché Aiden.ai.

– C'est une évidence, m'a-t-il répondu.

Ces quelques mots m'ont fait l'effet d'une injection d'ocytocine – l'hormone de l'amour. Ils valaient de l'or, venant de lui qui avait passé sa vie à aider des start-up à se développer et comprenait parfaitement la douleur qu'on cherchait à soulager.

J'ai aussi croisé Holly Liu, l'impressionnante fondatrice de Kabam, une entreprise de jeux vidéo vendue pour 700 millions de dollars en 2017. Elle faisait également partie du jury de YC qui nous avait recalés un mois plus tôt. Si bien que je lui ai demandé quelques précisions sur notre échec. J'étais là pour me faire secouer, après tout. Elle m'a expliqué que le jury nous avait trouvés trop lourds, trop lents et que nos chiffres ne tenaient pas la route. Aïe. Ça piquait. Ils croyaient en notre mission et le produit les avait impressionnés. Mais ils voyaient aussi des failles qu'on n'avait pas voulu admettre.

Quelqu'un d'autre, peut-être elle, a lancé une remarque qui m'a fait réfléchir : les fondateurs européens étaient souvent obsédés, à tort, par la « fonctionnalité manquante » (« Qu'est-ce qu'on pourrait encore ajouter ? »). Alors que les fondateurs américains, surtout ceux de la Silicon Valley, étaient obsédés par une tout autre question : « Comment notre produit existant, aussi minimal soit-il, peut-il trouver son marché, même de niche ? » Le débat entre produit et marketing faisait rage dans l'univers des start-up. Les deux écoles de pensée s'accordaient sur un point : le produit devait être solide. Mais, là où l'une croyait au mantra du « Construis-le et ils viendront », l'autre ne voyait l'élaboration du produit que comme la moitié du travail. L'autre moitié, tout aussi cruciale, consistait à peaufiner le marketing jusqu'à ce que le message trouve un écho auprès d'une niche, prête à porter le produit vers les sommets. C'était une différence culturelle fascinante, un reflet des mentalités en Europe et aux États-Unis. J'avais toujours eu l'impression que vendre, en Europe, était perçu comme un acte presque vulgaire. C'était moins vrai, bien sûr, dans le monde des affaires, mais le retard restait palpable. Ce que je voyais se profiler était un choix clair : rester coincée dans la quête d'une perfection illusoire ou embrasser le défi de vendre, d'oser, de sortir des sentiers battus.

Colocation dorée

Filbert Street. Je suis arrivée devant notre nouvelle maison et l'endroit semblait tout droit sorti d'un rêve. La rue présentait une suite de bâtisses sans cohérence architecturale, quelques *Painted Ladies* aux couleurs vives, ces maisons traditionnelles de San Francisco, et seul le chant des oiseaux perçait le silence. Il faisait chaud, le ciel était d'un bleu limpide (chose rare à SF) et l'air saturé du parfum des arbres du parc Presidio. De l'extérieur, notre location paraissait gigantesque. En réalité, il s'agissait de deux maisons superposées, et on avait celle du haut. Après avoir gravi quelques marches jusqu'à l'entrée, j'ai ouvert la porte pour découvrir une nouvelle volée de marches. Au moins, on allait rester en forme ! Le dernier étage allait devenir notre bureau. Le parquet craquait sous mes pieds alors que j'atteignais enfin une grande pièce baignée de lumière. Une immense baie vitrée donnait directement sur le Golden Gate Bridge. Je suis restée bouche bée devant la beauté de cette vue. Rapidement recentrée sur la mission du jour : vérifier si le Wi-Fi atteignait bien cette pièce. Ouf. On était prêts à travailler !

On avait mis en place un plan de rotation élaboré pour que tous ceux qui avaient levé la main puissent venir. Et Léa, Dan et Pedro ont été les premiers à me rejoindre.

La cohabitation nous a réservé son lot de surprises. J'avais demandé à PJ s'il fallait fixer des règles claires concernant les visiteurs. Mon point de vue était simple : tout le monde était le bienvenu tant qu'ils pouvaient devenir clients ou apporter une quelconque valeur à l'entreprise. Ce que j'avais dit à Léa et à Tori, mais ce n'étaient pas elles qui m'inquiétaient. PJ, lui, avait ri et m'avait rassuré en affirmant que les ingénieurs ne se comporteraient pas comme certains commerciaux de mon passé, en voyage d'affaires. Mais moi, ça ne me faisait pas rire. Ma plus grande crainte était que l'un ou l'autre prenne ce déplacement à la légère, alors qu'il s'agissait d'un scénario de « Ça passe ou ça casse ».

Gérer des ingénieurs était un terrain inconnu pour moi. C'était PJ qui s'en chargeait ; moi, j'étais la CEO orientée « business, produit, ventes ». Mais, avec un PJ à huit heures de décalage, tout reposait brusquement sur mes épaules. Et, si jamais un problème survenait, mon style de management, sans compromis, risquait de choquer par rapport à l'approche plus décontractée de PJ. Or, on ne pouvait pas se permettre de perdre encore des ingénieurs.

Sans prévenir, 24 heures après notre arrivée, Pedro a invité à la maison une fille qu'il avait rencontrée sur Internet. Pedro avait un très grand nombre de followers sur Twitter et elle était l'une d'entre eux. Ils ne s'étaient encore jamais rencontrés, il ne nous a pas présentés et s'est mis à lui faire visiter le penthouse... en lui disant quoi exactement ? J'aurais bien aimé le savoir. J'en ai parlé à PJ, comme si l'on était une famille recomposée et que son enfant s'était mal comporté sous ma garde. Qui va avoir une petite discussion avec lui, toi ou moi ? C'était plus drôle que préoccupant. Et PJ m'a tout de suite calmée : un incident isolé ne voulait pas dire que ce serait la norme. J'ai pris des notes sur l'éducation des enfants autant que sur le business.

Après quelques jours d'adaptation, le groupe a trouvé son rythme. Du point de vue commercial et produit, on pouvait déjà constater le retour sur investissement de notre pari. Tori, Léa et moi enchaînions les réunions, que ce soit en personne ou en visio, depuis nos chambres (on faisait semblant d'être à un bureau, mais on était sur nos lits). Ici, les portes semblaient s'ouvrir plus facilement, comme si la ville elle-même était un complice silencieux de notre quête. Débarrassées de la contrainte de n'être là que pour quelques jours, on pouvait insister, relancer et avoir des retombées bien plus rapidement.

Pour les ingénieurs, l'adaptation a été plus complexe car l'équipe de Londres restait une ancre tirant vers un quotidien familier. Je les encourageais à s'extraire du confort de leur « bureau » pour aller à la rencontre d'autres ingénieurs, échanger des idées, partager de meilleures pratiques et récolter des avis sur le produit. Voir Dan et Pedro s'intéresser de plus en plus au business, c'était comme voir des plantes se tourner vers la lumière. Un rêve que j'avais souvent caressé. L'équipe s'ouvrait, s'imbriquait, chaque membre devenant plus conscient de l'autre, chaque rouage jouant son rôle dans une machine enfin harmonieuse. Le miracle du programme « *No YC* » prenait forme sous mes yeux.

Tous les jours, à midi, mon téléphone émettait une alarme, douce à mes oreilles. Un rappel de ce qui était vraiment important. Il était 20 heures à Londres. Je me retirais alors dans ma chambre pour un appel FaceTime avec Gabriel, ce qui me permettait de lire l'histoire du soir à Sienna. Ce n'était pas parfait, loin de là, mais on avait trouvé un équilibre bancal qui fonctionnait malgré tout.

Au bout de quelques semaines, un sentiment de légitimité a commencé à poindre. Comme si, enfin, on appartenait à ce monde qu'on avait si longtemps admiré de loin. Et pas seulement parce que Léa, Tori et moi fréquentions Body Temp, la salle de yoga bikram du quartier. Ou que Léa et Tori connaissaient mieux les chemins de randonnée de Marin County que les locaux. Non. On avait aussi réussi à se faire une place dans cette ville pourtant déjà bondée d'entrepreneurs de la tech, partageant les mêmes rêves de grandeur. On commençait à intégrer les réseaux d'ingénieurs, de fondateurs et de *product managers* qui rendaient les choses plus simples. « Ah, tu connais untel ? Cool, on aime bien bosser avec eux, leurs amis sont nos amis... » J'étais soulagée de voir que ma vision était devenue réalité. Un mois plus tôt, tout ça n'était qu'un concept griffonné sur un papier, à Londres.

On a même organisé un événement chez nous, pour rassembler nos contacts. Dire que je ne pensais même pas connaître cinquante personnes à San Francisco... Et pourtant, en encourageant chacun de l'équipe à lancer des invitations, comme s'il s'agissait de la pendaison de crémaillère de leur bureau, on a finalement créé ce qui nous manquait tant : une micro-communauté de soutiens, d'alliés, de gens qui croyaient en nous. J'étais habitée d'un sentiment puissant : de la gratitude. Pour la première fois depuis la création d'Aiden.ai, tout le monde dans l'entreprise contribuait à faire connaître notre produit, notre équipe et notre vision.

Deuxième mariage

11 juillet 2019, Paris

Ce matin-là, je me suis réveillée avec la boule au ventre. On avait déposé Sienna chez mes parents car ma meilleure amie se (re-)mariait au Portugal, le lendemain. Mariage d'hiver, mariage d'été. Sacrés Fadia et Arthur ! Fadia et moi n'avions répété que deux fois la chanson surprise qu'on devait interpréter pour le marié et les 180 invités. Et pourtant, ce n'était pas ça qui me rendait nerveuse (même si ça aurait dû l'être). Ce jour marquait aussi le lancement de notre produit, avec un tout nouveau modèle de tarification, conçu spécialement pour les petites et moyennes entreprises. Après des semaines de retours, d'ajustements et de réunions interminables, on avait décidé d'opérer ce « pivot » majeur en un temps record. L'équipe avait déployé une énergie titanesque pour en arriver là et, enfin, on était prêts à l'annoncer au monde entier.

On avait choisi de le lancer sur Product Hunt, une plateforme où les fondateurs présentent leur bébé, en espérant que les internautes votent pour eux. Les produits qui obtiennent le plus de votes gagnent en visibilité. Une place au soleil. Mais voilà, chaque jour, des centaines de produits étaient lancés. Et on devait absolument figurer dans le top 2, sinon tout notre travail risquait de passer inaperçu. Impossible de laisser le hasard décider de notre sort. Alors, on s'était préparés pendant des semaines. Tandis que les ingénieurs mettaient la touche finale au produit, Léa, Marianne, Tori et moi avions chacune passé des dizaines d'appels pour obtenir le soutien stratégique de votants influents. On comptait sur l'effet de levier de nos différents fuseaux horaires. D'abord l'Europe, puis les États-Unis. PJ supervisait le lancement depuis San Francisco, avec Marianne et quelques ingénieurs, pendant que j'étais à Paris et le reste de l'équipe à Londres.

À 9 heures du matin, heure française, on a lancé notre produit. Dès les premières heures, il était le numéro 1. Et cette place, on l'a conservée jusqu'à un peu plus de 21 heures, juste avant que San Francisco ne se réveille. On n'en croyait pas nos yeux. Ça avait marché ! À ce moment-là, Gabriel et moi avions déjà atterri à Lisbonne et retrouvé nos amis. En arrivant à l'hôtel, je pouvais entendre l'excitation dans les voix du groupe d'amis londoniens qui était déjà là. Parfait. Ils ne le savaient pas encore, mais ils allaient bientôt tous être invités à créer un compte Product Hunt et à voter pour notre start-up.

Malheureusement, quelques minutes avant minuit, on a glissé à la cinquième place. Si près du but... Le jour du lancement, on avait enregistré 2 075 visites sur notre site web, principalement grâce à Product Hunt. Et on avait récolté près de 450 votes positifs et 65 commentaires, ce qui nous a permis de passer d'une poignée d'inscriptions à plus de 100 essais gratuits en une semaine. L'équipe était euphorique !

À Lisbonne, une autre équipe improbable, composée d'amis, travaillait d'arrache-pied pour mettre en œuvre un plan aussi ambitieux que fou : interpréter « Nombreux » d'Angèle, pendant le mariage. L'idée m'avait semblé excellente lorsque je l'avais suggérée en mars. Les idées sont toujours magnifiques quand on n'est pas encore confronté à leur réalisation. Depuis, la vie avait pris un rythme frénétique et j'avais complètement laissé tomber le projet jusqu'à la semaine précédente. Et là, on était cinq à y être plongés. Fadia, la mariée, chanterait avec moi, Thomas et Greg formeraient le chœur et Manu jouerait du piano. Au moins, la moitié de l'équipe avait de l'expérience : les gars. Fadia et moi, en revanche, on s'y connaissait autant en chant qu'en garde de troupeaux de moutons. C'est là que je me suis fait la promesse de mieux séquencer les défis de la vie, au lieu de les empiler.

Je ne sais pas trop comment on a réussi à se retrouver, à échapper au tumulte des préparatifs du mariage et à répéter. Tout ce dont je me souviens, c'est que ça s'est fait sous le voile de la nuit, avec des Moscow Mule à portée de main. Et, le jour venu, c'était parfaitement imparfait – comme toutes les bonnes choses de la vie.

Série A ou pas ?

J'étais de retour à San Francisco et, en attendant que la laverie The Missing Sock[1] ne me rende mes vêtements trempés, je parcourais machinalement LinkedIn sur ma chaise en plastique, au milieu des autres clients qui poireautaient, le regard partagé entre ennui et désillusion. Je me demandais si eux aussi avaient des propriétaires tellement radins qu'ils encaissaient des milliers de dollars de loyer par mois sans fournir de machine à laver à leurs locataires. Tiens. Pour une fois mon feed LinkedIn me présentait une information sur laquelle je pouvais agir : Jean de La Rochebrochard était en ville. Je l'ai invité à passer, pour le tenir au courant de nos avancées. On pouvait enfin partager quelque chose dont on était vraiment fiers. Le lancement avait créé un tel élan que toute l'équipe était débordée par les intégrations. Et, bien qu'on ne sache pas encore combien d'essais gratuits se transformeraient en abonnements payants, pour la première fois, la demande était trop forte pour qu'on puisse y faire face.

Jean m'a demandé ce que je pensais d'une série A. Je n'étais pas sûre. Il faudrait y réfléchir et déterminer quel serait le meilleur moment pour se lancer. L'été, qui est généralement une période creuse en Europe, ne

1. La Chaussette manquante.

l'est pas autant aux États-Unis. L'équipe avait eu peu de temps pour se reposer, mais elle était heureuse et revigorée par nos récentes victoires. Et après des mois de lutte, on avait enfin l'impression de disposer d'une nouvelle source d'énergie. Gabriel et moi avions annulé nos projets de vacances en août – une randonnée autour du Mont-Blanc. (Trop de montagnes à gravir en une année.) À la place, on prendrait quelques jours en juillet, puis Gabriel et Sienna me rejoindraient à SF, où je resterais tout au long du dernier mois.

Invitation inattendue

Une nouvelle notification de mail a retenti, perturbant la tranquillité de l'instant. Le titre – « Invitation de la part d'Atomico » – a retenu immédiatement mon attention. J'ai cliqué sur le message, intriguée. Une invitation personnelle de Niklas Zennström. Incroyable !

Niklas Zennström avait cofondé Skype en 2003 et redéfini la manière dont le monde entier communiquait, en rendant les appels longue distance aussi simples qu'un clic. En 2011, Microsoft avait racheté Skype pour la somme faramineuse de 8,5 milliards de dollars. Niklas était l'un des entrepreneurs en série les plus brillants d'Europe. Une véritable légende. Et moi, ado, j'avais été une fervente admiratrice de son premier projet, Kazaa (même si, à l'époque, sa légalité laissait à désirer). Sa vision n'avait jamais faibli. Animé par le désir de voir l'Europe devenir un terreau fertile pour les start-up de demain, il avait lancé un fonds de 600 millions de dollars pour soutenir les projets les plus audacieux, les plus prometteurs. Et maintenant, il m'invitait, moi, avec un petit cercle de fondateurs et d'amis, à le rejoindre sur son yacht en Croatie, pour discuter de l'avenir de la technologie.

J'ai relu le message une seconde fois, à peine capable de croire ce qui était écrit. Est-ce que cela m'intéresserait... ? C'était presque surréaliste. Je me suis demandé un instant comment il avait entendu parler de moi. Après tout, je n'étais pas exactement l'une de ces « filles cools » qui sont toujours sous les projecteurs. Une socialite... Puis tout s'est éclairé. Bien sûr ! C'était grâce à Sophia Bendz, mon ange gardien. Depuis la levée de fonds en 2018, elle avait été ce rayon de lumière qui perçait les nuages les plus sombres. La seule femme parmi les treize investisseurs de notre tableau de capitalisation. Mais Sophia était bien plus qu'une simple figure féminine dans un monde dominé par les hommes. Elle était une source d'inspiration, pour moi et pour tant d'autres. Elle avait fait partie des tout premiers employés de Spotify, assistant aux premiers pas de ce qui allait devenir un titan du streaming musical. Une pionnière, une visionnaire, qui avait ensuite rejoint les rangs des investisseurs chez Atomico, tout en trouvant le temps de conseiller le Premier ministre suédois. Une alliée précieuse, une sœur d'âme.

J'étais censée être à San Francisco au moment du voyage de deux jours en Croatie. J'ai regardé mon emploi du temps, puis le mail de Niklas. Mes plans pouvaient être modifiés.

L'écume des ambitions

Dans l'avion pour Dubrovnik, j'ai parcouru les biographies de ceux que j'allais rejoindre sur le bateau. On serait huit fondateurs. Cinq femmes et trois hommes. Un ratio très peu commun. Je pouvais deviner l'influence subtile de Sophia derrière tout ça. La diversité ne se produisait pas par accident ; elle était le résultat du travail de ninjas comme elle. Sophia ne participerait même pas au voyage, mais elle s'était assurée que nous, oui.

Je m'étais accordé une pause dans le tumulte quotidien pour être là et une seule question importait : qu'est-ce que je voulais en retirer ? Du réseau. L'entrepreneuriat m'avait apporté une condition chronique : la solitude. Ça allait et venait mais, plus Aiden gagnait en visibilité, plus je la ressentais. Il fallait toujours se faire entendre, ajouter du carburant à la machine en communiquant sur le déménagement à SF, il y avait des produits à lancer, des postes à pourvoir, etc. Et, à mesure que le pendule penchait d'un côté, il finissait par revenir de l'autre, me laissant l'impression de jouer un rôle.

Impossible de ne pas être nerveuse avant d'embarquer pour un tel séjour. Alors que j'attendais avec Henrietta, Amy et Yodit que le Zodiac vienne nous chercher au ponton, personne ne parlait. On fixait simplement le petit point au loin qui grossissait, jusqu'à ce qu'on puisse distinguer trois personnes en uniforme marin d'un blanc impeccable. Je ne sais pas ce que pensaient les autres filles mais, moi, je me demandais si j'avais été folle d'accepter une invitation à passer 48 heures sur un bateau. J'étais terriblement sujette au mal de mer.

Niklas et sa femme Catherine ont été des hôtes de rêve. Je ne les ai pas vus comme des « milliardaires », mais comme un couple incroyablement fort. Un couple qui avait surmonté ensemble tant d'adversité. Et je ne pouvais m'empêcher de constater qu'aucun succès n'était possible sans un partenaire exceptionnel à ses côtés.

Les deux jours sont passés à une vitesse fulgurante, dans un tourbillon d'inspiration et d'échanges riches en enseignements. Niklas a prononcé deux mots dès notre arrivée : « Sécurité psychologique ». Et sans ce rappel bienvenu, l'atmosphère aurait pu être tendue, en plus d'être intense.

Je n'ai presque pas sorti mon téléphone, sauf pour vérifier si tout allait bien pour Sienna, Gabriel et l'équipe. Ce n'était pas le genre de voyage où l'on poste des selfies sur un yacht, avec des hashtags du type #lovingmylife #jetski #AdriaticSea. Non, c'était plutôt : #reflexion #inspiration #intelligencecollective. J'étais en admiration devant les parcours des fondateurs et des investisseurs présents à bord.

Lors du premier dîner, a commencé l'épreuve redoutée par chaque fondateur : présenter sa start-up. Le cadre ne pouvait être plus trompeusement paisible. Notre silence était total, presque lourd. Chaque fourchette posée sur la table semblait avoir été choisie pour accentuer cette atmosphère solennelle. On était là, assis dans un cercle restreint, nos pensées flottant quelque part entre fascination et appréhension. Le contraste était saisissant : on connaissait notre pitch par cœur, le récit bien rodé de nos entreprises, les chiffres qui devaient impressionner, les anecdotes qui devaient captiver. Mais ici, dans cette ambiance intime et feutrée, il ne s'agissait plus seulement de réciter un discours. Le public n'était pas une foule anonyme, partiellement attentive. Non, c'était un groupe de pairs, des esprits affûtés, des juges bienveillants mais implacables. Chacun écoutait intensément et chaque mot prononcé résonnait davantage, comme s'il était amplifié par l'écho de la mer.

L'atmosphère rappelait étrangement une scène de film, celle de *Titanic*, où James, un garçon d'origine modeste, se retrouve à dîner en première classe, entouré d'aristocrates aux manières sophistiquées. Comme lui, on jouait tous un rôle, celui de l'entrepreneur sûr de lui, à l'aise dans ce cadre luxueux, comme si l'on avait grandi sur ces yachts, élevés par des parents qui se trouvaient être des fondateurs de la tech. Mais, sous les sourires et les manières polies, l'appréhension était palpable. Je n'étais pas dupe. Et je jouais aussi le jeu, cachant mon amusement derrière mes lunettes de soleil, observant chacun tenter de maintenir l'illusion. Une fondatrice, visiblement nerveuse, s'est levée brusquement, prétextant avoir oublié quelque chose dans sa cabine. Une excuse classique, un petit moment de répit pour reprendre son souffle, peut-être même pour utiliser un inhalateur, qui sait ?

Puis est venu le tour de Tim, un fondateur belge au sourire chaleureux. Il a commencé à parler de sa start-up, Healx. En quelques phrases, il est parvenu à toucher quelque chose de profond en moi. « Chaque patient atteint d'une maladie rare mérite un traitement » était son slogan. Derrière mes lunettes, mes yeux se sont mis à piquer, des larmes incontrôlables coulant malgré moi. Pire que si j'avais regardé *Titanic*... Tim a expliqué comment son équipe, composée de chercheurs et d'universitaires, utilisait l'apprentissage automatique pour créer de nouveaux traitements. Et, parfois, ils réussissaient à sauver des enfants condamnés par des maladies incurables. La puissance de son projet m'a submergée, laissant une marque indélébile.

Plus tard, nous avons nagé autour du yacht, lui et moi, discutant business, mais aussi de ses espoirs, de ses craintes, de cette lourde responsabilité qu'il portait. Il venait de lever 56 millions de dollars auprès d'Atomico pour poursuivre sa mission. D'habitude, je déteste nager, trouvant ça ennuyeux à mourir. Mais ces trente minutes, sous ce ciel de l'Adriatique, ont été une parenthèse hors du temps. J'aurais aimé avoir un carnet waterproof pour capturer chacun de ses mots.

Sur ce bateau, j'ai décidé de dire « oui » à tout. Ce n'étaient que 48 heures et je me sentais obligée de prouver que je pouvais en faire autant que les garçons. C'était un peu puéril, je le savais, mais chaque fois que l'une des filles hésitait à faire quelque chose qu'eux avaient accepté, je me lançais. Alors, j'ai fait du wakeboard. J'ai pris les commandes d'un jet-ski, seule, sur une machine qui ressemblait plus à la version nautique d'une Ferrari. Je n'avais aucune idée de ce que je faisais, mais je les ai rassurés en leur disant que je m'en sortirais. Le matelot, bien que feignant la confiance, ne pouvait dissimuler son inquiétude quand je me suis installée sur la bête. Bon sang, que ce truc allait vite ! Le vent me fouettait le visage alors que je fonçais vers l'horizon, à pleine vitesse. J'ai soudain sauté une vague bien plus grosse que dans mon imagination, et j'ai manqué me retourner. Je me prenais pour Cameron Diaz, dans *Charlie's Angels*, mais j'étais sûrement plus proche de *Mr. Bean en Croatie*. Quand mon rythme cardiaque est redescendu, je me suis retournée. Le yacht n'était plus qu'une petite chose derrière moi, presque hors de vue. Et là, j'ai éclaté de rire.

Je ne pourrais jamais expliquer de manière rationnelle à qui que ce soit dans le monde réel que oui, ça faisait aussi partie de mon travail... Il fallait d'abord que je le croie moi-même.

Le voyage s'est terminé par des échanges de contacts et des promesses de rester en lien pour les prochains tours de financement. Le lendemain, je m'envolais pour la Turquie, où m'attendait l'un de nos clients payants. Une autre étape dans cette aventure incessante qu'est l'entrepreneuriat.

A fork in the road

« On ne peut pas diriger les vents,
mais on peut ajuster ses voiles. »

Aristote

Mardi 13 août 2019, Broderick Road

Le parquet de l'escalier craquait toujours sous mes pieds et le poids de ma valise, alors que, pour la dernière fois, je revenais dans notre « maison secondaire ». On était dans la dernière ligne droite de notre programme de trois mois. L'ambiance globale était étrangement calme, presque comme un leurre. Une grande partie de l'équipe avait profité du mois d'août pour s'éclipser, souffler, ne serait-ce que quelques jours. Mais pas moi. Ni PJ. Ni les ingénieurs qui n'avaient pas le luxe de pouvoir prendre du recul. Pour eux, il n'y avait ni pause, ni répit. Les bugs s'accumulaient comme des nuages d'orage, menaçant de tout inonder. La dette technique, elle, s'étirait telle une ombre grandissante, impossible à ignorer. Une file interminable de nouvelles fonctionnalités attendait patiemment de voir le jour, créant une pression asymétrique sur les équipes. On était face à un goulot d'étranglement, où chaque problème signalé devait être traité, un à un, sans exception.

Pour ma part, l'accalmie apparente me laissait enfin le temps de m'atteler à la partie la plus cruciale et, paradoxalement, la plus négligée de mon rôle de CEO : penser à l'avenir. Il fallait répondre à la question de Jean. Quand serait-il judicieux de lever des fonds ? Quelles preuves de succès commercial devait-on accumuler avant de pouvoir envisager ces discussions ? Et, surtout, comment éviter de revivre le marathon épuisant qu'on avait enduré la dernière fois ? Les réponses à ces interrogations ne jaillissaient jamais de nulle part, comme une illumination soudaine. Non, elles émergeaient lentement, à travers un travail de recherche, d'analyse. Une intuition qui se renforçait peu à peu.

Ma première source d'information était les newsletters des investisseurs auxquelles j'étais abonnée. Leur opinion comptait bien plus que la mienne. En Europe, je me tournais vers celle de Jean (pour un large éventail de sujets liés aux start-up) et Point 9 Capital (pour les questions liées au B2B Saas). Mais on visait un *lead* américain et, pour ça, je devais comprendre le marché américain. Tomasz Tunguz, un investisseur chez Redpoint, était donc mon expert de prédilection. Ses écrits prolifiques étaient une bible pour les fonds d'investissement des deux côtés de l'Atlantique, particulièrement dans le domaine du B2B Saas.

Dans sa newsletter, il y avait une section que j'aimais particulièrement, une sorte de « *hot or not* » – mais sans doute portait-elle un autre nom (la Silicon Valley est trop politiquement correcte pour ça). C'était une boussole pour les tendances, un indicateur des secteurs qui étaient « sexy ». Celles que les fonds d'investissement se faisaient une fierté de mentionner dans les dîners mondains. Je la lisais toujours attentivement, cherchant des signes, des indices. Et, cette fois, soudain, je me suis figée. Le choc m'a frappée, comme un coup de poing au ventre.

Le grand gourou du financement avait placé le *martech software* du mauvais côté de la balance. Ce n'était plus sexy. C'était terminé.

J'ai repoussé mon ordinateur et je me suis effondrée sur le lit, les mains cachant mon visage. Ce n'était pas qu'un simple caillou dans ma chaussure. Non, c'était comme si la terre s'ouvrait sous mes pieds et menaçait de m'engloutir.

Quelques mois plus tôt, Salesforce annonçait l'acquisition de Tableau, une plateforme d'analyse intelligente. Et Microsoft était en discussions avancées pour racheter Looker. Le marché se consolidait, se rétrécissait. L'intérêt pour notre secteur s'évanouissait. C'était la fin d'un cycle, tout simplement. Comme les jeans larges et les crop tops des années 90. Un jour à la mode ; le lendemain, ridiculement dépassés. Mais, contrairement à la mode, on ne pouvait pas simplement ranger notre logiciel dans un placard et attendre vingt ans que la tendance revienne.

Mon esprit s'emballait, tentant de saisir les implications pour notre prochaine levée de fonds. Même si l'on parvenait à atteindre un chiffre d'affaires acceptable, les sociétés de capital-risque auraient toujours une raison de ne pas investir. À moins, bien sûr, de faire partie du top 1 % des entreprises qu'elles voyaient. Et on ne faisait certainement pas partie de ce top si l'on œuvrait dans un marché qui n'était plus considéré comme porteur. Contrairement aux drones, à la « medtech » ou à la « cleantech » – non, attendez, la « cleantech » avait déjà fait naufrage en 2019.

En somme, le marché venait de nous faire un doigt d'honneur et il fallait se préparer à un autre marathon :

s'attendre à être encore plus dilués qu'un Mentos jeté dans un verre de Coca. Et avec les mêmes conséquences explosives sur notre santé mentale. Sur la mienne, en tout cas.

Je me suis levée en tentant de rassembler mes pensées et je me suis mise à faire les cent pas. J'entendais les rires joyeux de Tori, Dan, Martin et PJ à l'étage du dessus. Que les employés ne soient pas au courant était préférable. Mais PJ et moi devions avoir une discussion sérieuse. J'ai décidé de m'y atteler, une fois que j'aurais retrouvé un semblant de calme. Pour l'instant, j'étais bien trop bouleversée pour pouvoir masquer mes émotions.

En descendant Chestnut Street pour faire quelques courses, mon téléphone a sonné. C'était ma mère, qui jouait parfaitement son rôle.

– Tu as l'air fatigué. Ça va ?

– C'est vrai que je me sens épuisée, alors que je ne devrais pas : ça fait déjà quelques jours que je suis arrivée et je me suis faite au décalage horaire...

– Peut-être que tu devrais vendre l'entreprise ?

– Ha, ha ! D'accord, maman... On se parle plus tard ?

Un jour, j'avais changé ma bio sur Twitter en « Mes opinions sont celles de ma mère », parce que c'était très souvent le cas. Le nombre de fois où je finissais par faire exactement ce qu'elle m'avait suggéré était incroyable, même quand j'essayais d'agir autrement. Les mamans sont toujours de bon conseil.

L'étincelle

J'avais bloqué un créneau dans l'agenda de PJ, le lendemain matin, pour discuter. On a quitté la maison dans la matinée et marché le long de Filbert Street. À la façon « San Fran », on se faisait un *walking meeting* direction Rapha, cet endroit à mi-chemin entre un magasin de cyclisme minimaliste et un café branché, où l'on pouvait déguster un espresso en contemplant des œuvres d'art, tout en suivant la retransmission en direct du Tour de France. Si un business aussi improbable pouvait être rentable, alors peut-être que notre petite Aiden.ai avait une chance, après tout... Dès qu'on s'est retrouvés assez loin de la maison, pour éviter que quiconque ne nous entende, je suis allée droit au but :

– On voit des chiffres positifs, après le repositionnement. Mais ce n'est pas suffisant. On a besoin de levier pour lever des fonds, sinon on est cuits...

PJ, fidèle à lui-même, rationnel et pratique, a hoché la tête.

– Qu'est-ce que tu suggères ?

– On devrait obtenir des offres d'acquisition. Ce qui nous permettrait de lever des fonds à une valorisation qui nous paraîtra acceptable.

À cet instant précis, PJ s'est arrêté net au milieu du trottoir, en me regardant fixement :

– Tu penses que c'est réaliste ?

J'ai adoré qu'il pose cette question. Dans une situation où d'autres auraient peut-être explosé ou ri d'incrédulité, PJ restait l'incarnation du calme et de la maîtrise de soi. Le sujet des acquisitions soulevait beaucoup de tabous chez les entrepreneurs : l'abandon, la dissociation, le mercantilisme. Mais je ne voyais pas les choses comme ça. Ne pas se poser toutes les questions possibles, c'était ça, l'abandon, pour moi. PJ aurait donc pu réagir de façon bien plus abrupte mais, non, il m'a offert cette petite fenêtre de doute, polie mais éclairante.

Je n'étais pas du genre à voir le verre à moitié vide, alors j'ai répondu avec l'assurance d'une personne qui a décidé de se battre contre le monde entier. Même si elle n'a qu'une cuiller en plastique pour le faire.

— On ne le saura pas tant qu'on n'aura pas essayé !

Il a ouvert la bouche, prêt à dire quelque chose, puis s'est ravisé, comme si les mots étaient soudain trop lourds à porter. Ou comme s'il ne voulait pas prendre la responsabilité de ruiner l'espoir de quelqu'un qui y croit vraiment, lui. On a repris notre marche, chacun perdu dans ses pensées. Après quelques pas, il a fini par se racler la gorge, gêné.

— Je suis désolé de ne pas sembler plus confiant ou encourageant, m'a-t-il dit d'une voix empreinte de sincérité. Mais je suis tellement plongé dans des centaines de problèmes opérationnels que j'ai du mal à envisager un tel dénouement.

J'ai apprécié son honnêteté. Il ne cherchait pas à me vendre du rêve, ni à maquiller la réalité. Et, d'une certaine manière, ça m'a rassurée.

— Tu sais, PJ, lui ai-je répondu. Je suis soulagée que tu ne crois pas que ce soit possible.

Parce qu'au fond, je préfère de loin être sous-estimée que surestimée.

Nue, devant un miroir

Vendredi 16 août 2019

Pour vendre quelque chose, il faut commencer par un exercice d'une honnêteté désarmante. Mon ancien manager, Callum, l'avait un jour décrit d'une manière aussi simple que crue : « Se tenir devant un miroir, nu, et décrire ce qu'on voit. » Un exercice qui ne demande qu'une paire d'yeux bien ouverts et la volonté de se confronter à la vérité, aussi inconfortable soit-elle.

On avait beaucoup d'atouts. Du point de vue tech, on avait repoussé nos limites, développé des intégrations supplémentaires et connecté notre produit aux principales API publicitaires. On avait écouté nos clients et réagi à leur demande n° 1 : ils voulaient utiliser Aiden pour créer leurs propres recommandations, basées sur leurs propres règles. Ce qui nous avait conduits à refondre une partie du moteur de recommandations, en le rendant aussi flexible qu'un jeu de Lego. Dans un marché fragmenté où seules quelques plateformes publicitaires proposaient des optimisations automatisées, offrir une solution unifiée relevait presque de l'exploit. Et ce n'était pas tout. On avait également introduit un véritable changement : le bouton Do It qui permettait aux clients d'examiner les recommandations et de les mettre en œuvre directement à partir de notre plateforme. Ce bouton avait un succès fou car il supprimait la corvée de devoir se connecter à plusieurs interfaces pour appliquer les recommandations.

L'équipe aussi était solide. PJ avait fait un travail remarquable en élevant les standards du recrutement technique et, avec le temps, il avait réussi à créer une véritable cohésion, un esprit d'équipe presque palpable. Nos troupes produit et commerciale étaient également de haut vol, après avoir subi quelques ajustements nécessaires. Il n'y avait rien à redire de ce côté-là.

Mais l'exercice ne s'arrêtait pas là. Suivait la deuxième partie, celle que je préférais : qu'est-ce qui clochait chez nous ?

Notre entreprise avait besoin de grossir. Comme toutes les SaaS, on vivait d'abonnements et, après avoir testé et ajusté notre modèle de tarification, on était arrivés à un prix de 249 dollars par mois. Ce qui signifiait que, pour atteindre 100 000 dollars de revenus mensuels récurrents, il nous faudrait 400 clients. 400. Ça paraissait faisable, sur le papier. Mais la vérité, cette vérité nue qui me fixait dans le miroir, c'était que notre indicateur était encore rouge vif. Le sommet de notre entonnoir de vente était plein, oui, mais il nous faudrait des mois pour convertir tout ce potentiel en clients payants.

J'ai pris un stylo et une feuille de papier, comme si c'était la seule chose que je pouvais contrôler à cet instant. Et j'ai dressé une liste des acquéreurs potentiels, divisée en trois catégories. Niveau 1, niveau 2, niveau 3 (en désespoir de cause). Les noms se succédaient sur le papier, chacun portant son propre poids, sa propre promesse.

Puis j'ai appelé les rares personnes en qui j'avais une confiance absolue. Il n'y en avait que deux : Jean de

La Rochebrochard et Alex Lebrun, notre conseiller, qui avait déjà vendu sa start-up à Facebook. Parler d'acquisition avec des investisseurs peut sembler jouer à la roulette russe. Rien que de l'évoquer pouvait provoquer une réaction en chaîne susceptible d'aboutir à un drame, la confiance entre investisseurs et entrepreneurs étant aussi fragile qu'une bulle de savon. Mais je leur ai exposé mon plan. Expliqué que j'avais un accès direct à certains noms sur ma liste, mais aucun accès à d'autres. Jean m'a dit qu'il pouvait me mettre en contact avec l'une des entreprises que j'avais mentionnées. Et il a suggéré une autre boîte avec laquelle on était compatibles, mais que je n'avais pas mentionnée : Twitter. Sans vraiment y réfléchir, j'ai répondu :

– OK. Pourquoi pas ?

Toute l'équipe a joué au bowling pour la dernière fois avant la fin de cette parenthèse californienne. Puis, quand je suis rentrée à la maison, alors que la nuit était déjà tombée depuis longtemps, j'ai rédigé le mail d'introduction que Jean m'avait proposé de transférer à ses contacts. C'était un mail très court, où chaque mot comptait énormément. La structure classique : un bénéfice, une demande et une échéance. L'écran projetait sa lumière blanche sur mon visage, accentuant ma fatigue. Malgré cela, je me rappelle m'être sentie épuisée et avoir lutté pour garder les yeux ouverts, en essayant de me relire et de corriger les fautes de frappe. J'ai pris une profonde inspiration. Et j'ai appuyé sur Envoyer. *Que sera sera.*

Les conséquences de nos choix

Samedi 17 août 2019

Gabriel et Sienna sont arrivés et, soudain, tout s'est apaisé. Comme si leur présence recousait les morceaux épars de ma vie. Pendant des mois, j'avais eu l'impression de jongler avec trois existences : dirigeante de start-up, mère et compagne à distance et, maintenant, stratège secrète pour une potentielle acquisition. Avec eux à mes côtés, ces trois réalités cessaient de se heurter. Tout semblait ajusté.

PJ et moi avions pris la décision de ne pas parler de cette piste tant que rien de concret ne se produirait. On devait protéger l'équipe des tourments émotionnels qu'un tel processus peut générer. Une acquisition, c'est comme monter dans une fusée dont on n'est pas sûr qu'elle puisse revenir en douceur sur Terre. L'excitation était réelle, mais égale à la peur. Et, au fond, je me taisais autant pour préserver mon équipe que pour protéger ma santé mentale. L'équilibre, aussi fragile soit-il, devait être maintenu.

Après un long silence de plusieurs jours, Twitter avait répondu à Jean et demandé à nous rencontrer. Une autre grande entreprise de la tech avait montré de l'intérêt mais, dès que j'avais senti la direction que prenait la relation, j'avais coupé court à la discussion.

J'étais devenue experte pour flairer les mauvais coups avant qu'ils ne se matérialisent, et celui qui dirigeait les fusions et acquisitions avait une réputation qui laissait à désirer. Notre premier échange l'avait confirmée. Ce genre de jeu ne m'intéressait pas. D'autres entreprises, moins prestigieuses mais tout aussi solides, avaient également réagi. Nous avons enclenché le processus avec elles, organisant appels et rencontres en Californie, en espérant faire avancer les choses avant que le temps ne s'épuise.

Jeudi 22 août 2019

Deux jours avant le départ de PJ pour Londres, nous avons eu notre première réunion au siège de Twitter. Rien de grandiose. Seulement deux interlocuteurs : Peter, du département fusions-acquisitions, et John, un *senior director of product*. PJ et moi avions travaillé sans relâche pour préparer cette réunion. Chaque détail avait été pensé, chaque point du produit mis en valeur. Mais, malgré toute notre préparation, on savait que ces discussions ne mèneraient probablement à rien. Ce n'était pas qu'on doutait du produit. Non, c'était simplement la réalité du monde des acquisitions. Plus imprévisible, plus frustrant encore que celui du capital-risque. Dans ce jeu, ce n'est pas parce que vous discutez que vous signez.

La réunion s'est déroulée sans accroc, mais sans éclat non plus. Pas de standing ovation, ni de champagne. (Après tout, dans la Silicon Valley, ce n'est plus le champagne qui coule, mais le mezcal.) Une réunion comme tant d'autres, d'où l'on ressort avec aussi peu de certitudes qu'en entrant.

C'était la fin de notre programme de trois mois à San Francisco. Une fin presque terne à un chapitre qui avait pourtant été rempli d'espoir et d'angoisse. On a salué l'équipe une dernière fois. Puis, la porte refermée derrière nous, il ne restait plus que Sienna, Gabriel et moi, dans une maison immense et soudain terriblement vide.

Samedi 24 août 2019

On a quitté San Francisco tôt, avant que la ville ne s'éveille complètement. Les rues étaient encore silencieuses, le brouillard s'accrochait au-dessus du Golden Gate, comme s'il n'était pas prêt à laisser partir la nuit. Le lac Tahoe était un lieu dont j'avais tant entendu parler qu'on avait décidé d'y passer ensemble la dernière semaine du mois d'août. La silhouette familière de la ville disparaissait peu à peu dans le rétroviseur, emportant avec elle le poids que je portais depuis des mois. Chaque kilomètre qu'on mettait entre nous et SF me donnait l'impression de me débarrasser d'une couche supplémentaire de stress, de toute cette tension liée aux start-up, aux réunions interminables et aux mails incessants. Sienna dormait dans son siège bébé pendant qu'on regardait le paysage changer, presque imperceptiblement au début. L'étendue urbaine laissait place à des collines ondulantes, dorées sous le soleil de la fin de l'été. On serpentait à travers des contreforts, les routes s'étirant entre des vallées et de petits villages qui semblaient intacts, épargnés par le chaos de la ville.

En montant plus haut dans la Sierra Nevada, l'air est devenu plus vif, plus léger. Le béton a laissé place à des forêts de pins et de cèdres, dont le parfum emplissait la voiture, rappelant qu'on se dirigeait vers un endroit plus pur, plus calme. Les soucis que j'avais laissés à San Francisco commençaient à me paraître presque insignifiants, alors que les montagnes s'élevaient autour de nous, majestueuses et immuables. Je pouvais sentir la tension dans mes épaules se relâcher, mes pensées s'apaiser au rythme de la route. C'était tellement loin du bruit des start-up, tellement simple, tellement parfait. Un paradis fragile, temporaire, comme si la vie elle-même nous offrait un répit.

La normalité. Étrange de penser que je la recherchais. Moi qui avais toujours foncé, tête baissée, dans la complexité et l'inconnu. Pour la première fois de ma vie, je la désirais, cette normalité. Peut-être que 2019 serait l'année où tout basculerait, où je trouverais enfin cette réponse binaire dont j'avais besoin : succès ou échec. Pas d'entre-deux. Trois ans de travail acharné pour quelque chose qui « fonctionne à moitié » ne me suffisait plus. J'étais devenue quelqu'un de complètement différent depuis le début d'Aiden, mais mon état d'esprit restait le même : si je n'excellais pas, autant tout arrêter. Et trouver un endroit où mes compétences auraient enfin de l'impact.

Ma boîte mail restait désespérément vide des nouvelles que j'attendais. Un vide presque apaisant, en fait.

– Tu m'aimeras encore quand je ne serai plus CEO ? ai-je demandé à Gabriel, mi-sérieuse, mi-moqueuse, cherchant une sorte de vérité dans cette question.

– Tu n'as jamais été CEO à mes yeux.

Sa vérité sans filtre aurait pu être blessante, si elle n'avait pas été aussi charmante. Je savais que ce titre n'avait pas eu plus de sens, pour lui, que tous les autres que j'avais eus avant, ni ceux que j'aurais après. Son amour n'était pas conditionnel.

– Et toi, Sienna ?

Sienna s'est jetée par terre dans une crise de colère théâtrale, les bras et les jambes battant l'air. Apparemment, son amour à elle dépendait du nombre de bananes que je pouvais lui offrir. Et je venais de manger la dernière.

*

Le lundi 26 août, je me suis installée devant mon ordinateur, sans grande attente, et j'ai ouvert ma boîte de réception. C'est là que j'ai vu ce mail de Peter, le responsable des fusions-acquisitions chez Twitter : « John et moi avons vraiment apprécié notre conversation. Seriez-vous disponible pour une autre réunion avec quelques managers et ingénieurs, à votre retour à SF ? » Et c'est ainsi que tout a commencé.

Quelques jours plus tard, après dix longs jours de silence radio, une autre entreprise qui nous plaisait beaucoup a enfin accepté un rendez-vous téléphonique. Le jeu était lancé. On était dans l'arène. Petit à petit, les choses prenaient forme.

L'appel s'est bien passé fluide, presque trop poli. Puis, au moment de raccrocher, j'ai pris une décision instinctive. Je leur ai fait savoir qu'on allait avoir une réunion avec une autre boîte la semaine suivante (sans dire laquelle, évidemment). Et ils ont promis de nous annoncer rapidement s'ils pouvaient eux aussi organiser une rencontre.

Et là, je me suis retrouvée face à une nouvelle question. Devais-je rester en Californie ? Finalement, j'ai repris l'avion avec Gabriel et Sienna. Car la fête du

Travail, ce grand jour férié aux États-Unis, nous obligeait à attendre jusqu'au 4 septembre pour retourner chez Twitter – soit quatre jours. Ce n'était pas l'idéal. J'aurais espéré pouvoir passer plus de temps à Londres, pour respirer un peu. PJ, lui, allait devoir manquer l'anniversaire de son fils. Nul. Mais, dans ce processus d'acquisition, on ne pouvait pas contrôler grand-chose, sauf le timing. Et, quand j'ai atterri à Londres, j'ai reçu la confirmation que notre deuxième cible voulait elle aussi nous rencontrer.

J'ai donc planifié nos réunions comme un chef d'orchestre organise son concert. La première à San Francisco, le mercredi 4 septembre, puis la suivante à Los Angeles, le 5. Le vendredi 6, on serait de retour à Londres. Peut-être un peu plus fatigués, peut-être pas beaucoup plus avancés, mais certainement prêts à continuer. Et conscients de notre bilan carbone croissant.

La décision

En moins d'un mois, on a reçu non pas une, mais deux lettres d'intention. Pas de la part de petites start-up qui rêvent en grand, mais de deux géants de la tech californienne, ceux dont le seul nom résonne comme une promesse de succès. On n'a pourtant pas ouvert le champagne, il n'y a pas eu de fête, ni même un moment de pause, le temps de réaliser ce que ça signifiait.

À la première lettre, PJ a fait quelque chose de si inhabituel que j'ai dû vérifier par deux fois que c'était bien lui. Il m'a appelée, juste pour parler de ça et de rien d'autre. Avec un ton solennel, presque maladroit. Ce coup de fil a eu lieu moins de six semaines après LA discussion, celle sur Filbert Street, où on avait tout remis en question.

– Waouh... Je voulais juste te dire...

Il cherchait ses mots, ce qui, venant de PJ, m'a presque inquiétée. J'espérais qu'il allait bien.

– ... Bravo !... Vraiment... C'est chouette.

C'était simple. Trop simple, peut-être. Mais, de sa part, c'était comme recevoir une médaille olympique ! PJ, l'ingénieur informatique qui avait fait les plus grandes écoles, avec une carrière aussi brillante qu'une étoile en pleine nuit. PJ qui, soyons honnêtes, n'aurait jamais pensé à moi comme première option de cofondatrice, s'il avait eu d'autres choix. Pourtant, là, à cet instant précis, ce petit « Bravo » valait tout l'or du monde. Un compliment inattendu, peut-être même un choc.

Mais le plus étrange, c'est que ça ne m'a pas vraiment touchée. Parce que ce n'était pas juste moi. On était une équipe. PJ avait fait la moitié du travail pour nous amener jusqu'ici. Ce compliment, je ne savais pas trop quoi en faire. Mon rôle, c'était d'être CEO. J'étais là pour guider le navire, faire avancer les choses. La machine était lancée et le reste n'était plus entre mes mains.

Ce que certains auraient vu comme une immense victoire n'était pour moi qu'un checkpoint sur le chemin. J'étais entièrement focalisée sur ma mission. J'ai pris cette première lettre d'intention et je l'ai utilisée pour décrocher la deuxième. C'était tout. Avoir deux lettres ne signifiait qu'une chose : on se rapprochait du moment où il faudrait tout remettre sur la table. Acquisition ou levée de fonds ?

La vraie question n'était pas « Qu'est-ce qu'on a accompli ? » mais « Où est-ce qu'on va ? » Je n'avais jamais été aussi loin, mais je devais aller encore plus loin. Alors, non, pas de félicitations, pas d'euphorie. Juste ce sentiment profond que la route ne faisait que commencer et que je n'avais pas le droit de me reposer, ni sur mes lauriers, ni sur ces deux morceaux de papier.

Arya

Je me souviens du moment précis où mon cœur s'est arrêté. J'étais devant mon écran, lisant la lettre d'intention que Twitter venait de nous envoyer. Ils y faisaient référence à la cible de l'acquisition sous le nom de code « Arya ». Mon sang s'est glacé. Comment ça, Arya ?! Est-ce qu'ils évaluaient une autre entreprise, qui faisait la même chose que nous, et qu'ils nous avaient envoyé les mauvais documents ? J'ai frénétiquement tapé ce nom dans Google, m'attendant à voir apparaître le nom d'un concurrent sur Crunchbase... mais je n'ai trouvé que des références à *Game of Thrones*. J'ai cligné des yeux. Deux fois. J'ai relu le document et, là, je me suis rendu compte qu'ils parlaient de Tango et d'Arya. Oh... ! Tango pour Twitter... Arya pour Aiden. Je me suis affalée sur ma chaise avec un énorme soupir de soulagement. *Valar morghulis. Valar dohaeris.* Je venais de me rappeler que, dans un processus de fusion-acquisition, on utilise des noms de code pour protéger l'identité de l'acquéreur et du vendeur, au cas où la transaction échouerait. Un peu comme dans un roman d'espionnage. Sauf que ce n'est pas glamour du tout. Fatigue, sueurs froides, anxiété permanente. Et aucun martini.

Il y avait ces réunions secrètes, pour lesquelles je devais m'éclipser discrètement du bureau, afin d'aller retrouver des visages et des noms chaque fois différents. Mais il fallait aussi naviguer entre les parties prenantes, gérer notre conseil d'administration, jongler avec les attentes et les doutes de tout le monde. Le plus difficile étant de faire tout ça avec une équipe incroyablement réduite. La plupart du temps, PJ et moi. Pas de banquiers, ni de conseillers en fusion-acquisition. On avait pris la décision de minimiser les coûts juridiques, donc on évitait d'impliquer nos avocats ou nos comptables, sauf en cas d'extrême nécessité. Et on était les seuls avec cette approche minimaliste. Du côté de l'acquéreur, c'était le contraire : plus on était nombreux, mieux c'était. Tango n'envoyait pas facilement de lettre d'intention. Ils voulaient être sûrs de leur coup, construire une confiance inébranlable avant même de décider si l'on valait l'investissement. À un moment donné, on s'est donc retrouvés en visioconférence avec plus de quinze visages qui nous scrutaient. Mon niveau de cortisol a immédiatement explosé.

Des semaines avant même d'obtenir la première lettre d'intention, on était déjà soumis à une pression incessante. Tout était une question de maîtrise émotionnelle et de gestion des limites. Je me suis cependant assurée que l'autre partie soit bien consciente que la dynamique de pouvoir était déséquilibrée. Surtout quand, après chaque appel, chacun de leurs services revenait avec ses propres questions, l'un sur la technologie, l'autre sur nos contrats de travail, un troisième sur nos déclarations fiscales et nos relevés bancaires... On jonglait avec bien trop de balles, sans pouvoir demander d'aide supplémentaire. Et tout ça en maintenant une façade de normalité vis-à-vis de nos clients et de nos employés.

En plus de ces appels quotidiens, il y avait les appels tard dans la nuit. L'équipe en Californie, qui était très consciente des différences de fuseau horaire, a même organisé des réunions tôt le matin, pour contrebalancer un peu la situation. Mais, malgré ça, il y avait tellement de choses à faire et si peu de temps...

Un soir, à 22 heures, en plein milieu d'un appel avec Peter, de l'équipe M&A[1], je me suis sentie mal, d'un coup. J'ai fermé mon ordinateur portable et couru vers la salle de bains, juste à temps pour vomir. Je me suis nettoyée rapidement et suis retournée à mon ordinateur.

— Désolée, on a été coupés !

J'ai eu une pensée pour ma grand-mère, qui disait : « Il faut savoir être sélectif avec la vérité. » (Mais c'était pour qu'on ne raconte pas à mes parents qu'elle nous avait laissés dormir dans la forêt.)

Quand je ne répondais pas à un mail au sujet de l'acquisition, j'étais au téléphone avec Jean de La Rochebrochard ou Alexandre Lebrun. L'un avait l'expérience d'un investisseur chevronné, l'autre celle d'un entrepreneur ayant mené plusieurs acquisitions à terme.

En même temps, il fallait gérer le quotidien du bureau. On avait récemment accueilli Christophe, qui venait d'une entreprise autrefois cliente, mais qui avait dû licencier 90 % de son personnel après une acquisition ratée. Autrement dit, une belle piqûre de rappel : ne pas crier victoire avant que l'encre ait séché... Et même si j'étais clairement plus absente que présente, PJ compensait et faisait en sorte que tout paraisse normal. Personne ne devait savoir. PJ était naturellement

1. *Mergers & Acquisitions.* « Fusions-acquisitions », en anglais.

secret, peu démonstratif. Garder le silence ne lui demandait même pas d'effort. (Je continue de penser qu'il appréciait secrètement quand je mettais du Ariana Grande au bureau. Mais je ne le saurai jamais vraiment.)

Bonnie & Clyde

Pendant que nos avocats passaient la lettre d'intention de Twitter au peigne fin, j'ai pris un vol pour San Francisco. Dans l'avion, j'ai téléchargé l'application Calm et je me suis forcée à faire des exercices de préparation mentale. J'avais besoin de toute l'aide possible. J'étais tendue et ça se voyait. Même les hôtesses m'ont demandé si elles pouvaient faire quelque chose pour moi, pensant que j'avais peur de l'avion. Oui, j'avais peur de l'avion, mais j'avais encore plus peur de rater le deal.

J'avais prévenu l'équipe de fusions-acquisitions qu'on n'allait suspendre aucune de nos obligations commerciales habituelles. PJ et moi avions décidé de garder le silence absolu sur ce qui se préparait, à moins d'avoir en main un accord d'achat signé – manière de nous protéger des attentes extérieures. J'avais entendu trop d'histoires d'horreur, de deals qui semblaient sur le point de se conclure, mais qui étaient tombés à l'eau. Quelqu'un m'avait même raconté avoir reçu une offre d'acquisition d'une GAFA, dont il avait parlé à ses parents, à ses amis, avant que cette offre ne soit drastiquement réduite, à la fin de la *due diligence*. Trop tard. Il l'avait dit à tout le monde. Impossible de décevoir papa. Il avait donc dû accepter le nouveau prix. Mais l'honneur avait été sauf : le communiqué de presse avait mentionné que « la société X a été acquise pour un montant non divulgué ». Et même lorsque les chiffres avaient été révélés, il n'y avait pas de précisions sur le montant qui restait vraiment aux fondateurs. Tout ça dépendait des impôts, de la dilution des parts. Bienvenue dans le monde le plus opaque du business...

Dans l'avion, plongée dans une réflexion sans fin, je me suis demandé si je pourrais m'en relever si ce deal n'aboutissait pas. Je n'en étais pas sûre. On était déjà trop avancés. J'essayais de n'en rien laisser paraître mais mon stress était aussi massif que l'enjeu : les honoraires des avocats qu'on avait engagés avaient significativement fait augmenter nos dépenses. Si les négociations échouaient, il nous faudrait licencier toute l'équipe et repartir de zéro, juste PJ et moi.

La date limite pour signer la lettre d'intention – la première étape avant l'accord final – était fixée au mercredi 2 octobre. En plein milieu de mon voyage. On n'était même pas sûrs de pouvoir respecter ce délai draconien tant il restait de détails à ajuster.

Je n'avais pas expliqué à nos contacts en fusion-acquisition la raison pour laquelle je venais à SF. Peut-être ce mystère les avait-il un peu tendus ? Ils savaient qu'on avait une offre concurrente, mais ils ne savaient pas qu'on préférait le produit et l'équipe de Twitter. Rien ne pouvait rivaliser avec l'alchimie qu'on avait ressentie avec eux. Humbles, intelligents, passionnés.

Peter a sauté sur l'occasion de ma présence à SF pour me proposer de passer dans leurs bureaux rencontrer encore quelques personnes de plus. Y compris quelqu'un que tout le monde chez Twitter appelait

« Jack », comme s'ils avaient élevé les cochons ensemble. Jack Dorsey, le cofondateur et CEO de Twitter. Et de Square. Il n'était pas le patron d'une, mais de DEUX entreprises tech qui valaient des milliards. *Oh, là, là...*

Double jeu

Lundi 30 septembre, San Francisco

Cette fois, je n'étais pas seule. Je faisais partie d'une mission commerciale, parrainée par le maire de Londres. Un groupe de dix entrepreneurs. Dix personnes à qui je devais aussi mentir par omission. Pendant la journée, on passait d'une conférence à une autre, écoutant des entrepreneurs britanniques nous raconter des histoires inspirantes. Cal Henderson, cofondateur de Slack, a même fait un discours mémorable. En short beige. (Ce n'est pas le genre de détails que j'aurais voulu me rappeler, mais c'était bien le genre de souvenir inutile que mon cerveau conservait.) Ensuite, Michael Acton Smith a pris la parole. Il nous a raconté comment il avait créé Calm (l'application de méditation que j'avais téléchargée quelques jours plus tôt). Lui et son cofondateur avaient démarré dans la campagne anglaise et lutté pendant six ans, avant de connaître le succès aux États-Unis. *Inspirant.* Puis est venu un panel, d'une arrogance déconcertante, composé de journalistes tech apparemment blasés. Ou peut-être étaient-ils ivres de la veille ? L'un d'eux a dit :

– Je n'arrive tout simplement pas à écrire sur une entreprise si le fondateur est ennuyeux... ce qui est fréquent dans la tech.

Plusieurs entrepreneurs ont immédiatement quitté la salle, exaspérés par l'écart entre leurs problèmes bien réels et l'irrévérence totale du panel.

Au même moment, PJ et moi ne cessions de jongler avec les exigences de l'acquisition. On s'était divisé le travail, mais il était en réalité indivisible, si bien qu'on faisait tous les deux bien plus que ce qu'on avait imaginé. Concrètement, cela signifiait répondre à un million de questions. Organiser notre *data room* (salle virtuelle où les données étaient stockées) avec des centaines de documents. Lire des pages interminables de jargon juridique. Chercher des termes d'acquisition sur investopedia.com. Coordonner leur très grande équipe et notre toute petite équipe (PJ et moi, plus nos avocats en soutien). Faire des calculs rapides sur l'offre et réaliser que personne (pas même nos conseillers) ne nous avait expliqué les implications fiscales... J'étais effarée de voir que ce « détail » aurait pu passer à la trappe si je n'avais pas arrêté tout le processus pour en faire une analyse approfondie. Les chiffres semblaient impressionnants à mes yeux de novice mais, après avoir pris en compte les retenues et les impôts, c'était une tout autre histoire ! J'ai donc renégocié certaines conditions de l'accord, en échangeant de nombreux mails avec les deux équipes juridiques impliquées dans la vente – depuis San Francisco, entre deux réunions et deux conversations anodines.

On était mardi. Je repartais vendredi après-midi pour Londres. Les 80 prochaines heures s'annonçaient intenses. Le lendemain, j'avais rendez-vous avec trois dirigeants de Twitter, qui étaient les parrains de l'accord. On devait se voir au siège, cet immense building en plein centre de Market Street, l'une des rues les moins privilégiées de SF. Et le jeudi, je m'étais auto-invitée à prendre un verre avec Peter, des M&A, et John, le directeur produit, chez Castro Wine. Le caviste le plus connu du quartier historique, dont le propriétaire n'était autre que John lui-même. Celui qui, si le deal se faisait, deviendrait mon manager. Mon manager ? Tout ça me semblait absurde. Je ne savais même pas quoi penser du fait d'avoir de nouveau un manager. Peut-être que je n'y penserais plus après quelques verres de Zinfandel ?

En parallèle, je devais faire bonne figure et suivre la délégation dans une dizaine d'endroits où l'on rendait visite à des clients potentiels, des fondateurs et des gens de l'écosystème tech. Mon stress a atteint son paroxysme lorsqu'on a rencontré une sérieuse opposition de la part d'un de nos investisseurs, sur certaines conditions de l'accord. J'avais essayé de contenter les deux camps, mais j'avais mal compris la différence entre « *bylaws* » et « *by law* », ce qui avait créé une certaine confusion et une résistance du côté de Twitter. Comme si devoir gérer le langage juridique cryptique des avocats britanniques et américains ne suffisait pas, il fallait maintenant aussi gérer les avocats français. Et tout ça passait par moi, seul point de contact pour tenter de créer une harmonie et faire aboutir cet accord. Chaque ligne était une bataille. Et on n'avait même pas encore signé la lettre d'intention. On savait pourtant que ce n'était que la partie émergée de l'iceberg. Le pire viendrait après la signature de la lettre. SI jamais on signait cette lettre.

Date butoir

Mercredi 2 octobre

J'ai commencé par voir l'un des parrains de l'accord – Joe, un homme tellement plus large que la vie elle-même et qui ressemblait au personnage de James P. Sullivan, dans *Monstres & Cie*, avec sa grande barbe et son air doux. PJ et moi étions immédiatement tombés sous son charme, quand on l'avait rencontré, un mois plus tôt. Presque hypnotisés. Il avait ce genre de présence qui rend chaque phrase importante, chaque sourire sincère. J'avais besoin de ce moment avec Joe avant d'affronter Peter, l'homme qui, dans mon esprit, était plutôt GI Joe. Le vrai combat, c'était avec lui.

La salle de réunion suintait l'angoisse dissimulée sous un vernis de courtoisie. On a commencé en douceur. Les banalités habituelles, sourires crispés par anticipation, échanges bien rodés. Mais je savais que ça ne durerait pas. « L'éléphant dans la pièce » attendait son heure et il était énorme. Le problème était simple : l'accord était dans une impasse. On était coincés, piégés entre nos investisseurs et notre acquéreur, dans une guerre de gestion des risques que je ne pouvais résoudre et c'était frustrant. Douloureusement frustrant. Si personne ne bougeait, personne ne gagnait. Tout ce travail, ces nuits blanches, ces compromis risquaient de s'effondrer à cause d'un détail technique qui m'échappait. Je me sentais impuissante. Mon rôle de P-DG, si magnifié dans l'imaginaire collectif, se réduisait parfois à ce sentiment d'impuissance. J'avais beau être au cœur du processus, je ne contrôlais presque rien. Sans résolution, l'accord s'effondrerait avant même qu'on ait signé la lettre d'intention. Je devais jouer ma dernière carte : la transparence. L'honnêteté brute, sans filtre. Le genre d'honnêteté qui peut soit sauver la situation, soit la faire exploser.

J'étais assise sur un canapé bien trop grand pour moi. On était dans la salle qui accueillait les VIP de Twitter. Je n'en étais pas une, mais c'était la pièce la plus à l'écart des bureaux. Pour les conversations que personne ne devait entendre. Je me suis donné du courage en me disant que Beyoncé avait peut-être occupé cette même place, avant moi. Puis j'ai levé les yeux vers Peter et j'ai lâché :

– *No one is trying to fuck with you*[1].

Mes mots ont flotté dans l'air, lourds, trop lourds. Une partie de moi espère que ma mémoire déforme ce souvenir, car la version plus mûre de moi-même aurait probablement évité de balancer le mot en « f » dans une réunion avec des Californiens. On pouvait être *cancellé*[2] pour beaucoup moins que ça !

J'ai retenu mon souffle. Peter m'a regardée sans un mot et, lentement, il a enlevé ses lunettes. Il s'est frotté le point entre ses sourcils, comme pour dissiper une migraine naissante. Le silence s'étirait, chaque seconde devenant une éternité. Puis il a dit simplement :

1. « Personne n'essaie de vous baiser. »
2. Être publiquement critiqué, boycotté ou ostracisé sur les réseaux sociaux, à la suite de paroles ou de comportements jugés inappropriés ou offensants.

– D'accord.

Ce mot a résonné comme un gong, un soulagement inattendu. J'avais l'impression d'avoir désamorcé une bombe à retardement, celle qui avait résonné dans ma tête pendant des semaines. Mais ce n'était qu'un répit. Un sursis temporaire.

On a demandé quelques jours supplémentaires pour ajuster les termes, trouver les mots justes et signer la lettre d'intention. Encore quelques mails et tout serait réglé.

Je me suis ensuite précipitée vers le port. La délégation londonienne m'attendait pour une croisière, un dîner sur un bateau. Mon corps criait au secours, car dîner sur une mer agitée sonnait comme une punition. Mais le spectacle, comme toujours, devait continuer. Et moi, je naviguais entre les vagues, entre deux mondes – celui où tout pouvait encore s'effondrer et celui où, avec un peu de chance, tout serait enfin stable. Jusqu'à la prochaine tempête.

Oops!... I dit it again

Jeudi 3 octobre 2019

PJ étant un peu envieux du rendez-vous que j'avais vendredi avec « Jack », je lui ai dit de prendre un billet d'avion et de me rejoindre. Mais c'était impossible. Il tenait la boutique, en patron qu'il était, et prendre un vol à la dernière minute aurait déclenché un déluge de questions de notre équipe. On a demandé à Stacey et Peter s'il pouvait au moins participer par visioconférence.

— Bien sûr, aucun problème ! ont-ils répondu

D'accord. On continue de faire semblant, alors ? Au fond de moi, j'étais en effet persuadée que la réunion serait annulée à la dernière minute pour une « affaire urgente ». Être le fondateur et le P-DG d'une licorne était déjà un job à temps plein – alors deux, Square *et* Twitter ? Qui pensaient-ils tromper ? J'étais convaincue que ce n'était qu'une jolie manœuvre de l'équipe M&A. Mais ils ne me duperaient pas. Je refusais d'être déçue et j'avais donc déjà anticipé tous les scénarios possibles.

Quand je suis arrivée chez le caviste, Peter et John étaient là, ainsi qu'une des ingénieures stars de Twitter que je ne connaissais pas et qui s'apprêtait à prendre un congé sabbatique, après plus de dix ans de boîte.

Ils semblaient tous se connaître très bien, y compris en dehors du travail. C'était un peu gênant, en fait. J'ai immédiatement regretté d'avoir organisé ce verre. Comment se comporter dans ce genre de situation ? Mon corps était bien là, mais mon esprit vagabondait, cherchant à résoudre l'énigme : que dire ? Comment rester naturelle sans tomber dans les clichés ni aborder des sujets tabous ? « Quelles différences y a-t-il entre les vins californiens et les vins français ? » *Nul.* « Vous soutenez quelle équipe de foot ? » *Pitié. Montre un peu de personnalité.* « Que pensez-vous du rôle de la tech dans la gentrification de San Francisco, alors qu'il y a de plus en plus de sans-abri dans les rues ? » *Ah non, surtout pas ça.*

Être à moitié présente m'a conduite à faire la pire première impression possible, en renversant l'intégralité du verre qu'on venait de me servir. Et, comme mon futur manager était aussi le propriétaire du lieu, il savait où se trouvait la serpillière et, bien trop gentiment, il a proposé de réparer le désastre que j'avais provoqué. En le voyant à quatre pattes nettoyer du vin rouge sur son précieux parquet, une seule pensée m'a traversé l'esprit : « Bon, c'était bien tant que ça a duré... Mais, là, pas de rachat pour nous, c'est sûr ! »

Je les ai remerciés pour leur attitude chaleureuse en dépit de ma maladresse, puis je suis partie rejoindre le gala de clôture de la mission commerciale. L'apothéose de cette semaine surréaliste : cravate noire et robe de soirée, au St-Regis, l'un des hôtels les plus luxueux de San Francisco. Discours d'ouverture de la princesse Beatrice, qui s'est excusée pour l'absence de son père, le prince Andrew. Apparemment, il avait un « conflit d'agenda ». Bel euphémisme pour qualifier le scandale

Epstein, qui venait tout juste de sortir dans la presse. Ensuite, une succession interminable d'entrepreneurs britanniques à succès et d'invités d'honneur ont discuté de tout ce qui touche à la technologie et à la Grande-Bretagne. Gwyneth Paltrow est même intervenue. Je ne savais pas trop quel était son lien avec le Royaume-Uni, mais je n'allais pas critiquer alors que je faisais partie des invités. Elle a déclaré avoir obtenu son dernier rôle parce qu'elle avait « couché avec le producteur », ce qui a fait éclater de rire tout le monde. J'ai trouvé ça étonnamment franc de sa part. Ou peut-être avais-je mal compris ? Non. Il s'est avéré qu'elle était (re)mariée à un producteur et qu'ils travaillaient ensemble sur un nouveau projet. Je n'étais plus au courant des derniers ragots et ça se voyait.

Mon téléphone a vibré sur la table, m'informant que la réunion avec Jack aurait bien lieu le lendemain matin. C'était donc vrai ! J'ai pris un instant pour assimiler la nouvelle. Peut-être devrais-je être un peu moins paranoïaque ? Mais j'ai rapidement chassé cette pensée. Il n'y avait aucun avantage à baisser la garde maintenant.

Barny, un autre entrepreneur de la délégation, m'avait vue envoyer des mails en douce, ce qui l'avait intrigué.

– Qu'est-ce que tu fabriques dans ton coin ?

J'ai souri sans répondre et changé de sujet – je lui ai demandé ce qu'il pensait du dernier film de Gwyneth Paltrow. Puis je me suis poliment excusée en disant que j'étais fatiguée et que je devais rentrer à l'hôtel.

– D'accord. On se voit demain matin ?

– Euh, non, désolée. Je ne pourrai pas venir.

Mais Barny ne lâchait jamais l'affaire.

– Je parie que t'as un rendez-vous important !... C'est avec Sheryl Sandberg, c'est ça ? OMG[1], c'est Sheryl ! Je le savais !

J'ai ri nerveusement. Surtout à l'idée saugrenue que, non, je n'avais pas rendez-vous avec Sheryl. J'avais rendez-vous avec Jack Dorsey. Je me suis éclipsée, attrapant mon manteau, et j'ai filé.

Je ne pourrais jamais être un agent double. Je ne savais pas faire semblant.

1. « Oh my God ».

Jack

Vendredi 4 octobre 2019

Après avoir demandé conseil à mes amies sur la tenue que je devais porter (« Surtout pas de robe », m'avaient-elles répondu), j'ai été escortée jusqu'au rooftop pour mon rendez-vous avec Jack. On m'avait prévenue qu'il pourrait porter des « sandales de Jésus », voire pas de chaussures du tout. J'avais failli leur répondre : « Vous, vous ne connaissez pas Émile... », un de nos ingénieurs qui, dans notre ancien espace de coworking, marchait tout le temps pieds nus, au grand mécontentement des employés des autres start-up. Depuis, plus rien ne pouvait me surprendre.

Comme prévu, un MacBook avait été posé sur la table basse. PJ était donc avec nous, plissant les yeux derrière son écran pour voir le visage de Jack, baigné par le soleil éclatant de San Francisco. Il était 19 heures au Royaume-Uni. Il y faisait nuit noire, comme on pouvait le deviner à l'arrière-plan de PJ.

Jack parlait doucement, avec une calme assurance. On a discuté pendant trente minutes de sa vision de Twitter mais, ce qui m'a surtout marquée, c'était sa présence, unique et presque mystique. Contrairement à moi, il n'avait certainement pas eu besoin de télécharger l'application Calm. Il semblait en paix, distant mais attentif. Combien de discussions stressantes avec des avocats, des investisseurs, des membres de ses conseils d'administration avait-il pu avoir pour atteindre un tel niveau de sérénité ?

Stacey, de l'équipe M&A, a proposé de prendre une photo de Jack et moi, pour immortaliser le moment. Je me suis demandé quel était le protocole : pas de geste maladroit, surtout pas de main autour de sa taille ! Chaque détail comptait.

Puis je suis partie tout de suite après, pour l'aéroport. Après avoir passé la sécurité, j'ai reçu un mail confirmant qu'on était enfin parvenus à une version de la lettre d'intention qui nous convenait à tous. Je m'apprêtais à la signer quand je suis tombée sur Mikela Druckman, la fondatrice de Greyparrot.ai. On était sur le même vol. Je lui ai demandé de m'accorder trente secondes. Je ne voulais pas attendre pour approuver le DocuSign. Et, après l'avoir fait, j'ai levé les yeux vers elle, un sourire radieux aux lèvres :

— On en était où ?

Derrière ce moment apparemment anodin, on venait d'approuver le rachat d'Aiden.ai par Twitter.

Comment un échec peut-il valoir des millions de dollars ?

PJ m'avait envoyé un message pour me dire qu'un de nos ingénieurs venait de recevoir une offre d'emploi d'un des frères Collison, fondateur de Stripe, pour un poste au siège, à San Francisco. Pas une offre qu'on peut refuser facilement. Il devenait urgent de révéler nos cartes à l'équipe. On avait besoin que tout le monde soit à bord.

Dans l'avion du retour, j'étais épuisée et impatiente de retrouver Gabriel pour fêter avec lui cette première étape importante. Mais je devais encore lui demander une autre faveur : j'allais devoir quitter le pays pendant quelques jours, dès la fin du week-end. J'ai payé le supplément Wi-Fi afin de pouvoir travailler. Et, après m'être mise d'accord avec PJ sur la stratégie à suivre, j'ai envoyé un mail à l'équipe en demandant si chacun pourrait partir 48 heures... dans 48 heures. Par chance, ils ont tous dit oui. Un jour plus tard, on avait réservé des billets sans leur dire où on allait. Le rendez-vous était fixé à l'aéroport, le lundi matin. L'équipe était à moitié excitée, à moitié anxieuse, mais tout le monde était content lorsqu'on leur a dit qu'on s'envolait pour Barcelone !

Il était crucial pour nous de ne pas rater l'annonce. Tout ce que PJ et moi avions traversé auparavant n'était rien en comparaison des huit semaines qui nous attendaient. On aurait besoin de l'investissement de toute l'équipe pour la *due diligence*.

Après être arrivés dans l'Airbnb qu'on avait loué, on a distribué des accords de confidentialité à chaque employé, avec un stylo. À l'ancienne. C'était nécessaire. Tout le monde a signé. Alors, dans un silence plein d'impatience, j'ai sorti mon ordinateur et lancé quelques slides. La première était noire, sans rien dessus. J'ai expliqué que j'avais rencontré quelqu'un de spécial à San Francisco et j'ai appuyé sur le bouton. La photo de Jack et moi est apparue à l'écran. Jack arborait un tee-shirt noir, une barbe proéminente et son emblématique anneau dans le nez. Moi, je portais une veste rouge et des cheveux bien trop longs, non par choix, mais par manque de temps de passer chez le coiffeur. Pour être honnête, j'aurais préféré ne pas utiliser cette photo. Ma sœur avait d'ailleurs plaisanté en disant que j'avais l'air plus âgée que lui (Jack a huit ans de plus que moi) et j'étais d'accord : après les semaines qu'on venait de passer, je ressemblais beaucoup plus au personnage du limier de *Game of Thrones* qu'à Arya. Mais PJ et moi avions pensé que balancer cette image serait amusant et plus percutant. Les fondateurs et leurs satanés « moments waouh ». Incurables...

J'avais imaginé cette scène des dizaines de fois. Mais peut-être de façon un peu trop romantique. Je montrerais la slide et les gens s'exclameraient : « Quoi ? Non, c'est pas vrai ?! » Et puis, on se prendrait tous dans les bras, ou peut-être qu'on se lancerait dans une chorégraphie coordonnée...

Mais, après un long moment, seul Pedro a brisé le silence avec ces mots que je n'oublierai jamais :

– C'est qui ? Ton oncle ?

J'étais sidérée. Puis ils ont tous éclaté de rire.

– Je plaisante ! On sait qui c'est !

Petits malins... On leur a expliqué que ça avait été très difficile de garder ça secret, mais qu'on avait trouvé une adéquation stratégique avec Twitter. On a été très transparents sur la thèse de l'acquisition. Ce n'était un secret pour personne que Twitter avait un problème de concentration des revenus, la majeure partie venant d'une poignée de grands comptes publicitaires. Avec Aiden intégré dans l'écosystème Twitter, on pourrait développer une longue traîne de petits et moyens annonceurs, qui bénéficieraient de recommandations automatisées sans avoir besoin d'un service client humain.

On a aussi précisé que Twitter acquérait notre produit, notre technologie et notre équipe, et qu'on serait les premiers à travailler pour « Goldbird » (leur division de monétisation) en dehors des États-Unis, depuis Londres. Et on a ajouté que, bien qu'on ait récemment trouvé des signes d'adéquation produit-marché, il nous faudrait beaucoup de capital pour croître à grande échelle. On avait échoué à le faire nous-mêmes, dans le temps que les investisseurs nous avaient donné. Mais on avait trouvé le moyen de tenir cette promesse au sein d'une entreprise qui croyait en notre mission et qui avait des millions de clients pouvant bénéficier de notre technologie.

Léa était sous le choc. Un choc heureux. Mariane et Tori clignaient des yeux sans s'arrêter, tout en souriant. Un ingénieur, ému, a demandé à appeler ses parents pour leur demander conseil. Il avait déménagé à Londres pour travailler dans une petite start-up européenne, pas dans une énorme entreprise de la tech américaine.

On est ensuite sortis pour fêter cette première étape. On avait déjà prévenu l'équipe que les semaines à venir seraient difficiles et très exigeantes (entretiens, *due diligence* technique, juridique, etc.), mais on était convaincus qu'il s'agirait d'une formidable occasion d'apprentissage pour eux. Benoît, notre stagiaire, n'en revenait pas de sa chance. Il venait juste de nous rejoindre, depuis Centrale Paris, et on était en train d'être rachetés par Twitter... son mémoire de stage allait être bien plus intéressant !

En descendant les rues humides de Barcelone, PJ et moi avons échangé en silence un regard complice. Ouf... Ce n'était plus seulement notre secret. On était enfin une armée. Toujours tenue au secret, mais avançant ensemble.

Un peu plus d'air

Après trois semaines éprouvantes de *due diligence*, la toux de Sienna est revenue. Fort. C'était un mardi et la semaine était déjà remplie d'appels avec les avocats. Le soir, on est allés aux urgences et le médecin nous a dit qu'elle devait être mise sous oxygène. Mais il n'y avait pas de lit disponible au Royal Free, si bien qu'ils devaient nous transférer à St. Mary's. Le hic ? Aucune ambulance n'était prête. Gabriel est rentré à la maison pour se reposer un peu. Je suis restée avec Sienna, son petit corps branché à des machines, endormie sur ma poitrine. À 4 heures du matin, ils sont enfin venus nous voir.

– On a une ambulance, m'ont-ils dit. Mais pas de siège auto.

Je n'étais pas sûre d'avoir bien entendu. Un siège auto ? Pour une ambulance ? Mais j'étais trop fatiguée pour poser des questions.

– Est-ce que ça aiderait si je demandais à mon mari d'apporter le nôtre ?

– Oh oui, s'il vous plaît !

Sauf qu'on n'avait plus de voiture. Juste un siège auto. (J'avais revendu l'Audi TT.) Alors, Gabriel, dans cette nuit froide et brumeuse de l'automne londonien, a marché jusqu'à l'hôpital, avec le siège attaché sur le dos, et est arrivé au bout de vingt minutes, essoufflé.

Quelques instants plus tard, on était en route pour St. Mary's.

Pendant cinq longs jours, Gabriel et moi, on s'est relayés à côté du lit de Sienna. On essayait de la distraire, de rendre tout ce temps supportable. J'ai même dû prendre quelques appels avec nos avocats depuis la salle d'attente, assise inconfortablement sur une petite chaise d'enfant. À ce stade, ne pas mentionner que j'étais à l'hôpital aurait été trop bizarre. Mais le dire ne faisait pas disparaître toutes les erreurs qui s'étaient glissées dans le tableau de capitalisation ou dans d'autres documents clés, comme si l'univers conspirait contre nous.

J'avais insisté pour finaliser l'accord avant Thanksgiving – pas que ça ait une grande importance pour nous, en Europe. Mais je tenais à ce que les Américains puissent passer l'un de leurs rares jours de congé en famille. Le coût, bien sûr, était lourd : au lieu des huit semaines habituelles, le processus devait se faire en six. C'était comme courir un marathon 25 % plus vite, en sachant très bien qu'on pourrait s'effondrer avant la ligne d'arrivée.

Après cinq jours dans ce service où des tout-petits luttaient pour respirer, on a reçu notre papier de sortie. Sienna était restée, miraculeusement, de bonne humeur. Tout ce dont elle avait besoin, c'était d'un peu d'aide et de temps. Comme nous tous.

On a envisagé d'annuler les plans que j'avais faits pour mon 34e anniversaire, mais des amis venaient de loin. Et les médecins nous avaient rassurés : Sienna allait assez bien pour retourner à ses activités normales. Alors, la fête a repris.

Happy Birthday

C'était une soirée déguisée. Après tout, on habitait à Londres... Sienna était habillée en Minion, trottinant dans son petit costume, avec un bonnet jaune sur la tête et une banane à la main. Gabriel en Tommy Shelby, des *Peaky Blinders*. Et moi, j'avais trouvé étrangement approprié d'incarner, pour une nuit, Audrey Hepburn. Parfois, il est plus facile de se glisser dans un personnage, surtout quand la fiction est plus simple à expliquer que la réalité.

On n'était qu'à quelques semaines de la clôture de l'acquisition, mais on ne pouvait toujours rien dire. Alors, je suis restée dans mon rôle, adressant à chacun des sourires polis à la Hepburn. PJ et sa compagne, Céline, étaient là eux aussi. Elle m'a lancé un regard plein de compréhension, en haussant les sourcils : « C'est presque fini », semblait-elle me dire. Mais, quand Lucie, une amie londonienne, m'a demandé comment se passait le boulot, j'ai spontanément lâché :

– Je vais faire une crise cardiaque avant Noël, si ça ne ralentit pas !

Et je me suis sentie immédiatement ridicule. C'était Sienna qui venait de sortir de l'hôpital, pas moi. Mais c'est ça, le stress : il se moque de la logique. Le processus me pesait plus que je ne l'avais imaginé. Mais à quoi est-ce que je m'attendais ? On était dans la dernière ligne droite d'une course épuisante. Mon corps réclamait du repos. Mais il n'y en avait pas de prévu.

Et puis, sans s'annoncer, Boris Johnson est entré avec un gâteau d'anniversaire couvert de bougies, en chantant « *Happy Birthday* » à tue-tête. Un trio improbable – Boris, Elton John, Geri Halliwell – tous dans la même pièce ! L'imitation de Boris par Fadia était tellement réaliste que je me suis dit qu'elle resterait gravée dans ma mémoire bien plus longtemps que n'importe quel document du processus d'acquisition.

Mais ce qui m'a le plus surprise, ce soir-là, a été autre chose : une remarque de Céline, lorsqu'elle a souligné le fait que PJ et moi n'avions jamais eu de disputes irréconciliables. On avait bien sûr échangé des textos cinglants, aboyé des ordres à propos de documents à télécharger dans les quinze minutes. Les enjeux étaient vertigineusement élevés, les délais impossibles, le manque de sommeil chronique. Il aurait fallu être un saint pour ne pas perdre son calme. Mais malgré tout, on tenait toujours. Le mariage des cofondateurs restait solide. C'était un beau cadeau pour mes 34 ans et nos trois ans ensemble.

Le dernier acte

Mardi 19 octobre

Les quatre dernières semaines ont été d'une impitoyable intensité. On a dû envoyer des centaines de mails, rien que pour répondre aux dizaines de gens qui, tous, nous demandaient des documents différents. De l'accès à l'état complet de nos finances aux accords de confidentialité, en passant par les cessions de propriété intellectuelle signées par tous nos employés des trois dernières années (y compris ceux qui étaient partis depuis longtemps). Contrats commerciaux, baux, marques, reçus, déclarations fiscales... il n'y a pas eu une seule journée sans son lot de drame administratif. À un moment, on s'est rendu compte que notre conseiller fiscal s'était trompé dans tous ses calculs. Le lendemain, PJ et moi étions personnellement redevables de sommes considérables envers le fisc. Plus pauvres après l'acquisition qu'avant ? Quoi ? Ah non, désolé, seule une partie de cette somme devait être payée à la clôture... Jour après jour, nos nerfs étaient mis à rude épreuve.

Le jour J, PJ et moi avons enfourché nos vélos pour rejoindre les bureaux somptueux de nos avocats, en plein cœur de Londres. Le bâtiment en marbre blanc tranchait avec nos visages rougis par l'effort, nos vêtements bien trop décontractés et nos casques de vélo à la main. On est passé devant le poste de sécurité, entourés d'une foule de gens affairés, en costume impeccable. On aurait dit qu'on était des livreurs, venus déposer des sandwichs. Mais non. On était là pour signer l'accord des actionnaires, celui qui allait sceller le deal avec Twitter. C'était un moment spécial, unique même, mais, rapidement, tout ça s'est effacé : PJ et moi devions aller récupérer nos enfants à l'école. Nos vrais bébés ne pouvaient pas attendre, eux. On a donc reporté notre euphorie, en se promettant de fêter ça avec l'équipe, le lendemain.

Paradoxalement, alors que beaucoup auraient enchaîné les nuits blanches sous une telle pression, moi, je n'arrivais même plus à me réveiller. Gabriel a fini par me reprocher d'avoir fait semblant de ne pas entendre Sienna pleurer au milieu de la nuit, pour qu'il se lève à ma place. Je m'en suis excusée mais c'était étrange, en effet. Pourquoi ne m'étais-je pas réveillée cette nuit-là, quand elle avait pleuré trois fois ?

LE JOUR

Mercredi 20 novembre

Ce matin-là, j'ai détaché mon vélo du lampadaire, devant chez moi, et j'ai pédalé pour la dernière fois jusqu'à notre bureau, à Angel. La veille, PJ et moi avions signé les papiers dans le bureau des avocats (au Royaume-Uni, les actes ne peuvent pas être signés électroniquement). Il ne nous restait plus qu'à attendre qu'ils recueillent les dernières signatures. Je ne me sentais même pas particulièrement excitée. J'étais un peu engourdie par toute cette folie. J'ai longé le canal, à Camden. Les oiseaux, les gens, l'odeur du café. À tout point de vue, on aurait dit un jour normal dans la ville de Londres. Sauf que ce n'était pas le cas. C'était LE JOUR. Celui où notre aventure prendrait fin et où on vendrait 100 % d'Aiden.ai à Twitter.

Je m'attendais à ressentir quelque chose de particulier. Mais, quand j'ai atteint l'autre rive et que j'ai dû monter vers Islington, je me suis simplement sentie... faible. Ce n'était qu'une petite côte, mais quelque chose m'empêchait de la monter. J'étais tellement essoufflée que j'ai dû descendre de mon vélo pour le pousser, très péniblement. Toujours cette sensation de pédaler, les freins serrés. Et si c'était ça ? J'ai vérifié. Malheureusement, non. Les freins ne frottaient pas contre la roue comme je l'avais imaginé.

Je ne pouvais pas aller au bureau dans cet état. C'était LE JOUR. Je devais paraître forte. J'ai marché lentement, pendant dix minutes, jusqu'à un café, où j'espérais trouver un miracle. N'était-ce pas le moment d'essayer un de ces shots ridiculement chers au gingembre et au piment ? J'en ai bu un d'un trait. Le goût était affreux mais c'était suffisant pour me donner la force de rejoindre l'équipe.

Au bureau, j'ai affiché mon visage le plus impassible et je me suis comportée comme un fondateur qui vient de conclure une acquisition en moins de 90 jours serait censé le faire. J'ai ouvert le cadeau envoyé par deux investisseurs allemands. Une bouteille de Dom Pérignon, sympa, merci Jascha et Kwell ! J'ai pris un selfie avec la bouteille et je l'ai envoyé aux deux seules amies qui étaient déjà au courant : Gabrielle et Fadia. « On l'a fait ! » J'attendais les vagues d'euphorie. J'attendais ce sentiment de communion façon Coupe du monde 1998. Des accolades. Des larmes. Mais, à ma grande surprise, je ne ressentais absolument rien. On est allés manger un burger avec l'équipe. Je m'y suis traînée, comme si je tirais un énorme camion invisible. Était-ce le poids de savoir un secret que peu de gens connaissent ? Que le succès ne fait jamais autant de bien que l'échec ne fait de mal.

Le soir, Gabriel et moi sommes allés dîner pour fêter l'événement. C'est surtout lui qu'il fallait fêter. Il avait été mon premier fan, mon plus grand supporter. Il ne s'était jamais plaint, n'avait jamais exigé quoi que ce soit. Je n'arrivais pas à croire tout ce qu'il avait sacrifié pour qu'on en arrive là. Je voulais lui dire à quel point ça comptait pour moi, je voulais être plus joyeuse. Mais ce soir-là, je n'y arrivais pas. Je luttais contre l'apathie. Contre mon manque de dopamine.

J'ai essayé de rationaliser. Peut-être était-ce normal de se sentir déprimée après la folle intensité de ces dernières semaines ? Ou peut-être que j'avais tellement fantasmé ce moment qu'aucune réalité ne pouvait égaler la fiction ?

Avec Gabriel, je n'avais pas besoin de jouer un rôle. Mais je devais être prête pour le lendemain, le jour de l'annonce publique. À ce stade, la seule solution était de feindre toutes mes émotions. La Marie de 11 ans aurait été fière : j'étais devenue une actrice. La Marie de 34 ans, elle, était très troublée.

L'oiseau bleu

Jeudi 21 novembre

À 12 h 01 (ne me demandez pas pourquoi ce timing étrange), c'est devenu officiel. Après 1 219 jours à bâtir notre entreprise, à naviguer entre tempêtes et accalmies, en évitant de justesse quelques naufrages, on a fait disparaître Aiden.ai, qui n'était plus, désormais, qu'une des innombrables cellules de Twitter. On avait réussi notre pari : finaliser la vente une semaine avant Thanksgiving !

Mes réseaux sociaux ont explosé. Des vagues d'émojis de surprise ou de félicitations, comme un tsunami de validation numérique. Même l'un de mes anciens patrons, celui qui m'avait dit que je n'étais « pas faite pour l'entrepreneuriat », m'a envoyé un message pour me proposer un café. J'ai appuyé sur le bouton approprié : Supprimer.

Le soir même, on a organisé une fête dans nos bureaux. Une célébration intime, pas par choix mais parce que personne ne s'attendait à cette nouvelle et que la plupart des gens n'avaient pu se libérer si vite. « Hello, on vient de se faire racheter, venez dire au revoir à Aiden dans six heures... » *Pardon ?!* Aussi difficile à croire que les bienfaits de l'eau glacée sur l'organisme. Et pourtant c'était vrai.

Devant une vingtaine de proches et d'amis, j'ai pris la parole. J'avais préparé la veille mon discours sur cette aventure collective : ses hauts et ses bas, pleins de sincérité et de dépassement de soi. J'ai parlé de l'admiration que j'avais pour nos employés. Et pour PJ, qui avait dormi dans un couloir, orchestré tant de pivots techniques, tout en ayant un second enfant. Quelques mots aussi sur la vente et sur tout le processus. J'ai raconté des anecdotes qui étaient vraiment arrivées, mais j'ai simulé les émotions que j'étais censée ressentir, notamment la fierté. J'espérais qu'en l'invoquant devant témoins, elle allait apparaître. Mais le spiritisme n'était pas au programme, ce soir-là. J'étais comme bloquée, incapable de savourer pleinement cette victoire. Peut-être que c'est ça, le perfectionnisme : une prison invisible, forgée par nos propres attentes.

Mes amis les plus proches étaient là. Fadia, assise au premier rang, peinait à retenir ses larmes (sans la perruque blonde de Boris, cette fois-ci : dieu merci !) et Stacey aussi, de l'équipe M&A de Twitter. Elle avait été une lumière constante, une présence douce et positive, tout au long du processus. Celle aussi qui avait insisté pour prendre la photo souvenir de Jack et moi, afin que mes parents soient fiers et découvrent un fragment de ce monde dans lequel leur fille avait tenté de mettre en pratique tout ce qu'ils nous avaient enseigné : résilience et bonne humeur.

Pour nous remercier, Stacey a dit à son tour quelques mots. Un de ces discours culturellement décalé, et donc délicieux, de cette aventure. Je voyais dans les yeux ébahis de Gabriel qu'il trouvait incroyable d'entendre une Américaine expliquer à quel point elle se sentait reconnaissante (exprimer sa gratitude étant l'une des traditions de Thanksgiving) de nous accueillir dans la famille Twitter. Reconnaissante aussi que nos chemins se soient croisés. Le tout à la façon d'une prêtresse de la bienveillance dans une messe gospel. J'ai savouré ce moment autant que si l'on avait partagé une vraie dinde de fête...

PJ a ensuite pris le micro, avec une dinde sur la tête. Fausse, elle. Un chapeau offert par un ami (ou un ennemi, le doute persiste encore). Il a déclaré ne pas se rappeler un seul moment où l'on s'était mal entendus. J'ai éclaté de rire. La mémoire est sélective : comme pour les accouchements, elle ne retient que les bons moments. Il a même réussi à me donner l'impression d'avoir été la meilleure chose qui lui soit arrivée, dans sa vie professionnelle – ce qui n'était pas gagné. Quelle chance de l'avoir rencontré et d'avoir mené cette aventure ensemble !

Enfin, le fondateur d'une start-up d'intelligence artificielle, qui était l'un de nos amis, a fait un discours absolument dithyrambique, auquel j'ai eu du mal à croire. J'entendais ces mots mais je n'arrivais pas à me dire que l'un des pionniers du *machine learning* et de la découverte des réseaux de neurones puisse se montrer élogieux à notre égard. Il venait lui-même de revendre sa boîte à Facebook.

Il n'y a pas eu de shots de tequila, ni de danse jusque tard dans la nuit. Quelques pizzas, une piñata qu'on a eu beaucoup de mal à casser et on a éteint les lumières à 22 heures. On devait être de nouveau sur le pont, le lendemain matin, dans nos nouveaux bureaux, chez Twitter.

Dans le taxi du retour, l'épuisement m'a rattrapée. J'ai appelé Pierre Betouin, qui m'avait toujours soutenue, m'envoyant des messages d'encouragement depuis San Francisco. Et je lui ai avoué ce que je savais depuis des semaines : j'avais besoin d'une pause. Tout de suite.

– Maintenant, tu peux te détendre un peu, non ?

VIII

Résoudre le Rubik's Cube

Signal fort

« Feet don't fail me now
Take me to the finish line
Oh my heart it breaks
With every step that I take. »

Lana Del Rey, « Born to die »

Dimanche 24 novembre

– Vous êtes une sportive de haut niveau ?

Je me suis mis à rire. Mais l'infirmière des urgences avait un air sérieux.

– Oh, désolée ! Je pensais que vous plaisantiez !

– Non... a-t-elle répondu, le regard légèrement préoccupé.

On avait prévu d'aller bruncher chez le parrain de Sienna mais, à ce stade, je n'arrivais même plus à marcher dans la rue sans être essoufflée. Ni à porter ma fille dans les escaliers. Je pensais avoir attrapé sa maladie respiratoire et Gabriel m'a demandé d'aller me faire examiner « juste au cas où ». J'étais donc de retour au Royal Free Hospital.

L'infirmière fixait l'écran avec une extrême concentration. J'y voyais, en grand, le nombre 34 et je me suis dit qu'elle avait peut-être tapé ma date de naissance, ce qui avait affiché mon âge. Elle m'a ensuite pris le poignet et a commencé à compter. Son silence était pesant, surtout au milieu de tous ces bips électroniques que produisaient les différentes machines autour de nous. Si bien que j'ai sorti mon téléphone, pour m'occuper. J'ai envoyé des textos à Gabrielle à propos des concerts à venir – on avait prévu d'aller voir Angèle et Aya Nakamura à Paris, cette semaine-là. Un vrai plaisir après trois ans de vie sociale ultra-réduite ! Puis j'ai invité mes parents et ma sœur à fêter le rachat dans un bon restaurant, à Paris.

L'infirmière a fini par rompre le silence.

– Y a-t-il une explication au fait que votre pouls soit si bas ?

J'ai de nouveau regardé son écran, un peu surprise, et j'ai compris que le nombre affiché n'était pas mon âge. C'était mon rythme cardiaque !

Rien ne m'est venu à l'esprit. Mon cerveau s'est figé un quart de seconde. Un moment d'absence que je n'avais pas connu depuis des années. Puis je me suis éclairci la gorge et j'ai répondu :

– Eh bien... euh... non, pas vraiment. Je veux dire : je me sens très fatiguée ces derniers temps...

Je ne me rappelle pas m'être sentie inquiète. Une quarantaine de personnes poireautaient au triage et je pensais qu'on allait me donner un numéro et me renvoyer patienter dans la salle d'attente principale. Mais au lieu de ça, l'infirmière a appuyé sur un bouton et les portes coulissantes derrière elle se sont ouvertes sur une unité en pleine effervescence.

Syndrome de descente

En quelques secondes, on m'a installée dans un box, reliée par tout un tas de fils à des machines mesurant mon taux d'oxygène et mon rythme cardiaque. L'infirmière m'a demandé d'attendre un peu, le temps qu'elle trouve un cardiologue. J'ai appelé Gabriel, la panique commençant à s'inviter dans ma réalité. Je lui ai expliqué que je ne comprenais pas vraiment ce qu'il se passait, mais que le personnel agissait comme s'il y avait urgence. Il était à deux pas, avec Sienna, et m'a dit qu'ils venaient me rejoindre.

Deux médecins sont apparus, discrets, rapides, et m'ont emmenée dans un autre service de l'hôpital pour y faire des examens. Ils m'ont poussée en fauteuil roulant le long de quelques couloirs et puis, soudain, ils ont tourné à gauche. Et là, je l'ai vu : un panneau, au-dessus d'une double porte. Bien trop grand pour qu'on ne le remarque pas. J'avais essayé jusque-là de garder mon sang-froid, mais ça devenait de plus en plus difficile. Sur ce panneau, on pouvait lire : « Réanimation ».

Dans ce service, on ne plaisante pas. C'est la zone réservée aux cas les plus graves. Là où on se bat pour maintenir les gens en vie. Et, brusquement, je me retrouvais là, entourée de patients dont l'état interdisait toute discussion légère, tout bavardage sur les acquisitions ou la technologie. Des dizaines de machines bipaient, chacune avec son propre tempo, comme une symphonie d'urgence. Le bruit emplissait l'air mais, dans mon cerveau, tout s'était de nouveau figé.

Le grand bleu

Il n'y a que dans les films qu'on entend les patients demander : « C'est grave, docteur ? » Dans la vraie vie, on ne pose pas de questions dont on ne veut pas entendre la réponse. Tout est sous-entendu, et pas toujours de manière subtile.

– J'imagine que vous vous êtes évanouie et qu'on vous a amenée ici en ambulance ? a demandé le médecin, grand et fin, dans la trentaine, avec un léger accent indien.

Gabriel était à mes côtés. Il avait réussi à déposer Sienna chez PJ pour quelques heures. Et, malgré le cadre, notre conversation était plutôt joviale, voire étrangement amicale. Ou peut-être que j'hallucinais ? J'utilisais l'humour comme mécanisme de défense et tout allait si vite que je n'arrivais plus à suivre.

– Oh non ! Je me sentais juste essoufflée et je suis venue à pied.

Le cardiologue et son assistant ont semblé un peu surpris, mais ils ont souri. C'est une bonne nouvelle, ont-ils convenu.

– Eh ben, vous êtes solide !

Le médecin avait sous les yeux un électrocardiogramme imprimé et quelques notes que l'infirmière lui avait remises. Il examinait ces informations avec intérêt, comme s'il était fasciné et intrigué. Tout en marmonnant pour lui-même : « 34 ans, en excellente santé par ailleurs... » Puis il m'a regardée et m'a demandé :

– Avez-vous des antécédents familiaux de rythme cardiaque anormalement bas ?

– Non. Pour être honnête, je pense que ma famille va trouver ça plutôt drôle : me concernant, ils auraient parié l'inverse !

Il a souri doucement, avant de reprendre son interrogatoire :

– Et vous pensez avoir fait quelque chose d'inhabituel, qui aurait pu provoquer un dérèglement de votre cœur ? Au point qu'il saute un battement cinquante mille fois par jour ?

Brutal. En temps normal, j'aimais m'appuyer sur les chiffres, mais ceux-là m'ont donné le vertige. Gabriel restait calme, mais je voyais bien à quel point il était perturbé lui aussi. Le médecin a continué, posément, avec un regard légèrement mystérieux :

– Quelque chose que vous ne feriez pas d'habitude, peut-être ?

Il pensait à quelque chose de précis, mais je ne le savais pas. J'ai réfléchi intensément, passant en revue les derniers jours. Et puis, ça m'a frappée.

– Absolument, ai-je répondu avec assurance.

Son visage s'est éclairé :

– Ah ! Des drogues récréatives ?

– Quoi ? Non, pas du tout ! Euh... je... (c'était très étrange de dire ça à voix haute pour la première fois) je viens de vendre mon entreprise... à Twitter... il y a 72 heures.

J'ai hésité à ajouter un commentaire, puis j'ai fini par dire :

– C'était assez fatigant.

Je me suis sentie ridicule d'utiliser un tel euphémisme devant des médecins aussi qualifiés, mais j'avais du mal à m'apitoyer sur moi-même. J'étais tellement heureuse que la boîte n'ait pas fait faillite. Et puis, pourquoi avais-je mentionné l'acquéreur ? Est-ce que j'essayais de les impressionner ? Ou m'étais-je soudain rendu compte que ce que j'avais accompli risquait de passer à la trappe ? Fini l'histoire de la vente, l'hôpital allait capter toute l'attention. Non ! Je n'étais pas prête à échanger un tel moment de réussite professionnelle contre... ça.

J'ai levé les yeux et découvert leurs expressions étonnées. Je ne m'attendais pas non plus à la réplique suivante du cardiologue :

– Vous avez vendu votre entreprise... dans CET état ?!

Quelque chose en moi a réagi à ses mots et j'ai pensé à toutes les fois où je m'étais sentie épuisée pendant l'acquisition. Le footing avec ma belle-sœur, un mois plus tôt, que j'avais dû achever en marchant. Le trajet à vélo jusqu'au bureau, de la semaine précédente, que j'avais lui aussi fini à pied. Mon discours à notre fête de clôture, jeudi, où j'avais dû faire une pause pour reprendre mon souffle... Mais j'avais continué à pousser la machine. Toujours plus fort. « Allez, Marie, encore un effort ! *No pain, no gain...* » Cette mentalité qui m'avait été autrefois si utile me poignardait dans le dos, désormais. La honte et la culpabilité m'ont envahie. Mes yeux se sont remplis de larmes, qui ont roulé sur mes joues.

– Comment dire... c'est que... je ne savais pas !

Le médecin s'est empressé de préciser que ce n'était pas un reproche. Qu'en réalité, j'avais eu beaucoup de chance, qu'il était fréquent que des problèmes cardiaques passent inaperçus. Et qu'il existait une solution simple à ce type de problèmes : une opération. Mais j'étais jeune et ils ne voulaient pas tirer de conclusions hâtives. Il fallait faire des tests pour comprendre ce qu'il se passait ; ça pouvait aussi être quelque chose de transitoire.

Il a prononcé cette phrase d'une seule traite, comme s'il s'agissait d'un petit ajustement. Aussi anodin que de changer la couleur de mes cheveux. Sauf qu'une chirurgie cardiaque immédiate et irrévocable n'a rien à voir avec une simple teinture. Gabriel était sous le choc.

Après un moment de profond malaise, j'ai fait le tri dans ses paroles, mettant de côté celles qui me dérangeaient. Et je me suis concentrée sur un mot qui me réconfortait. « Transitoire. » C'est tout ce que j'avais besoin d'entendre. Et je savais qu'on aurait bientôt la confirmation que tout ça n'était qu'une énorme méprise.

Ce genre de choses n'arrive que dans les films. Pas dans la vraie vie.

Pas à moi.

Pas maintenant.

FOMO

J'ai passé les cinq jours suivants à l'hôpital, accompagnée de mon nouveau meilleur ami : un moniteur cardiaque. Il diffusait le rythme de mon cœur dans un rayon de deux mètres, annonçant à tout le monde que j'avais soit le cœur qui dysfonctionnait terriblement, soit des goûts douteux en matière d'électro.

Je partageais ma chambre avec deux, voire trois autres patients. Le jour, je passais tous les tests auxquels les cardiologues pouvaient penser. Les infirmiers qui m'emmenaient faire une IRM plaisantaient (et moi avec eux) sur le fait que mon « battement à la Daft Punk » me donnait un accès VIP à tous les examens. Un privilège rare qu'on n'obtient au NHS qu'en cas de pronostic vital engagé. Sinon, le temps d'attente se compte souvent en mois.

— Ils n'aiment pas trop quand ça sonne comme ça, a commenté le brancardier.

Moi non plus, ai-je eu envie de lui répondre. Mais je me suis contentée d'un léger sourire pour économiser mon énergie, qui ne cessait de diminuer.

J'étais léthargique, mais pas abattue. J'insistais pour faire des « petits tours » : je n'allais quand même pas rester allongée sur mon lit toute la journée. Quel ennui ! Mes tours consistaient à me faire aider pour me mettre debout et pousser mon moniteur cardiaque portable dans le couloir, où je faisais généralement cinquante mètres en longeant les murs, tout en écoutant des podcasts ou en appelant ma sœur, sous les regards surpris du personnel médical. Le jeune cardiologue qui m'accompagnait me fixait comme s'il voulait me dire quelque chose, puis il détournait les yeux. J'ai fini par me demander s'il avait peur de s'attacher à ses patients.

La nuit, je « dormais » avec des défibrillateurs automatiques collés au thorax. Juste au cas où... Mais comment dormir avec un moniteur qui clignotait en rouge, émettant une alarme chaque fois que mon cœur tombait sous les 35 battements par minute ? Ce qui arrivait toutes les deux minutes : il descendait sous les 27 battements et l'infirmière accourait pour m'injecter de l'atropine – ce qui accélérait mon rythme, mais seulement pour vingt secondes. Et me laissait un affreux goût métallique dans la bouche.

Gabriel ne pouvait pas rester avec moi, la nuit, si bien que je demeurais en compagnie de patients victimes de crises cardiaques, d'AVC ou d'arythmie. Et de mes comptes LinkedIn, WhatsApp et Twitter, qui crépitaient de notifications. Félicitations, applaudissements virtuels pour cette vente impressionnante. On me demandait quel effet ça faisait. *Si seulement vous saviez...* Ou quels étaient mes projets après Aiden. *Si seulement je le savais.*

Le fait d'apprendre que votre cœur ralentit sans raison apparente est une gifle. Une information si brutale que votre cerveau a du mal à l'assimiler. Comme je ne savais pas quoi en faire et que je n'avais aucun moyen d'y remédier, j'ai décidé de protéger mon équipe. De rester vague sur la gravité du problème jusqu'à ce qu'on en trouve la cause. Et une solution.

Léa a déposé mon ordinateur portable à l'hôpital mais, comme je ne voulais pas qu'elle vienne dans le service, Gabriel l'a rejointe à l'extérieur. J'ai ensuite dû écrire un mail particulièrement difficile à mon nouveau manager, pour lui expliquer la situation. Un moment tellement embarrassant que je m'en crispais d'avance. Et j'ai dû informer nos investisseurs que « quelque chose était survenu » et qu'on ne pourrait pas les recevoir à dîner lundi soir. PJ avait essayé de m'aider en leur envoyant lui-même un message mais, sans le vouloir, il y avait laissé entendre que j'étais en plein burn-out. Si je n'avais pas été aussi faible, j'aurais bondi hors de mon lit. Mais, à la place, j'ai simplement dit :

– Laisse tomber, je vais m'en occuper.

J'ai rédigé un mail à nos investisseurs sur un ton qui me semblait plus approprié. Parler de ses problèmes de santé quand personne ne sait ce qu'il se passe est déjà difficile, mais confier cette tâche à un autre ? Impossible.

Dans un sursaut d'énergie, j'ai aussi fait part à Mike Butcher, le rédacteur en chef de TechCrunch, de mon regret qu'il n'ait pas couvert notre acquisition par Twitter. En me gardant d'évoquer l'hôpital ou les problèmes cardiaques. Les médias ont l'habitude de faire du sensationnel avec les blessures et les drames, comme si ça définissait un individu. Et je refusais d'entrer dans ce jeu. Non, ce qui m'énervait vraiment, c'était que personne, dans la presse tech, n'avait raconté notre success story, celle d'une équipe fondatrice mixte. Tant d'articles parlent des difficultés de ne pas être un homme dans un monde d'hommes. Tant de statistiques sont brandies pour effrayer les femmes qui veulent se lancer. Mais, quand l'occasion se présente de dire : « Regardez, c'est possible ! », silence radio. Mike a répondu qu'il comprenait ma frustration, mais que c'était trop tard. On pourrait en reparler en 2020.

Mes parents sont venus, même si je leur avais dit de ne pas s'inquiéter. Heureusement, ils me connaissent mieux que personne et savent lire entre les lignes. Mes amis, informés par Gabriel, se sont également relayés, jour après jour. Aucun ne m'a posé de questions sur Aiden.ai ou sur Twitter. Lucie et Vincent ont apporté des jeux. Julie de la musique. Fadia une pizza. Elle a d'ailleurs passé dix bonnes minutes à se laver les mains après en avoir mangé une part, me disant adorer la rigueur avec laquelle le personnel médical effectuait ce geste.

– C'est ce qu'on devrait tous faire, et pas seulement à l'hôpital !

J'ai ri. Sa fantaisie était un rayon de soleil dans cette grisaille. On était loin de se douter que, dans peu de temps, le monde entrerait dans une pandémie mondiale et que son souhait deviendrait réalité.

Au bout de quatre jours, j'ai commencé à perdre espoir. Chaque jour qui passait sans que mon cœur retrouve un rythme normal me confirmait que mon problème n'avait rien de transitoire. Mais aucun examen n'apportait d'éclairage. Et Sienna me manquait terriblement. Si j'avais le cœur brisé, c'était avant tout par son absence. Elle n'avait que 19 mois et je m'en voulais de lui imposer une telle situation. La dernière fois qu'elle était venue, elle avait fondu en larmes et semblait paniquée. Je comprenais pourquoi. J'avais tellement envie de tout arracher et de partir retrouver ma fille et mon mari. Ma vie.

J'ai pris mon téléphone et lu un message de Tori : « On se voit à SF la semaine prochaine ? » Toute l'équipe devait partir là-bas participer à la réunion générale de l'entreprise. Ils allaient (ce qu'ils ne savaient pas encore) y être accueillis à bras ouverts par Jack Dorsey lui-même. Je savais que je n'y serais pas. Et si, désormais, j'avais peur, ce n'était pas de rater ça. C'était une peur bien plus profonde. Celle de rater la vie.

Une nouvelle infirmière est venue retirer les électrodes de mon thorax, en me disant qu'elles n'étaient plus nécessaires. Puis elle a lâché, d'un ton désinvolte :

– De toute façon, les gens comme vous, on ne peut pas les réanimer.

(J'ai fait des cauchemars pendant des mois à cause de cette remarque, qui s'est avérée inexacte.)

La fatigue, les émotions et cette dissonance cognitive me plongeaient dans un état second. Deux équipes de cardiologues sont passées me poser une centaine de questions, dont aucune n'a apporté d'explication. Ce qui me frustrait presque autant qu'eux. Ils ont proposé une dernière chose : est-ce que je pourrais essayer de « courir » sur un tapis de course ? Gabriel et moi n'avons pu retenir un rire. Et qu'est-ce que ça faisait du bien, de rire ! J'étais à peine capable de marcher sans perdre mon souffle, alors l'idée de courir était assez comique. D'autant que les médecins semblaient très sérieux.

– J'en suis ! ai-je dit en souriant.

Alors que Gabriel m'embrassait pour me souhaiter bonne nuit et promettait d'apporter mes chaussures de course pour le test d'effort du lendemain, j'ai pensé à vérifier mon compte en banque. Et, là, paniquée, je me suis rendu compte que l'argent de la vente n'avait toujours pas été versé. J'ai envoyé un mail aux avocats, fourni de nouveau mes coordonnées bancaires, tout ça depuis mon lit d'hôpital, vêtue de ma blouse ouverte dans le dos, alors que j'entendais, derrière mon rideau en papier, la respiration lourde et les ronflements des autres patients. Étonnamment, à cet instant, ce qui me contrariait le plus restait le fait que notre acquisition n'avait été couverte par aucun grand média. Le service des relations publiques de Twitter n'avait certainement pas intérêt à afficher leurs dernières acquisitions, alors que l'entreprise venait d'enregistrer une baisse de 30 % de la valeur de son action, en un mois.

Allongée sur mon lit d'hôpital, je me demandais ce qu'il resterait de tout mon parcours si je mourais demain. Pas grand-chose, semblait-il. Ce n'était même pas assez intéressant pour être mentionné dans la presse spécialisée. « L'opposé de l'amour, c'est l'indifférence. » Malgré mes efforts pour ne pas penser à l'impensable, cela m'avait rattrapée. L'idée que Sienna puisse grandir sans mère était déchirante. Elle ne se souviendrait même pas de moi. Quelle ironie pour moi qui voulais être l'un de ses modèles ! Et Gabriel, après tous ses sacrifices, ne pourrait même pas profiter de ce pour quoi il avait tant travaillé avec moi. C'était insupportable. Je devais au moins régler la question du paiement. Mon moral était au plus bas mais il restait une toute petite chance d'y remédier. Je me suis accrochée à cette possibilité et j'ai demandé à l'infirmière d'éteindre le moniteur pour que je puisse enfin me reposer sans entendre ce bip incessant. « On dormira quand on sera mort » n'était pas un dicton auquel je croyais.

Just do it

Jeudi 28 novembre

Les médecins qui sont venus me chercher pour le test d'effort ont souri : je portais mon short et mes chaussures de course Nike, comme pour un marathon. Gabriel m'accompagnait tandis que mes parents attendaient dans la chambre partagée.

Une heure plus tard, on était de retour avec la nouvelle que je redoutais : l'opération était inévitable. J'avais marché neuf minutes sans interruption sur le tapis de course, avec un médecin de chaque côté, au cas où je m'effondrerais. Mais au lieu de sauter un battement sur deux, mon rythme cardiaque était devenu encore plus irrégulier. En d'autres termes, les choses ne s'arrangeaient pas.

Le cardiologue m'a alors expliqué que j'allais devoir attendre quatre jours de plus parce qu'il n'y avait pas de créneau avant pour une intervention. Et que ça aurait lieu dans un autre établissement. J'étais déçue, mais ce n'était pas le moment de discuter du manque de moyens dans le secteur de la santé. Ce n'est que lorsque j'ai proposé de rentrer chez moi jusqu'à l'opération que les médecins ont enfin clairement dit ce qu'ils n'avaient fait qu'insinuer :

– Impossible ! Tant que vous n'aurez pas été opérée, il y a un risque de mort subite.

J'étais tellement soulagée que mes parents soient sortis prendre un café. Entendre ça aurait été compliqué pour eux. Surtout pour ma mère.

En une seconde, mon instinct d'entrepreneure a repris le dessus. Plus de panique, juste trouver des solutions. J'ai demandé :

– Et si je passais par le privé, quand pourrais-je être opérée ?

– Aujourd'hui...

Mes parents sont revenus de leur café mais j'ai dit à Gabriel de les emmener dehors et de me laisser seule pour que je puisse passer quelques coups de fil. Je n'avais pas d'autre choix que d'appeler Twitter et de leur demander s'il était possible que je bénéficie de leur mutuelle pour... une intervention imminente et coûteuse. Et, non, je n'allais pas me faire refaire le nez pour fêter l'acquisition.

Le fait qu'ils risquaient de croire que j'avais gardé ça pour moi depuis longtemps m'a traversé l'esprit. Mais je ne pouvais contrôler ce qu'ils allaient imaginer. Il fallait compartimenter. J'ai passé les deux heures suivantes à appeler tout le monde, du service RH à la compagnie d'assurances, et à tout organiser. Ce n'était pas simple. La compagnie d'assurances disait des choses comme : « Bien sûr, vous devez trouver un hôpital qui puisse vous accueillir et un cardiologue qui puisse vous opérer. » *Ah oui, rien que ça ?*

Il s'est avéré que le cardiologue du Royal Free, qui ne pouvait opérer avant lundi dans le secteur public, pouvait le faire le jour même dans le privé. *Mmh... OK.* Il avait pourtant mentionné que c'était son anniversaire de mariage, d'où son indisponibilité. Mais les honoraires de l'opération justifiaient, apparemment, un changement de programme.

« Qui ne tente rien n'a rien. » Gabriel et moi répétions souvent cette phrase. Et elle n'avait jamais été aussi pertinente. C'est là que j'ai réalisé que ces années à diriger une boîte m'avaient bien préparée à gérer ma propre situation d'urgence. Je savais exactement quoi dire pour accélérer les décisions. À un moment, j'ai donc expliqué calmement ma situation à l'opérateur :

– J'ai 34 ans, je suis allongée sur un lit d'hôpital, avec un cœur qui bat à 35, et je n'ai été jamais été gravement malade, donc je ne connais aucun hôpital privé... Si vous étiez à ma place, seriez-vous reconnaissant qu'on vous recommande quelqu'un pour vous aider dans ces démarches, au lieu de devoir vous débrouiller tout seul ?

Et je pouvais dire ça en anglais, alors que tant de patients avec qui j'avais partagé la chambre avaient besoin de traducteurs pour communiquer avec le personnel. Ce qui était très troublant. Mais bien moins troublant que de réaliser que le système de santé est conçu pour sauver les riches en priorité.

Quelques heures plus tard, j'étais transférée en ambulance dans un hôpital privé et l'opération a eu lieu dans la foulée. Gabriel était avec moi, mes parents s'occupaient de Sienna. On serait bientôt réunis.

Au bloc, le chirurgien m'a demandé quelle musique je voulais pendant l'opération. Pendant que mes yeux se fermaient, je riais intérieurement à l'idée que j'avais réussi à faire écouter « Djadja » d'Aya Nakamura au grand Dr Singh.

Get lucky

Vendredi 29 novembre

Je me suis réveillée, groggy après l'anesthésie, dans une petite chambre des soins intensifs. Je n'étais pas censée être là, mais c'était le seul endroit où ils m'avaient trouvé une place, à la dernière minute. J'ai baissé les yeux vers ma poitrine. Un pansement épais. J'ai regardé l'écran du moniteur. Plus de cinquante battements par minute. *Allez !* Troisième chose que j'ai regardée : mon téléphone. Pour avoir la confirmation que les avocats avaient mis en œuvre le plan dont on avait discuté la veille. C'était fait. Le jour où je me suis réveillée avec la nouvelle que mon compte en banque avait radicalement changé était aussi celui où je me suis réveillée avec une cicatrice sur la poitrine. Et, en dessous, un cœur à nouveau fonctionnel.

En posant mon téléphone sur la table de chevet, j'ai froncé les sourcils et souri en même temps. Émerveillée. J'avais gagné à la loterie. Deux fois en une semaine.

Se sentir chanceuse est un choix.

Après l'opération, je me souviens du regard satisfait du médecin. Il m'avait réparée. *On*/pas *off*. 1, pas 0. Chapitre clos. Une chose était néanmoins claire pour moi, à ce moment-là : la vie n'est pas faite de 0 et de 1. Même quand vous avez créé une entreprise de logiciels.

Les portes vitrées de ma chambre donnaient sur un couloir faiblement éclairé et silencieux. Une seule chose se détachait de l'obscurité. Quatre lettres lumineuses qui formaient le mot « EXIT ».

La ligne d'arrivée est souvent la ligne de départ.

Épilogue

[illegible]

Épilogue

Moins de huit semaines plus tard, le monde était frappé par une pandémie mondiale. Toutes les dépenses de marketing ont été arrêtées. Les investissements des fonds aussi. Et les discussions d'acquisition d'entreprise suspendues. Une chose était certaine : si l'on n'avait pas vendu en novembre 2019, Aiden.ai aurait disparu en 2020. La même somme d'efforts aurait été consacrée à cette aventure, mais avec un dénouement bien différent.

J'aurais quand même eu le cœur abîmé ; ça, ça n'aurait pas changé. Et ça n'aurait pas non plus évité le fait que notre fille ait été hospitalisée en urgence, pour une détresse respiratoire, moins de trois semaines après ma propre sortie de l'hôpital. On a passé Noël à l'hôpital pour enfants de Dunkerque, encore en tenue de fête, après avoir quitté le repas précipitamment. On a aussi passé le réveillon du Nouvel An à l'hôpital pour enfants de Dunkerque. Sans boire du champagne en famille : ce n'était pas le moment. À la place, on a partagé des croissants avec le personnel médical. Et on s'est liés d'amitié avec la réceptionniste de l'hôtel 1 étoile que l'assurance voyage nous payait pendant les dix jours d'hospitalisation. C'est là que j'ai commencé à lire *L'Art de la victoire*, la biographie du fondateur de Nike, dont le style d'écriture m'a donné l'idée d'écrire, peut-être, ma propre histoire.

Heureusement, ni Sienna ni moi ni vous qui lisez ceci, ne sommes définis par nos blessures. Il arrive que nous échangions nos traumatismes contre de la sagesse – c'est ainsi que nous fonctionnons en tant qu'êtres humains. Quand nous traversons des expériences difficiles, elles nous ouvrent les yeux. Elles nous donnent de la force et de la clarté.

Il n'y a pas de justice. La sécurité absolue n'existe pas. Peu importe que vous ne preniez aucun risque ou que vous les preniez tous, la vie a son propre plan. Alors, autant faire ce que vous voulez vraiment, pas ce qu'on vous dit de faire. Les gens qui n'ont pas le courage de vivre leurs propres rêves essaieront de vous convaincre d'abandonner les vôtres. Ce qui est logique : ce n'est pas aux autres de croire en vous. Vos parents, votre famille, vos amis, votre partenaire vous soutiendront quoi qu'il arrive (que vous réussissiez ou que vous échouiez, c'est leur rôle.). Mais, s'ils veulent que vous réussissiez, ils ne pourront pas le faire à votre place. En cas de succès, évitez de vous attribuer trop de mérite. De même, en cas d'échec, évitez de vous faire trop de reproches. Le coût de tenter quelque chose et d'échouer est bien moindre que celui de mener une vie dictée par d'autres.

Le courage et la peur ne s'excluent pas l'un l'autre. La vie m'a donné la chance de les expérimenter au même moment. J'ai aussi vu des personnes sans peur, ni courage. En novembre 2022, après que j'ai déménagé en Californie pour un autre poste, Twitter a basculé sous une nouvelle direction, dans un climat d'hostilité sans précédent. J'ai pris une décision radicale : partir. J'ai renoncé à ma dernière année d'*earn-out* et à tout ce qu'elle représentait financièrement. Et j'ai fermé mon compte Twitter.

Remerciements

Merci à vous, lectrice ou lecteur, d'avoir choisi de plonger dans cette histoire et de m'avoir offert plusieurs précieuses heures de votre temps. Votre attention donne vie à ces pages.

Merci à Sekip, le tout premier à avoir cru en Aiden, à investir et à me soutenir, même dans les moments les plus inattendus. Je n'oublierai jamais ces mots, prononcés alors que j'étais sur mon lit d'hôpital : « Waouh, ton livre va être plein de rebondissements... » Je n'avais pas prévu d'en écrire un, à l'époque.

Merci à mes copines Gabrielle, Fadia, Margot, Ophélie, Marie, Constance et Aurélie. Vous avez été mes premières lectrices, celles à qui j'ai lu les premiers chapitres, maladroits mais sincères, dans leur version originale en anglais. Vos rires, vos larmes et vos encouragements m'ont portée tout au long des deux ans d'écriture et de préparation à la publication.

Merci à Lorraine, mon éditrice chez Plon, de m'avoir appelée, un soir de mars 2023, en me disant que ce livre devait absolument être publié en français. Merci pour les heures de relecture sur ma traduction, tes remarques toujours justes et d'avoir convaincu Plon d'éditer une primo-entrepreneure et primo-autrice !

Merci à ma famille, à mes parents, ma sœur Alexia de m'avoir appris à ne douter qu'avec modération.

Je n'aurais jamais pu raconter cette histoire sans le socle extraordinaire dont je bénéficie au quotidien, portée par l'amour de Gabriel et de nos deux enfants. Ce livre leur est dédié.

Table

III
L'avant-match

IV
Le match

VII
Casse-tête chinois

VIII

Résoudre le Rubik's Cube

CET OUVRAGE A ÉTÉ ACHEVÉ D'IMPRIMER SUR ROTO-PAGE
PAR L'IMPRIMERIE FLOCH À MAYENNE EN FÉVRIER 2025

N° d'édition : P32067/01
N° d'impression : 106415
Imprimé en France